跑出巔峰

越慢越快

從衣索比亞跑者的逆境思考術
學習如何戰勝自我、改變人生

Out of Thin Air:
Running Wisdom and Magic from Above the Clouds in Ethiopia

麥可・克羅利 Michael Crawley 著
陳卓均 譯

推薦序

「閱讀本書你將明白跑步的心、靈都在衣索比亞。我歡迎大家來體驗衣索比亞人對跑步的熱愛，並像麥可那樣一樣，來此擁有改變人生的經歷。跑步就是人生！」

海勒・蓋博塞拉西
奧林匹克金牌得主暨世界冠軍

「《跑出巔峰》所充滿的精彩見解和經驗，來自一個將跑步能力視為幾近神祕且神奇的國度。作者麥可・克羅利用樸實的筆觸，層層揭開世上最不可思議的運動文化之一，直指位於其核心的強大簡單性。

本書是衣索比亞跑步的真切描寫，毫無避諱地描寫了當地生活的困頓之處或大多跑者在追求成功時所面臨的艱困和難以克服的阻礙，本書會讓你在感到有些傷感時也獲得啟發。但最重要的是，讀完本書之後，當你再次看到那些衣索比亞的偉大選手在大型比賽中大幅領先時，會有些不一樣的看法。」

亞德哈羅南德・芬恩
《我在肯亞跑步的日子》（Running with the Kenyans）作者

「本書深入孕育世上僅見最快跑者的豐富、複雜文化，對於那些敢於作夢的人為何有時真能美夢成真，麥可・克羅利的主觀描述會迫使你去重新檢視其中的緣由。」

艾力克斯・哈欽森
《極耐力》（Endure）作者

獻給羅瑟琳和梅迪

關於時間紀錄與鞋子的說明

本書描述的訓練和比賽，大多發生在二〇一五年和二〇一六年之間，綜觀來說並沒有那麼久遠。然而，考量當時到現在的鞋類技術發展，就馬拉松跑步而言已然像是一個截然不同的時代。為此，好像簡單說明一下跑步的時間紀錄會比較好。若讀者對跑步不太了解，本書的時間紀錄是依照時、分、秒的呈現傳統，中間用英文句點隔開。所以 2.01.39 指的就是二小時一分三十九秒。

過去幾年來，認為人們現在明顯跑得比以前快的運動媒體，聚焦的大多是在鞋子而不是運動員。這種感受衣索比亞也有，而且普遍對鞋類技術的潛力感到興奮（和憂心）。如果你看著那些排名，儘管這項運動的速度紀錄在頂尖水準的差別並不大。二〇一五年排名第五十的男子馬拉松選手與二〇一九年相比，分別跑了 2.07.57 和 2.06.22。而女子從二〇一五年排名第五十的 2.23.30 到二〇一九的 2.25.42，則是相差大約二分鐘。一分三十秒到二分的進步，確實表示了鞋子在某種程度上影響了運動員的表現，但或許沒有某些解說員認為的那麼大。

排名第五十的時間紀錄（男子約二小時八分，女子約二小時二十五分）是我所知道的運動員，他們在談到藉由這項運動「改變人生」時所浮現的時間。這樣的紀錄在二〇一五年很可能讓人拿下 Nike 或 Adidas 的合約。換個方式來說，以公園路跑（Parkrun）來看，那就相當於男子連續跑了八趟多一些，花了 15.10，而女子則是 17.15。

目錄

1 特別的空氣

當我的鬧鐘在清晨四點四十分作響，我已經醒了六、七分鐘。教堂的擴音器傳來熟悉的嗚咽聲，我們的狗對著鬣狗吠了一整晚，知道必須很早起的我總是難以入眠。我已經穿上跑步短褲，穿上前晚為了盡量省事而事先準備好的其他裝備。五分鐘後，海利和法西爾敲了我的門，我們把連帽上衣的帽子戴上禦寒，朝團隊巴士而去。我用阿姆哈拉語問法西爾：「你累嗎？」「我不累！」他笑著大聲嚷嚷。法西爾很少承認自己累了。漆黑街上的人數讓我感到驚訝。阿姆哈拉語的「黎明」一詞是「goh」，所以人們在展開新的一天時喜歡耳邊彷彿響徹著這個字眼。人們有目的地邁步穿過塵土，還有好幾群人在等著前往小鎮中心的小巴。這些小巴大約早上四點發車，而停靠站點的熟悉喊叫聲，已經可以聽見：「廣場，阿拉特基洛（*Piazza, Arat Kilo*）！」有個穿著褪色兵工廠球衣的孩子，從其中一輛小巴的門探出上半身來，試著說英文。「你要去哪裡？」他說。就在他消失於黑暗時，我告訴他：「恩托托。」

當我搭上莫約運動隊的巴士，車上早就擠滿打瞌睡的運動員。他們穿著訓練上衣或棉製的傳統服飾「雪瑪斯」（*Shammas*），看起來就像僧侶和拳擊手的不相稱組合，每個人都想在訓練前多睡幾分鐘。助理教練兼副經紀人的海利不時盯著手機，告訴司機要到哪裡去接運動員。他們跟等候自己交通車的臨時工一塊，在漆黑的路邊等候巴士，然後默默地為他們自己的勞碌做準備。

在黎明前的微光中，偶爾跑一下的跑者一閃而過，在他們開始忙碌前，把握機會上路練跑。他們是短瞬即逝的幽靈，出現在車前燈的光塵和排放的廢氣裡，又快速消失在黑暗之中。巴士蜿蜒上山，經過依舊壟罩黑暗的民宅。在我們行進時，天色漸亮，照亮了貼滿基督教圖像的儀表板和擋風玻璃上的三張貼紙。左邊貼的是一隻白鴿，右邊貼的是過於膨脹的Nike商標。當我們在蜿蜒的路上爬升前往起跑點時，道路從柏油路轉進石子路，最後來到泥土小徑，在預見車子無法通行時才終於停了下來。車上沒人下車，教練梅塞雷特在前座將三個碼錶歸零（reset），並在一張充滿數字的紙上寫下最後的筆記，才轉身指揮大家下車。

現在是早上六點，我站在巴士外面，看著自己的呼氣化為白煙飄向山，讓我們即將上路、半明半暗的小路更加不明。我緊張地抖了抖腿，試著感受一下稀薄的空氣。巴士蜿蜒爬了一個多小時上來這裡，現在我們在比我住的地方，也就是海拔二千五百公尺的阿迪斯阿巴巴，還高出好幾百公尺。我在規劃來此的前幾週就收到海利的簡訊，簡訊說：「我特別建議你別錯過恩托托，那裡是海勒・蓋博塞拉西在柏林以出色表現奪冠的祕密。」不過，這個「祕密」在阿迪斯根本不是什麼祕密。過去幾週在我練跑的這片森林裡，裡頭有許多跑者已經偷偷提過，這座山有其玄妙之處。梅塞雷特告訴我：「這地方有三千八百公尺，不信你上網查。」我跟他說，我不相信有那麼高。我根本不想相信他，我們怎麼可能計劃在接近聖母峰半山腰的地方往上跑？

到頭來，海拔到底多高並沒有那麼重要，對於海拔高度的信仰才重要。在這上頭跑步並不會損害你的肺活量，反而會讓一個年輕跑者更敢去逐夢。這上頭的空氣是「特別的」，專為跑者而生，阿瑟法在巴士抵達時，一邊伸展背部，一邊告訴我。阿瑟法的綽號是「Biretu」，海利翻為「鋼鐵人」。「這裡的空氣對血紅素有益。」鐵克馬里安補充說，他後退的髮際線被其他跑者歸咎於他的聰明。見我訝異於他有限的字彙裡包含了「血紅素」這個字，他跟著問：「你知道血紅素嗎？」我回他說，我不認識本人[1]。「你只要跑很慢就好」他告訴我，「這裡的空氣是特別的。」

恩托托比英格蘭最高點還要高三倍以上，在這樣的海拔高度，人只要開始跑步馬上就會頭痛，結果我也是在這樣的高度開始失去手指的知覺。十九世紀末，皇帝孟尼利克二世就是從這裡開始建設阿迪斯阿巴巴。這裡很冷，不久之後，孟尼利克的夫人堅持要把宮殿遷往比較溫暖而且有溫泉的山谷。這座山上種植了澳洲進口的尤加利樹，因此以「阿迪斯阿巴巴之肺」而為人所知，但這裡感覺沒有太多氧氣。「我想這裡會對你的呼吸系統施加某種壓力。」教練梅塞雷特告訴我。他穿著一身天藍色及膝的 Adidas 外套，把帽繩拉緊於下巴保暖，「先吸氣，」他說著，踮腳將氣吸進全身，「再吐氣。」他又說，把氣從肺部用力吐出來。他親切地拍拍我的肩膀：「吸氣……吐氣。」

我們抵達時，巴士散發出明顯不想動的氛圍。大家花了好幾分鐘才把細長的四肢從擁擠的座位解放出來，昏昏欲睡的不安取代了訓練隊伍平時的歡樂。這些衣索比亞人顯然跟我一樣有點畏懼這座山。教練告訴我，主隊的訓練時間是七十分鐘，採用每公里 3.50 的配速，後面接著十二趟平整山坡的二百公尺全力衝刺。「但我不認為你今天需要做山坡重複跑。」他轉向我補充，我說他或許是對的。「輕鬆跑九十分鐘就好。」他說。「不過你知道的，輕鬆但也困難。」臨走時他又說。在半山腰的昏暗路邊，而且是在還沒完全適應高度的情況下，這種模稜兩可的說法很多餘。還好鐵克馬里安說他會和我一起跑而不會跟著主隊。

我們的巴士停在一片森林環繞的空地邊緣，地表上最有效率的六十對肺，讓窗戶因為凝結的氣息而起霧。鐵克馬里安叫我跟著他，然後跟在其他人後面，開始往森林的方向漫步。當我們起跑後，我感覺好多了，我的身體開始甦醒，肌肉也比周圍升溫的速度還要快暖起來，這種熟悉的感覺讓我感到放心。這或許是我試過最高海拔的一次跑步，但是開始晨跑的感覺一點也沒變，這讓我在陌生環境裡自在些。我的四肢放鬆、伸展開了，然後慢慢跟上鐵克馬里安設定的輕鬆節奏。只是我突然感到一陣暈眩，而且就算是在緩慢的步調下，我的肺還是運作得非常認真。梅塞雷特說得沒錯，這裡會對你的「呼吸系統」施壓。我突然很清楚呼吸的力學（the mechanics of breathing），肌肉需要空氣的吐納，而讓我吃驚的是，這通常是一個無意識的過程。就像梅塞雷特教練說的那樣，我覺得自己的身體正在努力監測缺氧情況，然後進行紀錄，讓我專注為肺部確實充氣。

陽光開始穿透路線沿途的尤加利樹，其間唯一的聲響，是鞋子踩在小徑上，有節奏的聲音。這趟巴士之旅的寂靜漸漸被衣索比亞人的晨跑嬉鬧聲取代，而我知道，只要前頭的主隊還在閒聊，這趟跑步就不會太正經。但是接下來，我們沿著視線不清的道路繼續前進，兩座連綿不斷的山坡，各自持續了十分鐘之久。那些樹看起來開始變得不太自然，筆直而立又太過於昂首，然後開始變得稀少，露出荒蕪的月面景色，一座衣索比亞的風禿山。

我的精神開始渙散，這裡的缺氧情況阻絕了任何特別有條理的想法，而且這條路開始讓我想起自己長大的杜倫附近，那片哈姆斯特利森林。我想像森林在一個巨大又缺氧的鐘形玻璃罩裡，一開始這條山路似乎沿著山勢起伏，現在路線卻好像在上坡時更加多變。當我的腿疲憊時，能傳送到雙腿的氧氣總量也跟著稀薄的空氣減少。

在我前頭的跑者，三兩成群地脫隊，有默契地加快速度，領先者往下跑拉大差距，這情況一開始發生得不知不覺，但後來卻快得驚人。突然間，我奮力掙扎著，就好像自己第一次在跑步時這樣。我在這海拔高度只待了一星期，我的肺無法應付這種情形，對於突如其來的燃料中斷，雙腿也不曉得如何反應。我只好專注於抬腿，也專注於登上每個偽峰的高點，最後專注於避免用走的。當我試著促使雙腿堅持下去時，比起展開視野，我的視野限縮在腳下的土地，我的注意力聚焦在自己身體內部的感受，那些難以言喻的感受。

我想到第四位抵達奧運馬拉松終點，也是《運動畫刊》記者的肯尼·摩爾，他不情願地用「痛苦」（pain）這個詞來描寫跑步。「那不是火燒的痛，」他寫道，「那感覺像是脆弱，像是不可承受之重、無法控制的恐慌。」我想，那就像是我需要停下來。我的想法完全失去了條理，而我開始產生模糊的詞語聯想。當我努力爬上一個陡坡時，我發現自己嘴上唸著：「拱起（Camber）、攀登（clamber）、蹦跳（caper）、跑掉（scarper）、奔馳（scamper）。」

隨著我的呼吸越來越不順，恐慌開始湧上我的肺，把我帶回自己最初的跑步記憶。我的雙手放在自己九歲的雙膝上，試著吸氣，同時為了拖慢父親的速度而跟他道歉，他的手放在我的肩上對我說沒關係，他純粹為我們一起跑步感到開心。不久之後，在我比較平復時，感覺跑步雖然痛苦，但卻比我做過的其他運動更加深刻。

終於，鐵克馬里安漫步回來向我保證「我們只剩二百多公尺」要跑。每隔幾百公尺我就問他**現在**還有多遠要跑，他每次都回我：「跟你說了，二百公尺。」他覺得這個玩笑越來越有趣，其實並沒有。到目前為止，我一路慢行，雙眼刺痛，流汗出鹽，希望自己還有氣息跟他爭論。接著我在轉角絆了一下，而且巴士就在那，我可以停下來了。二分鐘後，鐵克馬里安已經恢復神采，他的笑容就像偉大的海勒．蓋博塞拉西一樣有感染力。還不到早上七點三十分，我已經跑了十三英里。太陽已經升到阿迪斯上空，我們回來得及時，剛好看到主隊在陡坡進行他們跑後的山坡重複跑。我想起了自己為何愛上跑步。

我和梅塞雷特站在海拔三千五百公尺的山頂，俯瞰連綿起伏的農田。山坡上點綴著圓形的土牆農舍「Tukuls」和成堆的金色稻草卷。隊伍在坡上全速衝刺時，梅塞雷特會叫著「*Na! Na!*（來！來！）」促使他們更快來到他身邊。他們每次衝刺，大多都是采達特領先，他的身高剛好一百五十二公分，下半身的兩隻小腿迅速有力地移動著。傷癒回歸的胡尼納在第七趟後彎腰作嘔，告訴梅塞雷特：「他們會殺了我。」梅塞雷特回他：「慢跑！慢跑！下山去！」訓練中沒有同情可言，但之後，當大家在草地放鬆時，梅塞雷特單臂摟住他，向他保證他正在恢復狀態。胡尼納帶著虛弱的笑容回答：「我知道，我知道。」幾年前，他在一場半馬中跑出了59.39的紀錄，並在世界越野錦標賽上獲得第八名。他知道自己如果能花幾個月集訓，就有能力挑戰世界最頂尖的選手。但一個人的出身在這裡沒有太大的意義，何況現在還有數百人有能力挑戰他，包括我們今早隊伍裡的二十人。

當我們坐在草地上時，其他跑者從森林竄出，在折返回林間前，繞著田野漫步。有些成對，其他則是和大隊一起跑，形成十五人或更多人的單路縱隊，沒有人是落單的。「這裡有很多跑者。」我說。梅塞雷特點點頭說：「至少有五千人在阿迪斯阿巴巴，他們開始的時候像一大群鳥，但鳥群終究會逐漸散去歸零，只有少數能夠成功。你今早看到的幾百人，能成功的屈指可數。」他環視以對角線跑過田野的隊伍，他們的腿完美跟上。我問他：「那要怎樣才能成功？」他回答：「會成功的是那些動腿之前用眼觀察、用心思考的人。那些只靠情感奔跑的人沒有辦法。」這回答讓我不解，也讓我了解到自己在期待一個尋常的回答，像是努力或付出百分之一百一十之類的陳腔濫調。我把這段話寫在筆記本裡，這是我在衣索比亞這段時間所寫下十二本筆記的第一本。

大家都在陽光下開玩笑，胡尼納和另一個跑者跑去其中一個農場買當地的淡啤酒「tella」。又讓我驚訝的是，梅塞雷特教練容許了這件事，認為這是取得碳水化合物的絕佳來源。一個拿著公事包的男人笨拙地跑下斜坡，一個跑者用阿姆哈拉語說了些話，而我只聽到「jibb」（鬣狗）這個詞。大家突然大笑起來，我問海利他們說了什麼，「那是一個諺語，」他告訴我，「跑最快的鬣狗能獲得天線。」他說著把手指放在他頭上。「你指的是角嗎？」我問。「沒錯，就是角，因為他們跑太快了，追上了獵物的頭，而其他的就會吃到好肉，意思就是不要急。」對於一個仰賴快速移動維生的職業運動員來說，同意這句諺語似乎有點奇怪。訓練已經結束，但今天沒有人急著回去，就連我們的巴士司機也在草地上晒著太陽睡著了。

訓練前的不安和訓練後的歡樂，這種反差再明顯不過了，而我也意識到，在過去二個小時裡，我所經歷的情緒變化可能會比我在幾個星期內經歷的還要多。在衣索比亞待了十五個月，一開始我想到的是，跑步和人類學都能讓人做到相似的事：去過一種全新的生活。身為人類學家，我讓自己深刻融入阿迪斯阿巴巴的生活節奏和難題之中；而身為跑者，因為每一次跑步都有其情緒轉換，正經的長跑訓練也具有獨特的挑戰，因此每次備賽都像是一趟旅程或一場冒險。

大約四十年前，社會學家馬克思．韋伯寫下：「除魅（Disenchantment）[2]是現代性的獨特傷害。」在西方很多人相信「沒有什麼神祕、無法估量的力量在運作，原則上，人們反倒可以通過計算來掌握一切事物。」比起他寫下這句話的時候，這句話在今日更加真切。我們戴著心率感測器和 GPS 手錶，按照精心規劃的配速跑步，並將我們跑步的相關 GPS 資料上傳到如 Strava 這類應用程式，開玩笑說如果不上傳、歸類並和其他人比較的話，這些資料就「不算數」。運動科學家會測試我們的頂尖運動員，來確定他們的生理參數，這讓我們覺得自己知道其極限。衣索比亞之所以吸引我，就是因為這裡的跑者相信，在他們的成功之路上，那股「神祕、無法估量的力量」扮演了很重要的角色，不然他們為什麼要一週三天，每次舟車勞頓好幾個小時，只為了來到像恩托托這樣的地方跑步？或是凌晨四點起床去到空氣「特別」的聖地所在，讓跑步比起消遣，更像是朝聖。

有人告訴我，衣索比亞是能量被天使和魔鬼掌控的地方，那裡的巫醫能幫你獲得另一個跑者的力量。這裡也是一位不知名的跑者，在森林裡板著臉比畫著想像中的計分板，跟我說他曾夢到自己跑出十公里 25.32 紀錄的地方，那幾乎比世界紀錄快了整整一分鐘。這裡更是他們告訴我，恩托托的空氣將會讓我成為紀錄 2.08 馬拉松選手的地方。總而言之，這裡是一個充滿魔力和瘋狂的地方，夢想在這依然非常活躍。

在長跑這項運動裡，特別有天賦的衣索比亞運動員和肯亞運動員，他們的表現雖然出類拔萃，但評論員把他們統稱為「東非人」甚至是「非洲人」，似乎還是可以接受的事。我曾看完一小時 BBC 對二〇一六年大蘇格蘭馬拉松比賽的實況報導，裡頭一位有名有姓的烏干達選手摩西斯．基西羅，在跟蘇格蘭選手卡倫．霍金斯爭勝時，重頭到尾都被簡稱為「這個肯亞人」。考量這場賽事是在格拉斯哥舉行，而基西羅不久前才在這裡拿下大英國協運動會五公里和十公里的雙項冠軍，這件事比平常更讓我感到震驚。試想一下，在其他運動裡，有哪一項發生這樣的事不會引起激憤？如果是迪迪埃．德羅巴被簡稱為「西非人」，或是（塞爾維亞人的）諾瓦克．喬科維奇被說成克羅埃西亞人呢？另外要注意的還有，在衣索比亞的取名傳統中，是讓孩子先有命名，後面再接他們父親的名字，有時也會接他們祖父的名字。所以當那些評論員把偉大的衣索比亞選手肯納尼薩．貝克勒稱作「貝克勒」時，他們叫的其實是他爸爸，這讓衣索比亞人在觀看賽事時滿頭霧水。就這方面而言，我會在本書中盡量使用命名或名字。

為什麼會這樣，我想有部分原因是因為長跑的神祕色彩。人們對於長跑者普遍有種印象，認為他們懷抱著「長跑者的寂寞」，這種印象讓他們看起來更像內向人格，也讓運動員看起來更像是突然飛來比賽，讓我們對那不可思議的非凡速度和耐力感到吃驚，然後又消失得無影無蹤（vanish again into thin air），回到恩托托的森林裡。這也是我決定把這本書叫做《跑出巔峰》（*Out of Thin Air*）的原因，是為了利用這個詞的兩種不同含義。世界上那些極具才能的運動員，我們對他們的生活與信念知之甚少，因此才覺得他們的非凡成就彷彿是憑空出現。這也說明了，對於《無名跑者》（*The Unknown Runner*）這樣一部關於傑佛瑞・坎沃洛的電影來說，儘管他已經是世界青少年越野錦標賽冠軍和現今半馬世界紀錄保持人，片名還是被認為貼切的原因。

第二個原因是，我們通常把長跑的成功解釋為一連串決定性因素的直接結果，而這些因素是運動員無法控制的，其中最主要的就是海拔高度。對於衣索比亞、肯亞和烏干達的菁英跑者，我們假設他們的表現幾乎都是直接「源自於稀薄的空氣」（out of thin air），其他人則是在特定遺傳特徵上尋找答案。以「阿斯隆計畫」為例，就是一個由研究運動遺傳學和基因組學的科學家組成的國際聯盟，他們試圖要找到「與菁英運動員表現相關的遺傳變異」。這個計畫的主導人亞尼斯・皮西拉蒂斯已撰寫過許多文章，其中依據的前提就是菁英運動員的表現可能包含遺傳成分，但他也承認，目前一無所獲。

遺傳或海拔高度會帶來某種優勢的假設都是歸咎於「自然」，來自衣索比亞和肯亞的跑者，被視為「天賦異稟」的看法也延伸到人們對貧窮的說法，言外之意就是，在農村貧困中長大的人被迫過著更「自然」的生活方式，這點在媒體的描繪下成了特色，像是從小在土地上工作並在往返學校時赤腳長途奔跑，這些活動都被當作是在自然孕育冠軍選手。於是我們相信，對非洲人來說，跑步是件輕而易舉的事，連想都不用想。我是人類學家，不是科學家，我也不打算推翻這些理論，但是，我認為重要的是指出用這種方式來談論長跑時會帶來的影響。用「毫不費力」或「天生會跑」去描述非洲跑者的傾向，掩蓋了創造這種假象的長年準備和犧牲，這個傾向沒有意識到這樣的跑步專長是很衣索比亞也很肯亞還很烏干達的，而且還忽略了機構對衣索比亞選手提供的支持其實遠優於英國選手所得。我相信，在衣索比亞選手的成功背後，有一連串更細微的文化影響在運作，而這些因素就是我待在阿迪斯這段時間想要多加探索的。

說起「東非」長跑，就是把來自非常不同文化的跑者混為一談，他們有許多人來自不同種族，說著各種語言，而且他們的宗教信仰也在特別的方式下形塑了他們的跑法。大部分以東非跑步為主題的書籍都是關於肯亞，那裡英語能通，也有一些用來招待記者和西方選手的舒適飯店。當我們談到「東非」路跑時，那我們實際討論的是以肯亞路跑為主。我會被衣索比亞吸引，有部分是因為這個原因，也有部分是因為衣索比亞的例外主義：衣索比亞是第一個接受基督教的國家，也是唯一擁有自己專屬字母的非洲國家，更是唯一取勝歐洲殖民主義的國家。

自從阿比比．比基拉在一九六〇年的奧運馬拉松賽上演驚奇，以赤腳獲勝後，衣索比亞男子贏得的馬拉松金牌數量是肯亞的二倍。他們在歷年的馬拉松排行榜上占據了前十名中的六名。自一九八〇年起，儘管曾二度抵制奧運，他們卻已在奧運十公里的項目五度奪冠，而肯亞只有一次。衣索比亞的男子和女子選手在五公里和十公里的項目共保有四個世界紀錄。從莫．法拉開始在跑道上贏取全球冠軍以來，至今他只在大賽的五公里和十公里項目中被擊敗二次，二次都是輸給衣索比亞的選手。

當梅塞雷特和我在恩托托眺望田野時，我們可以看到各種級別的衣索比亞路跑代表。一旁角落停了六輛 Toyota Hilux，排列在那裡就像露天展示廳一樣，而這是頂尖選手的首選車款，進口要花大約十萬美元。那些在林間以之字形跑進跑出的運動員，從穿著新一季 Adidas 和 Nike 套裝或亮黃色衣索比亞國家隊夾克的那些，到穿著破爛短褲和塑膠涼鞋的那些，儘管他們往往跑在一起，身上穿的服裝卻透露了他們的出身。我挑選了領跑者決定路線的一組，他們以之字形左右穿越田野，梅塞雷特告訴我，領跑的是紀錄 2.05 的馬拉松選手。事實上，他是用跑了「ka amist」來形容他，也就是「多五分」（and five），而且我早就發現，這裡的人在報馬拉松紀錄時，只會報幾分鐘，不會提幾小時，因為紀錄超過三小時是聞所未聞。然而，在隊伍後面努力要跟上大家的少年，看起來卻像剛從附近農場閒晃過來。成列的跑者蜿蜒在田野上，領頭的人大約每隔一分鐘就會一百八十度轉身，而其餘的人就像魚群跟在後面。我問梅塞雷特：「他們為什麼要跑之字？」「我不知道。」他回答，「他們是效法彼此的跑法，沒人告訴他們要這樣跑。」這也讓我很驚訝。一個教練承認運動員是從彼此學習，而不是向他學習？我懷疑他們也這樣跑，是為了讓那些速度比較慢的跑者能跟上，也就是那些被鮮豔夾克吸引而來的農場孩子，然後也學會這項技能。

田野上另一組正在進行一系列好像無止盡的訓練。他們奮力擺動手臂，然後折返跑向我們，在身體前方用雙手畫圓。「這是在訓練什麼？」我問海利。他說：「他們只是在放鬆，假裝播種收穫。」不用說，我從來沒有見過這種特殊訓練。他們做一連串不同的動作，分別把跑步的每一個動作放大，就像鋼琴家在練習不同音階那樣，最後互相握手並在草地上坐下。許多看起來似曾相識的練習，沒有讓我想到任何自己見過的暖身運動，而是自己在當地酒吧和餐館裡看過的衣索比亞音樂影片。這些跑者整齊擺肩踏地的節奏，讓人想起一種稱為「esketsa」的特別舞蹈風格，也就是抖肩舞，跳的時候需要用力聳肩和大力呼氣。

光是這片田野上就有至少二百名跑者，我會在這裡待上十五個月，對衣索比亞的長跑文化進行與人類學的實地考察。那些還沒「成功」的跑者裡，有些會在我完成考察前就因為受傷或缺乏進步而退卻放棄，有少部分的人生將永遠改變。本書在一群長跑菁英想要一舉成名的時候，描述了他們的命運，而我除了試著跟上他們之外，也試著去多了解一些，像是之字形跑法和用舞蹈暖身等。

完全不同於西方著迷的「邊際利得」，以及試圖在實驗室解釋運動員之所以成功的運動科學家，我在衣索比亞生活和跑步的經歷，讓我在面對運動時，看到一種更直觀、更有創意，而且更加冒險進取的方式。各種二小時的馬拉松項目報導裡，都讓西方科學家在東非長跑上扮演「專家」的角色，把焦點放在碳纖維板跑鞋和符合空氣動力學的跑步陣形，其中最近的一則是肯亞的埃利烏德．基普喬蓋在維也納的賽事距離中跑出了1.59.40的紀錄。就像一位年輕的衣索比亞跑者告訴我的那樣：「科學家不懂時間，醫生不會跑步。」我們以為運動科學和實驗室測試主導了最高水準的全球體育運動，但就算是有些科學家也承認，比起任何實驗室的測試，他們可以從一場單純的跑步賽事量測到更準確的生理特徵。對一名衣索比亞的跑者來說，從A點跑到B點的單純賽事是最客觀的測試，而學習跑步的最好方式就是實際去跑，越多越好。

我在衣索比亞的時光，向我證實了跑步的傑出表現和愉快享受並不會相互衝突。只要讓我們更加了解自己的身體和其他人，以及周遭的環境，並跟隨本心，就可以在不犧牲自己投入運動的初衷下，依然達成目標。令人沮喪的科技和科學狂熱的訓練神話主導了全球的體育項目，也流傳於一般大眾，但在此之外，其實還有其他選擇。繼續讀下去，看我們能在那些對運動科學保有健康懷疑論，並對經驗累積的專業保有自豪的人身上，能學到關於跑步的什麼。我在衣索比亞的時光，讓我從那些未曾聽過運動心理學的人身上，發現並採納了另一種關於運動心理學的想法，而且對於他們來說，跑步的祕密太過難解成謎而無法經由試管提煉出來。

為什麼衣索比亞的跑者要在凌晨三點起床去山坡跑上跑下？外出尋找鬣狗如何讓你成為更好的跑者？以及採用具創意和「危險」的跑法如何讓跑步少些無聊多點冒險？如果你願意，請跟我進入森林。

①編按：原文是「你知道血紅素嗎？」（You know haemoglobin?），但「know」有雙關語的意思，可理解為「知道」或「認識」，所以作者故意曲解原意，變成詢問「你認識血紅素嗎？」，把血紅素擬人化作為人名，並回答「我不認識本人」（Not personally）。

②編按：「除魅」是馬克思．韋伯提出的用語，意思是啟蒙運動以降，「理性」成為文明發展的主要依據，而「除魅」就是透過「理性懷疑」來破除以往神祕不可知的現象，換句話說，就是要以客觀的實證科學來批判主觀的神祕主義現象，讓新的經驗主義來取代舊的唯心、精神與意志的世界觀。

2

我可能已經是「馬辛科琴」演奏家

我在二〇一五年九月十四日凌晨二點抵達衣索比亞，而且從我位於行李轉盤的位置能看到二面海勒．蓋博塞拉西的廣告，他是衣索比亞最有名的選手，或許也是衣索比亞之外最有名的衣索比亞人。廣告上的他在推銷二種類型的潤滑油，一種是道達爾潤滑油，另一種是約翰走路威士忌③。廣告標語是「讓你的引擎成為路上的運動員」和「堅持下去」（Just Keep Going）。由於我是來這裡研究長跑和進步、前進以及「成長」這些概念的關聯，這些廣告標語似乎很搭。在落地簽櫃檯的女士已經昏昏欲睡，但是當我用剛學會的少數阿姆哈拉語詞彙告訴她我是一名跑者時，她的精神就來了。

我一領到行李（裡頭塞了一堆筆記本和跑鞋），就打開說明如何到我朋友伯納．高汀博士家的螢幕截圖。伯納在阿迪斯阿巴巴大學任教，我們幾個月前在他辦的研討會上碰見過，那次研討會主題是「東非長跑：社會科學的觀點」。他在我適應實地考察的前幾週熱心接待了我。過去幾天有點混亂，因為我和我的伴侶在展開實地考察前，收拾了我們位於愛丁堡的樓層。我的人類學家同伴羅瑟琳將在薩默塞特待上一年，研究自閉症兒童的馬術治療法。因此，我們都將在真正的野外進行實地考察。我沒有時間細看伯納的電子郵件，所以當我在夜裡走出機場，找了一輛計程車時，我開始後悔自己沒有好好看那封郵件。

郵件內容如下：「告訴計程車司機，把你帶到德國大使館，然後右轉上山，等柏油路走到盡頭，左轉開上石子路。司機不會想帶你上去，所以你可能要堅持才行。接著右轉、左轉，再右轉，然後停在黃色大門前，在警衛開門之前，千萬別下車，因為這附近晚上有鬣狗出沒。」這時間的車流很少，我們急駛過亮色的波紋鐵皮店家和霓虹燈照亮的零散酒吧。讓我訝異的是，我們還經過好幾組跑步的人，他們以兩兩三三的隊列跑著，短暫出現在車前燈的強光下，又像幽靈一樣消失，所以我很好奇，怎麼會有人要在晚上的這個時間訓練。

約莫二十分鐘後，司機說德國大使館到了，所以我指向山坡。我至少還會「左轉」（*wada gra*）和「右轉」（*wada ken*）的說法，但我希望他不需要更詳細的指引。他好像不是很喜歡石子路（我後來很快就知道跑者也不喜歡），但我們至少有在慢慢往山上移動，而且慢到我能盯著外面的黑暗看，試著去辨認大門的顏色。最後我們開到一扇黃色大門前，我便叫司機停車。他按了按喇叭，喇叭聲在寂靜的夜裡大到驚人。三十秒後，警衛帶著手電筒出來開門，在巧妙不被他的狗注意到的同時，護送我到我的房間，那是一間戶外小屋，以前住了另一個警衛。

伯納回去睡覺前，輕聲走到陽臺上跟我打招呼，然後我爬進自己小房間的睡袋裡準備入睡。我已經可以感受到海拔高度，身體好像每隔幾分鐘就有感覺，所以我會大口深呼吸。因為附近狗兒能嗅到夜裡潛入城中的鬣狗，所以會突然放聲吠叫，加上空氣稀薄，讓我的睡眠時好時壞又淺眠。一片漆黑的房裡只有一扇小窗，所以我醒來好幾次都疑惑自己在哪裡。

身為人類學家就是試著成為說好別人故事的人，要做到這點，就需要長期獻身於故事裡的地點和人物。就我的情況來說，這意味著我要盡可能親近我想了解的跑者生活，跟他們一起吃飯，一起在跑步後放鬆，最重要的是在訓練中跟他們一起吃苦。民族誌是人類學用來定義自己的研究方法和寫作方法，字源來自拉丁語的「文化」和「書寫」，或許翻成「書寫人類」（writing the people）才是最好。為了做到這件事，得仰賴名為「參與觀察」（participant observation）的方法，這種方法被人類學家詹姆斯．克里夫恰如其分地稱作「深交」（deep hanging out），基本上就是花大量時間與人相處、觀察他們、跟他們交談，然後和他們建立信任關係。

法國社會學家洛伊克．華康德在芝加哥貧民窟花了好幾年來書寫拳擊，提到與其「參與觀察」，我們應該就「觀察參與」（observant participation）多加思考，才能在運動背景下做好研究。換句話說，站上擂臺本身比旁觀有更多能學。不過，在實踐時，我也意識到這會是個挑戰。正如人類學家麥可．傑克森沉思的那樣，同時要觀察又要參與，就相當於被要求站在河裡同時從岸上觀察，又或者以我的情況來說，就是要和大家一起跑，又要從團隊巴士上觀察。最重要的是，我根本沒有他們那麼快，我跑半馬的最佳紀錄是六十六分鐘，而將要和我一起訓練的運動員則是比我快了四到八分鐘。

然而，對於提姆．英戈爾德來說，觀察和參與之間是沒有差別的，他在自己早期的研究中，曾和北芬蘭的斯科特薩米人一起研究追蹤和狩獵活動。他寫道：「去觀察意味著去關注周圍發生的事以及怎麼一回事，當然也要張耳去聽和用心去感受。去參與則意味著你與引起自己注意的人們一起生活也一起過活，去參與他們的活動現況（current of activity）。」我希望在衣索比亞的第二天早上能夠找到一些人跟我一起跑步，我想要盡快加入這「活動現況」。

我隱約知道森林就在那片山坡上，所以早上六點，我從房子開始沿著石子路慢步往上走，而其他人手裡拿著課本或公事包，急忙往另一個方向下山。我們之中有少數幾個往山上走的人，移動得特別慢。大部分身著白色傳統服飾「雪瑪斯」的人，明顯是要上教堂，但有幾個跟我一樣身穿運動服，這至少讓我知道自己沒有走錯路。

快到教堂時，我們經過用各種姿勢祈禱的人，有時差點被絆倒。由於各種飲食和貞節禁忌的關係，在衣索比亞的東正教徒中，只有少部分認為自己夠純潔而能夠真正進入教堂。因此，他們會站著將額頭靠在教堂院子裡的樹上或抓著教堂外圍的欄杆。就跟上教堂做禮拜的人們一樣，跑者們來到這裡也是為了讓自己凌駕於忙碌和城市的喧囂之上。我記得海勒・蓋博塞拉西曾在這片森林中接受採訪，其中有個片段是他告訴記者：「我在這裡所做的事很辛苦，但是跟山下某些人們所要忍受的相比，這根本不算什麼。」我來到這裡，為的就是試著在山坡和森林裡，選擇不同型態的埋頭苦幹去感受一下，那些在城裡決定要對日常生活放棄抵抗的人們，在過著什麼樣的生活。

石子路的盡頭便是教堂，再上去就是雜草殘根和向北連綿數公里的尤加利樹林，但就我視野所及的樹木看去，山坡依然陡峭向上。在開始跑步之前，我先停下來喘口氣，用手指測量一下自己腕上的脈搏，光是走到這裡就已經接近一百。我開始沿著不明顯的山徑直奔上山，但呼吸馬上因為空氣稀薄而變得紊亂不定，而且我發現自己選擇跑過山坡而不是在山坡上停下來。一、二分鐘後，我注意到剛剛在路上看到的跑者，正跑在六到七人的隊伍的前面。

這一單路縱隊的領頭羊穿著亮紫色的緊身衣和紅色外套，在穿過我的路徑時，向他身後的隊伍打了個手勢，用英語大喊：「跟上來！」

我本來以為要花點時間才能找到一起跑步的人，最後只花了五分鐘，所以很驚喜，轉身加入隊伍後方，跟在一個穿著破舊 Adidas 運動服的年輕跑者後面。我跟著他的腳步，避開較大叢的雜草殘根，而且幸好隊伍跑得不是特別快，所以我能享受融入團體節奏的樂趣。我們用長距離的之字形對角線在山坡弧線上沿著坡度上山，這表示我們能一直避開最陡峭的部分，但也表示我們會經常處於一個角度。可是快到山頂時，我開始苦於坡度，跟前面的跑者拉開了幾公尺的距離，而且就在我們越靠近山頂的時候，距離越拉越大。於是我決定，在這裡的第一跑或許應該照自己的配速輕鬆跑，所以在他們下次轉身跑之字時，我就放隊伍離去，繼續跑自己的直線。

可是在我注意到之前，隊列跑者就跑到我的身邊，抓起我的手腕，把我帶回隊伍後面的位置。「我們一起跑。」離我最近的跑者用英文說。我只好盡力跟上隊伍，跟上前頭那個身穿紫色緊身衣的吹笛人④。每當路上經過大石頭或突起的樹根時，隊伍前頭的跑者就會在背後彈指提醒，而後面的人也會逐一照做，一路到我這邊。在我們經過一個朝向其他方向的跑者之前，這一連串的彈指聲是我們之間唯一的交流。那個跑者用腰彎到不尋常的跑法，然後我們隊長跟他說了一些話後，隊伍後面的人都笑了。「他說了什麼？」我問前面的跑者，後來我才知道他叫提拉洪。「他說：『你是不是弄丟了什麼？』」提拉洪先模仿誇張的彎腰動作才回我，「因為他常常這樣跑！」

此時我們已經抵達山頂比較開闊的地方，接著跑過農田，穿過間隔更寬的尤加利樹林。隨著景觀開闊起來，我前面的跑者也邁起了大步伐，然後我發現，每次的之字跑都會讓自己更加跟不上，逼得我不得不提前轉彎才能跟上。我還發現，自己已經很久沒有跟團跑這麼遠了，真的很開心。每當隊列從另一個方向經過我的時候，我都會受到一連串的鼓舞。那些跑者經過時會對我喊了「*Ayzoh*」！意思類似於「打起精神！」或「抬起頭來！」，其中蘊含了同等的同情和鼓勵。結果這個詞變成我在衣索比亞努力跟上其他人時，聽過最多的一個詞。

這趟練跑以近乎衝刺的配速收尾，讓原本接近行軍般精確的跑者隊列開始出現落差，然後就猛然停了下來，整個過程剛好一小時。我們重新集合，開始用非常慢的速度慢跑下山，回到教堂那裡，圍成一圈做伸展運動。提拉洪對我提出問題，先問我從哪裡來？為什麼來這裡？十公里的時間紀錄是多少？然後問我：「你剛剛為什麼想要自己一個人跑？」我解釋說我當時累了，不想拖住他們，所以想要依自己的配速跑。

他的回答是：「自己訓練只是為了健康好，想要有所改變，你必須跟別人一起跑，去適應他們的配速，而不是用自己的配速跑。」這點在接下來的幾個月將會讓我牢記於心。自己跑步，就像自己吃飯，甚至只是自己坐著那樣，在衣索比亞會被懷疑是重度反社會和邊緣。我們在伸展時，依舊是跟著領跑上山的跑者指示做動作，這時候有幾個身材微胖的美國人，穿著短褲、T恤和跑鞋經過我們身旁走上山。「我猜他們是遊客，」他說，「他們跑步是為了健康和新鮮的空氣，但我們是為了成果而跑，我們總是想著如何改變我們的時間紀錄。」他抓著自己的額頭假裝痛苦。「我要怎樣才能改變？我要怎樣才能改變？這就是我們有時候會跑到崩潰為止的原因。」他突然大笑。「但你如果只是跑健康的，那就不用擔心了！」

我們慢慢走下山時還不到早上八點，可是太陽卻越來越暖和了，提拉洪問我明天要在哪裡進行訓練。「我應該還是會回來這裡吧！這片森林似乎不錯。」我回答。他皺眉搖頭：「你得充分利用不同的地點，環境會讓你受益良多。」他跟我說他要去恩托托慢跑，從山上的「特別空氣」獲得幫助，還說為了取得成功，重要的是去適應這座城市周圍的不同地方和他們不同的空氣狀態，並善用各種可得的地面和坡度來練跑。

「田徑運動是一件你必須和別人一起進行的事，」他重申，「所以你得利用環境去跑上跑下。」他指著後面的山坡說。「你如果留在這裡跟我們一起訓練，然後利用所有阿迪斯阿巴巴附近的不同地點，你就會成功。」我們分開時相約幾天後再見。對我來說，一個小時的跑步就只是一個小時的跑步，我沒有很在意跑步的地點，而且我現在還不想在早上五點起床去跋涉整座城市。不過，在我走路回家時，有想過他說要和環境和其他人一起合作的事，這些課題隨著我在衣索比亞的時光荏苒，將變得越來越重要。

＊＊＊

我在最初的幾個星期陷入了一種常規，早上六點會走上山，到森林裡跟提拉洪或我遇見的其中一個跑者一起跑步。這部分是我一開始感到有些困惑的源頭，因為早上六點在衣索比亞是指「十二點」，早上七點則是「一點」，把早上六點當作一天開始的原點，是聖經時代的習慣，但今天大部分的衣索比亞人還是以這種方式在衡量時間。位於赤道而從黎明破曉開始計算一天是有道理的，而身為跑者，用這樣的方式衡量時間似乎也很直覺：你會因為白天能練跑的第一次機會而開始珍惜時間。這並不是衣索比亞唯一的時間特質，衣索比亞年裡有第十三個月，叫做「帕古姆」（*Pagume*），而且月曆是從九月開始而不是一月。衣索比亞曆也比我們的時間軸慢了七到八年，因為東正教徒對耶穌誕生之年有異議，所以並非只有跑者看起來跟時間保有不同的關聯。

訓練結束返回住處，我會利用早上剩餘的時間做筆記和閱讀，伯納的貓克雷歐飛通常會睡在我的腿上和我作伴，這隻貓極其幸運，從一隻巴黎家貓的生活換成坐擁大片領土的國家，而且還有某些地球上最多樣的鳥類生態。我發現跑步和寫作的組合很適合我。諾曼·梅勒曾想過要和穆罕默德·阿里一起慢跑，但他覺得兩人合不來，而問說：「誰會想讓心靈的光彩經由腳踝釋放？」不過，我發現跑步帶來的愉悅疲倦感讓我更容易靜下來專心寫作，而不會屈從於其他干擾。下午時分，我搭乘了幾輛「計程車」前往城市另一端的阿拉特基洛，幾輛計程車是指一輛擠了大約二十人的十二人座 Toyota 小巴，我們要到那裡的一間咖啡館，上米米·迪米希的阿姆哈拉語課。

這些課程本身很快就變成了耐力考驗。我的人類學家好友迪亞哥·馬拉拉把米米推薦給我，他在這裡花了二年研究衣索比亞的東正教。如果我在課堂上請求休息，她會說：「迪亞哥會一次上滿二小時，才去抽五根菸，然後我們再繼續上二小時。加油好嗎？」我盡力專注了三個小時，全靠穿梭店內的女服務生用傳統的「賈伯納」（*Jabenna*）壺幫我倒了無數杯的咖啡加油，然後才搭計程車原路返回伯納家。阿姆哈拉語聽起來很優美，總共由三十三個字母組成，每個字母都有七種不同寫法。它的語法也很複雜，句子結構把多到不行的意思全塞進各別的單詞裡，透過字首、字尾的修飾，以及在中間插入額外意思的所謂中綴，讓一個阿姆哈拉語的詞組可以呈現出好幾個英文字的意思。最常在衣索比亞聽見的問候語是「*Tena yistiligne*」，字面上的意思是「願上帝代表我賜你健康。」（May he [God] give you health on my behalf）在這個簡單的問候語裡，「Tena」代表健康（health），而「yistiligne」的意思則需要七個英語單字來表達。我經常在課後帶著頭痛離開。

回到伯納家，我希望他的妻子瓦來麗以及孩子索拉和弗洛爾會願意跟我說英語，讓我免於必須在此時採用自己生疏而且咖啡因過量的法語，也讓他們自己免於忍受這樣的法語。我開始發現自己的大腦容量只夠容納一種外語，而且那些阿姆哈拉語的單字已經混進了我的法語裡，雖然伯納似乎很樂意用這種「法式阿姆哈拉語」來交談。接著我和伯納退到他的露臺，那裡有阿迪斯可及的最棒視野，然後來瓶通稱喬吉斯啤酒的聖喬治啤酒，開始暢聊跑步與社會科學。

雖然人們常常對衣索比亞和肯亞的跑者抱有浪漫的看法，像是孩子們赤腳跨越高海拔的高原去上學，以及人們藉由跑步來「擺脫貧窮」（running away from poverty）[5]，但伯納卻急於強調，在衣索比亞成為跑者的，並不是這裡最貧窮的人。

「跑者必須從家人那裡得到某種支持，而且他們還需要有時間和能量來進行訓練。」他告訴我。這些事是我和提拉洪有次從森林返回時明白的，那時有個身材豐腴的男人，在上班路上晃著公事包加入我們，問提拉洪需要付出什麼才能成為一名跑者（我剛好也想問）。提拉洪列舉了跑步成功的要素，就好像能在他掰彎的手指上看到一樣。首先，你需要「gize」，也就是時間。為了跑步，但更多是為了「ireft」，也就是每段訓練之間的休息。第二，你需要吃好吃飽才能承受訓練。第三，你需要「ya sport masariya」。這個字可以翻成「體育用品」或「能力」：不只是跑鞋和跑步裝備，還有讓你前往城市周邊那些最佳訓練地點的交通費用。你必須能夠去到那些有益於訓練的環境，這件事提拉洪在我第一次晨跑時提過，而這對某些人來說，可能是一筆無法負擔的開銷。

這些需求和媒體對於東非運動員的描述相差甚遠，也真切代表了成功的主要門檻，而不是因為缺鞋或是因為艱苦而成功，這些需求也代表了非常重要的投資和對於教育、工作機會甚至是婚姻的犧牲。不過，在研究的早期階段，我對此並沒有全盤的了解。「如果像提拉洪這樣的人沒法成功，我想那也還不到世界末日，他隨時都能回去務農。」我對伯納說。伯納搖搖頭說：「不是這樣的，如果你已經二十五歲了還是個失敗者，要怎麼找老婆？這些跑者相信他們體內有某種東西，所以如果他們失敗了，那意味著什麼？」

關於體內有某種潛能一直等著被釋放的想法，我只有個隱約的概念，是我從阿姆哈拉的經典研究中讀到的，而我將要一起生活和訓練的就是阿姆哈拉這個民族的跑者。衣索比亞的頂尖跑者大多來自阿姆哈拉或奧羅米亞地區，只有少數是來自北邊的提格雷尼亞。不過我加入的隊伍裡，幾乎都是來自阿姆哈拉，因為訓練隊伍的組成方式是依據人際關係。在《蠟與金》（*Wax and Gold*）一書中，唐納德．萊文寫到阿姆哈拉的「idil」概念，意思大約能翻成「機會」。阿姆哈拉的東正教徒相信，他們的「idil」是某種內在狀態，只有上帝真正享有這種狀態的特許知識。這表示他們相信，如果自己努力工作、遵循美德，就有機會獲得真正超凡亮眼的表現作為回報。這也表示衣索比亞的跑者不會顯露自己的野心，就算他們可能在私下對自己的可能性抱有相當自負的看法，但是表現出這種看法，將有違他們為了獲得回報而必須遵從的美德生活。不想對個人成就表現出自豪，解釋了即使是比較有名和經常出國的衣索比亞運動員，在賽後訪問面對「贏得比賽有什麼感想？」的問題時，為何總是沉默寡言。

我在衣索比亞時很早就注意到，雖然運動員不論男女一開始都顯得害羞不願談論自己，但在女性跑者身上卻更加明顯。本書和我的研究之所以會聚焦在男性跑者，是因為由我去採訪女性運動員，在文化上被視為不妥，而我也不想讓人感到不舒服。萊文的書名恰好就暗指了直接表達自我感受的問題。《蠟與金》是阿姆哈拉詩歌的一種形式，其中每行文字都有兩種意思：表層的「蠟」之意和表層之下的「金」之意，前者命名取自以黃金鑄物時的蠟型，後者則是必須運用技藝撬出的黃金⑥。在這趟旅程之前，我在愛丁堡有讀到這點，我記得自己想過，這可能會讓採訪的進行和理解過程變得複雜，也會讓直接跟跑者聊他們的抱負變得很難。

相信自己如果用某種方式行事，任何人都可能被提升到偉大的位置，對於這樣的「idil」信仰，也表示了，在衣索比亞很少人相信先天的運動天賦或遺傳能力。提拉洪只提到需要「改變」（modify）自己的時間紀錄。「你知道，我有兩條腿，跟其他人沒兩樣。」他說，然後就像是為了讓自己放心似地拍了拍雙腿。當他在某個時間點告訴，假如我留在衣索比亞一年，一切順利的話，我可以跑出2.08的馬拉松紀錄，我雖然笑了，卻不認為他是在開玩笑。

事實上，我在衣索比亞的時候，從頭到尾都沒聽過有人提到「天分」或是「天生的能力」。跑者們用「lememed」這個字來指涉訓練成跑者這件事，字面意思是「適應」或習慣某種東西，他們不是善於管理適應的過程就是剛好相反。一名好的跑者很可能會被用「gobez」這個字來形容，意思是聰明和靈巧的某種結合，代表他們有能力去妥善規劃和管理自己的訓練。正如梅塞雷特經常對跑者說的那樣：「你可以被改變。」這句話的暗示是，他們堅信身體本來就有延展性，只要跑者遵循某種方式行事就能改變。他們經常向我指出，我對這段適應過程的管理有多糟，不是堅持在白天寫作，就是走來走去採訪人，要不然就是拒絕讓自己的身體去「適應」訓練的負荷。這種信念含有一種暗示，就是無法「適應」往往會被視為個體問題或道德上的失敗，又或者僅僅只是不夠「努力」的結果，之所以辦不到，從來都不會被單純歸咎於沒有「天分」，但這卻是我（和大部分的運動科學家）如何用來說明自己無法在 2.08 內跑完馬拉松的說詞。

提拉洪之所以開始跑步，是因為偶然聽到一段廣播，在評論肯納尼薩・貝克勒跑贏二〇〇九年柏林世界田徑錦標賽。「他的村莊離我並不遠，所以我就在想，如果他做得到，為什麼我不能呢？」他解釋說。有些人開始跑步是因為他們發現自己在學校很擅長跑步，有些則是因為在廣播中聽到關於跑步，或在電視上看到某場大型賽事，還有一些人，用電影《阿甘正傳》（*Forrest Gump*）裡的話來說，就只是因為「想跑」（felt like running）。

＊＊＊

隔天下午，我去見莫約運動管理經紀公司的副經紀人海利，這間公司是專業的運動員團隊，而我接下來在這裡的日子，已經安排好要和他們一起訓練。這個團隊由馬爾科姆・安德森代表，他是一名「運動員代表」（在衣索比亞經常被稱為「經理人」），主要待在愛丁堡，鮮少飛往世界各地去參與賽事。我極其幸運能見到馬爾科姆，他會從事運動工作的緣由，是源自他曾在肯亞高地教過一段時間的體育和英語，以及在牛津大學完成肯亞田徑史的論文，取得非洲研究的理學碩士學位。運動員代表的角色是幫助運動員規劃他們的比賽行程，並交涉他們出國參賽的條件和贊助商合約的條款，為此他們會收取基本佣金，也就是總收入的百分之十五。

我在森林裡遇到的許多跑者，都談到他們想要達到與經理人合作的水準，有時還認為我或許能為大家擔任這個角色。所謂的管理制度是奠基在活躍而且資金充足的俱樂部結構之上。當許多跑者仰賴俱樂部來獲得穩定的收入來源，他們也仰賴經理人的寬廣人脈來安排收益可能更高的國外賽事。馬爾科姆不只支付巴士的費用，讓巴士每週三次接送大約三十名團隊跑者去晨練，還支付海利和梅塞雷特教練的薪水。海利主要的日常工作包括參與運動員的訓練，提供回饋資訊給馬爾科姆，以及幫助跑者遞交簽證申請，其中後勤的部分可能是整個企業的最大挑戰。

我和海利約在科塔貝的西魯特咖啡館，這裡是距離市中心大約五公里的阿迪斯市郊，我們坐在二樓陽臺，俯瞰著東邊出城的主要道路。汽車、紅黃相間的大型公車，還有貨車都在過於狹窄的馬路上爭道，人行道上的行人穿過擺攤小販，他們把商品擺在靠近車流的危險位置。汽車喇叭聲和排放的廢氣飄到我們坐的地方，海利指著我們身後的山丘告訴我：「這是運動員村，有很多運動員在這裡，成千的運動員。」我覺得這跟肯亞以跑者而聞名的伊藤小鎮很不一樣，也跟人們連結到東非長跑的「簡樸」鄉村印象不同。在我們下方是一片喧囂，而我們依然還在衣索比亞幅員遼闊的首都之心。

事實上，儘管衣索比亞最好的跑者幾乎都住在科塔貝，海利卻不認為這裡是理想的訓練地點。他告訴我：「就訓練而言，鄉村地區更理想，但這裡能找到機會。」對於想出國比賽的人來說，待在像莫約運動這樣的團體訓練是必須的，意思就是要住在阿迪斯。科塔貝位於葉卡子城的森林外緣，的確具備優勢，但是那片森林卻是陡峭不平，路上到處都是石頭和樹根。會選擇住在科塔貝的跑者是出於一種妥協而選擇棲息在全球跑步產業的外圍。

海利是個了不起的人，他一邊擔任夜間警衛，一邊自學英語，每個月的薪水大多花在上課，然後為了讓自己在夜間保持清醒，他會對著鏡子練習片語。他先到距離阿迪斯約一百公里的德卜勒伯漢上大學，再從阿迪斯阿巴巴大學畢業，取得社會學與社會人類學系的學位。在馬爾科姆合作的第一批衣索比亞運動員中，有一場會面就是請他當翻譯，而他廣博的自學知識便是源自於那場會面。根據世界管理機構的規定，經理人和運動員的合約效期最多只有十二個月，也因此成就了一個充滿算計的善變世界，裡頭的運動員頻繁地更換經理人。想要有效率地做好自己的工作，就要不停培養和維繫團隊內運動員的信任。

海利把我介紹給他的室友法西爾認識，他一年前才開始在科塔貝跑步。他跟著莫約運動隊一起訓練，但還沒能達到與馬爾科姆簽約或申請出國護照的程度。法西爾將體形維持得像是每天花十二小時搬運石頭一樣，手臂滿是青筋。在我們分享一道「tibes firfir」餐點時，他告訴我自己是如何開始跑步的。這道餐點是由吃剩的「injera」混合辣味紅肉所組成，吃起來美味萬分，而「injera」就是用「teff」這種穀物做成薄餅狀的衣索比亞酸麵餅。海利稱這是一道「農夫菜」，因為它是將吃剩的「injera」物盡其用的一種傳統方式，而這讓我想到了用吃剩的安達盧西亞麵包和西班牙香腸菜組成的「migas」料理，也是我最愛的料理之一。或許習慣在田野裡長時間工作的人，他們所準備的食物剛好合跑者的口味，我們在法西爾說話時吃了好幾把。

「我十九歲那年才開始跑步，」法西爾開始說，「在我長大的貢達，從這裡要搭一天一夜的巴士才能到，那裡沒有人知道跑步能賺錢，我是搬到這裡才知道這件事。阿迪斯的生活費很高，在我搬來這裡之前，有人告訴我，這座城市會『讓我的臉跟口袋一樣一貧如洗』，所以我來這裡以後必須很努力地工作，白天的時間大多是當工人，然後晚上再當警衛外出巡邏。我會認識海利，是因為我在他的住宅區挖地基。當我看到海利和其他人前去森林，然後問過他們在做什麼，我開始對跑步感到好奇。就算是當時我也覺得自己可能太晚開始了，我沒有辦法趕上他們。沒日沒夜工作一年後，我開始在想，有沒有其他的謀生方式。我在貢達有學過『馬辛科琴』（*Mesinko*），或許我可以當個音樂家，在城市周邊唱歌賺錢。」

海利解釋說，「馬辛科琴」是傳統「azmari」歌手使用的一種單弦琴，我在不久之後就體驗到他們那即興的黃色幽默風格，比好幾葫蘆的蜂蜜酒還要醉人。但海利自己並不太認同那個職業，所以他實際上建議法西爾改試看看跑步。「我跑到梅爾卡托去買『馬辛科琴』。」法西爾繼續說，提到那是非洲最大的露天市場。「然後我在小巷裡走來走去，經過一家賣跑鞋的店，我想：『我也可以試穿一下。』就穿上跑鞋跳上跳下，鞋子超有彈性，讓我覺得自己可以永遠跑下去。結果我把身上所有的錢都花在這雙鞋上，只能一路跑回科塔貝，因為我已經沒錢搭計程車了。」

在海利為我翻譯完最後一段話後，他用英語補充說：「你懂了吧，這就是我想讓你見見法西爾的原因，他有點與眾不同。」但法西爾已經開始進入故事的後續。「就這樣，」他說，「隔天我就穿上新鞋走到森林，開始跟著我看到的第一群跑者。」我覺得這段聽起似曾相識。「然後我只顧著跟上前面的人，確保他不會跑掉。沒過多久我們停在一大片高原上，周圍都是開闊的農田，我突然意識到，我已經不知道自己在哪裡了。」海利笑著說：「他們一路跑到了北邊的蘇魯塔，有好幾公里遠。他一定是加入了專業跑者的隊伍，在他們跑二十公里進入來回四十公里的路程時。」

「總之，那時我有點累了。」法西爾平靜地繼續，「不過幸運的是，我遇到了一個女孩，她邀請我到他們的農場喝些牛奶和蜂蜜。」說到這裡，他笑著轉向海利，海利揚起眉毛。「她給我一些錢坐巴士回到這裡，於是隔天我又回到森林做一樣的事，但這次我有注意我們要去的地方。」

我問了他的成長經歷以及這是否有助於他成為跑者，他說：「我認為在鄉下長大會讓你更強大，你不會看到城市裡長大的成功跑者。我的父母在我四歲時都過世了，所以我去投靠叔叔，他的小孩去上學時，我就照顧奶牛，一天常常在外頭跟牛群待上十六個小時。那很辛苦，因為貢達的天氣真的很冷。我十六歲就離開那裡，做過各種不同的工作，甚至還做過帶牛群到蘇丹市場的工作，不但要走好幾天，還要保護牠們不被人偷走，但那是一份危險的工作。」他給我看了手腕上的傷疤，那是某次護送失敗造成的，結果讓他被綁在樹上二天，然後我明白了，他第一次跑步的故事之所以帶有輕鬆愉快，是和他以前的經歷比較而來。

「在阿迪斯的生活費更高，所以我才會白天做工，晚上當警衛。我很高興有海利鼓勵我開始跑步。跑步很難，但是跟我以前做的事相比，容易多了。如果你像我以前那樣子工作，你將會拼上老命，卻什麼也改變不了，可是跑步你會有機會改變人生。」「為了改變我的人生。」這件事在我問跑友們為什麼跑步時，會一次又一次聽到。決定成為跑者意味著用一種可行的方式重新安排自己人生的許多面向，因此，跟其他試圖在城市中謀生的年輕人相比，跑者往往會把自己定義成不同類型的人。

幾週之後的某個週日，一些衝突讓我對這件事留下了深刻的印象。我現在已經習慣了莫約運動隊的例行訓練，包括六天訓練和週日的休息日，其中三個強度日我們會搭團隊巴士前往特定的地點，期間穿插三個「輕度」日。法西爾和我在森林附近的阿比爾家，他邀請我們去吃加了鹽和醋泡製的豐盛沙拉，裡頭有酪梨、生菜、番茄和辣椒。阿比爾和法西爾都來自衣索比亞北部的貢達，阿比爾剛開始展開訓練時，還開著某種機動三輪車「bajaj」，他沒有什麼錢，所以當他的第一個經理人安排他出國去摩洛哥比賽時，他穿著一雙果凍涼鞋參賽，結果不知怎麼地，他還是把半馬的紀錄控制在六十一分鐘。在法國的第二場賽事，他有一雙 Adidas 的薄底競賽鞋，但他無論如何還是選擇穿果凍鞋來跑，因為他穿得比較習慣。我不知道有沒有穿涼鞋跑半馬的官方世界紀錄，但如果有的話，紀錄肯定會比阿比爾慢上好幾分鐘。

我們瞎混了幾個小時，在一臺被獎盃包圍的小電視上看著衣索比亞的流行音樂影片，影片都是在貢達地區拍攝，來回切換的鏡頭，有時是身穿東正教傳統服裝的農夫在搖曳的「teff」田裡跳舞，有時是年輕人在城市的雙向車道旁擺姿勢。

幾個小時後，阿比爾送我們回到馬路上，我們行經一群踢足球的年輕人之間時，其中一個人對阿比爾說了些話，讓他憤怒以對。我們三人的打扮明顯是跑者，腳上都穿著跑鞋，法西爾身穿紫色的 Nike 連帽上衣，而阿比爾則是穿著前年品牌依約提供給所有跑者的黃色 Adidas 運動服。我們很快就被這些人包圍，然後就在阿比爾擠過他們其中一人後，一個身穿褪色兵工廠球衣、剪掉袖子露出二頭肌上刺青的年輕人，朝他丟了一塊石頭，只差幾吋就會砸到他的頭。我被突然升溫的衝突完全嚇到了，現在偶而還會去當夜間警衛的法西爾，很快就把其中一名襲擊者制伏在地上，但他們有七個人。就在那時，有位身穿「雪瑪斯」的老人介入，擋在我們雙方之間，最後成功化解了衝突。

那些人離開後，老人告訴我們：「他們只是失去希望的人，你們為什麼要和他們爭吵呢？」法西爾和我穿過森林回去時，他把跑步描繪成另一種生活方式，不同於年輕人的方式。「像他們那樣的人對生活沒有計畫，」他說，「他們想要傷害我們，好讓自己進監獄去吃政府的『injera』。他們沒有目標也沒有希望，但是阿比爾是有目標的人，如果他跑步賺到錢，蓋一間飯店的話，大家就會受益於它。」「所以跑者都是努力工作的人嗎？」我問。

「運動員是好人，他們努力工作，為自己的家鄉著想，其他那些人的唯一工作就只有打架。」

像這樣的年輕人群體，在阿迪斯阿巴巴到處可見。我和伯納住的地方，附近有個交叉路口，那裡總是有五、六個人從大約二十個熟面孔裡輪替出現。他們依據一天之中的不同時間，跟著陰涼處移動，坐到不同的地方，然後嚼著「巧茶」（*khat*）葉，抽著菸，偶而踢踢球或做些伏地挺身。他們都受過一定程度的教育，但他們在很多場合跟我說「沒有工作」。海利不同意。「有工作。」他在我跟法西爾到家的時候跟我說，「但是他們認為法西爾做的那種工作對他們來說是大材小用。」海利用強烈的道德詞彙譴責上述那種遊手好閒的怠惰，在很多場合跟我說，他認為衣索比亞政府應該把他們這些人「集中起來」，然後強迫他們去做「弄碎石頭之類」的工作。

跑者想要成功就必須對日常生活採取非常不同的態度，他們的日常生活是由耐心和延遲滿足所定義。這情況經常被拿來跟他們可得的其他工作形式比較，也就是「gulbet sera」，意思是「體力活」（energy work）。這類工作正如法西爾說的那樣，拼命也改變不了什麼。為了一天三餐你得工作十二個小時，然後開始陷入「工作、吃飯、工作、吃飯」的循環。跑步的話，你得接受一種可能變得枯燥乏味的生活方式，這表示你必須從社交生活的很多方面退出，但也表示有天你會有希望賺到改變人生的一大筆錢，這讓很多人帶著光明的前景去面對生活。舉例來說，來自跑步團體的阿瑟法，在參加比賽之前，就已經根據自己的想像把獎金分給了各種項目，讓自己的成功夢想越具體越好，像是花三千美元來娶自己的女友泰潔，還有花七千美元來買一塊靠近阿塞拉的土地。

我發現自己跟法西爾和其他無數人一樣，在衣索比亞用相同的方式展開了自己的跑步之旅，都是跑去森林然後在其他跑者後面「跟上腳步」（following the feet），接著決定要在之後的幾週，盡可能跟他和其他莫約的跑者一起練跑。但我也很清楚自己過去的跑步經歷有多麼不同，這件事提醒了我，在衣索比亞的時候，我必須避免因為自己對跑步的看法而產生偏見。我針對衣索比亞跑步的研究把我的二大興趣（旅行和跑步）結合在一起，讓我可以在整整四年的期間裡，花大量的時間閱讀、寫作，並在衣索比亞做這二件事。我想，旅行和跑步都帶有想要出走的相似衝動：跑步就像是在家旅行。

不過，就像我在英國那位有耐心的教練馬克斯．科爾比耗費十五年精華指出的，這二件事彼此矛盾著，尤其是在你把目標放在看清自己跑步能耐的時候。二〇〇六年我在舉辦英國錦標賽的貝德福德，用八圈從最後一名一路跑向第六名，最終在青少年五千公尺項目得到了英國第七名。我會深深愛上跑步，主要是因為一個巧合，我在距離馬克斯和他妻子茱莉不過幾戶的地方長大。馬克斯在八〇年代後期跑出了2.14的馬拉松紀錄，這樣的表現在當時只夠排上第十二，以及在蓋茨黑德獵兔犬運動俱樂部的公路接力冠軍隊中排名最後；而茱莉則是紀錄 2.35 的馬拉松選手，曾在倫敦馬拉松拿到第七名。他們從自己大量的藏書中拿了一些跑步的書借我，然後馬克斯告訴我他在杜倫跟布倫丹·福斯特和查理·史拜汀一起訓練的故事。早在我醉心於研究衣索比亞高地的跑步文化之前，我就已經迷上了英格蘭東北的跑步文化。

我在五千公尺的十八歲組跑了 15.02 的紀錄，那場比賽可能是我當時潛力的最大指標。在那之後我就離開跑道，隨即搭上國際鐵路的火車環遊歐洲，將那股潛力拋諸腦後。隔年我還有稍微跑一下，接著就停擺了三年，把時間花在讀書、喝酒和旅行，那幾個夏天去了印度、南美和中國。

當我試著要重新開始跑步時，卻因為背部受傷的問題而放棄，但是有很長一段時間我並沒有真的那麼想念跑步。接著出於某個原因，我在最不可能的情況下又開始跑步。我在二〇一〇年底搬到巴黎，為了我的法國與英國文學學分，在索邦大學展開了伊拉斯莫斯計畫的交換學生歲月。一如往常，我在新學期開始前三天來到巴黎，不但無處可住，也搞不清楚巴黎租屋的複雜官僚規範：在巴黎你必須準備一份資料，裡頭包括先前的住址、推薦信和其他有的沒的。我跟來自愛丁堡的其中一個朋友馬克約在背包客棧碰面，在那裡上網搜尋比較沒那麼正式的住處，最後我們找到的地方的確不怎麼正式。

出於好奇心我們回覆了分類廣告網「克雷格列表」上的一則廣告，上面說提供廉價住宿，需要現金支付，位於巴黎南邊靠近蒙帕納斯的某處，一個稱為「領土」（the Territory）的地方。我們找不到什麼相關資料，只有一篇〈地下室手記〉（'Notes From the Underground'）摘自《紐約時報》的系列報導，記者在上面寫下這個地方曾被描述為「青年旅社、藝術工作室、夢境般的地方和貧民窟，而且就第一印象而言，還可補述為容易失火的地方、連環殺手的巢穴，以及威利．旺卡的巧克力冒險工廠。」這個地方由俄羅斯藝術家塞爾吉奧．歐斯特夫經營，當時的「領土」每天顯然收到超過一百五十封電子郵件，來自像我和馬克這樣尋找廉價住宿的人。「挑選房客的並不是我，」在塞滿房間的建築某處，塞爾吉奧坐在一張局部損壞的沙發上，告訴我們，「而是是領土。」這些話跟他對《紐約時報》記者說過的一字不差，但是出於好奇心和別無選擇，當他提供房間給我們時，儘管我房裡的傾斜天花板顯然是用中密度纖維板蓋的，窗戶是用布膠貼在牆上的一些綠色塑膠布，我們還是接受了。

有些房客也是塞爾吉奧的助手，負責混合顏料，有時還要真的把他跟自己最新的畫綁在一起，以確保他有在工作。其餘的我們是學生和作家的組合，但也有一名在音樂學院培訓的舞者和一名在物理劇場受訓的演員。當巴黎的寒冬天開始刺骨，十五個人共用一個室外淋浴間的現實開始浮現，但我們的群體意識克服了這個問題，而且儘管規定越來越多，我們還是全都留下來了。因為嚴格來說，塞爾吉奧並不允許有房客，所以我們得對外假裝成藝術家，在每次進出房子時都隨身攜帶A3作品集。基於同樣的原因，我們也不允許擁有鑰匙，所以我們只能用藏在樹叢裡的對講機來聯繫屋內的人開門。廚房裡有一臺連接監視器的老舊黑白電視機，這樣大家就能確認你的身分，一切就像波希米亞版的《一九八四》（*1984*）。

有一個新來的英國人叫路易斯，在他剛搬進來不久的一個晚上，我們因為某些原因聊起了跑步，然後路易斯透漏自己在校曾是個相當厲害的跑者，在英國學校舉辦的校際越野賽中獲得了「第九十幾名」。作為現代壯遊的一部分，他此刻在巴黎學習法語，而且用他自己的話來說，就是「讓自己盡可能自命不凡」。他幾乎沒在跑步了，當我們深入了解，發現我們曾出於全然的巧合參加過同一場比賽，也就是二〇〇五年在諾里治舉行的高年級男生賽跑，我們分別拿到第九十二名和九十九名，總共差了四秒。我們決定要去跑一跑，但很快地就意識到這是一個思慮不周的挑戰。

第一次練習我們決定從洗衣店開始，這樣可以把衣服和作品集放在那裡，然後在衣服洗好之前，試著跑到艾菲爾鐵塔折返。這個路線聽起來很浪漫，實際卻不是，其中不只涵蓋了很多路口，還要閃避遊客，最後我們找到一條穿越「環城大道」（*périphérique*）出城、比較安靜的自行車道。原本每週一次的練習變成二週一次，然後我發現自己的背不痛了，而且自己變得很想跑步，這是三年來的第一次。我開始在塞爾吉奧不注意的情況下試著偷溜出去，把自己的作品集藏在房子附近的籬笆縫隙裡，然後穿著長褲跑步，這樣我才符合「看起來像藝術家」的規定。在我厭倦這樣之後，我決定改穿短褲跑步，結果回來用對講機請人開門時，才發現回應的是塞爾吉奧，他的鼻音在對講機裡劈啪作響。

「你不能進來。」他說。

「但我住在這裡。」我挑明。

「你不能跑步，藝術家不會跑步。」

「現在跟你說話的這一位就會。」我生氣回應著。

「我會讓馬克拿長褲出去。」他說完就中斷對話。

我沒想過這間房子的規定不只是帶來古怪的不便而已，還成為我回家後的趣事分享。但此刻我想在最不可能的環境中好好重新訓練，我開始很早出門，沿著自行車道跑步，而且我在「市郊」（*banlieu*）加入了一個俱樂部，那裡有很多強壯的第二代摩洛哥和阿爾及利亞移民在訓練。我不僅找回了自己作為青年運動員賽跑時曾從跑步獲得的秩序感，還重新發現了每天做好一件簡單的事所帶來的樂趣。回到愛丁堡後，我重新加入了「科斯托芬運動俱樂部」，並開始回到以前的程度。

雖然我還是很難解釋到底是什麼讓我如此熱愛這項運動。據說村上春樹借用了雷蒙德・卡佛的書名《關於愛情，我們到底在談論什麼？》（*What We Talk About When We Talk About Love*）來用於自己沉思跑步和寫作的書。有些東西就像愛情，很難用文字捕捉，即使是跑了數十年的人，在被問到為什麼而跑的時候，往往都會故意聳聳肩，表現出如人飲水冷暖自知的模樣。如果被追問原因，還有為什麼在西方現在有那麼多人報名參加鐵人三項和超馬比賽，我會說這是歸因於人們對舒適的抗拒。「如果你自誇說自己一切都舒適，」赫爾曼・梅爾維爾寫道，「而且長久以來都這樣，那麼你就再也不算是舒適了。」跑步的吸引力很像羅傑・狄金斯在自己關於野外游泳的書中所描述的那樣，身在其中讓我們「重新找回古老和野性的感受」，前往人跡罕至的地方，「逃離官樣事物。」

我在五年後抵達衣索比亞的時候，已經回到了正常程度，跑十英里不用五十分鐘，而且還代表蘇格蘭參加路跑和越野比賽。我很想看看在衣索比亞跑上十五個月，能給自己的跑步帶來什麼，但我並沒有幻想會有大幅度的進步。我去那裡是以研究員和作家的身分為優先，其次才是跑者，這表示我的經驗跟那些一起訓練的人明顯大為不同，他們的主要動機是「改變人生」讓人生更好。如果我想要有效學習關於衣索比亞的跑步，我就得試著將過去十五年來學到的假說忘掉，然後從做中學和「跟上腳步」來學。

法西爾堅稱衣索比亞的所有頂尖跑者都有在田野裡努力勞作的務農背景，這說法讓我很感興趣，所以我在抵達衣索比亞幾個月後，決定前往奧羅莫鄉村的中心，去造訪稱為貝科吉的小鎮。一個人口只有一萬七千人的小鎮，是如何產生有史以來第一位贏得奧運金牌的非洲女性德拉爾圖．圖盧，和有史以來第一位在奧運馬拉松奪冠的非洲女性法圖瑪．羅巴，以及女子五千公尺的世界紀錄保持人蒂魯內什．迪芭芭和男子五千公尺與一萬公尺的世界紀錄保持人肯納尼薩．貝克勒呢？

③編按：這裡的「潤滑油」不是誤譯而是作者的幽默，表示道達爾潤滑油是機械的潤滑油，約翰走路威士忌是人體的潤滑油。

④編按：在《吹笛人》（The Pied Piper of Hamelin）的德國民間故事裡，吹笛人幫小鎮除去鼠患後，小鎮居民拒絕依約給付報酬，所以他就吹起笛子離開，而所有孩子聽到笛聲後也全都跟在他後面離去，因此，吹笛人常被引申為帶頭的人。

⑤編按：作者這裡用「逃離」（running away from）這個片語一語雙關，既指逃離、擺脫貧窮，也指經由跑步（running）來遠離（away from）貧窮。

⑥編按：萊文《蠟與金》的書名源自於古代的脫蠟鑄造法（Lost-wax casting），即使用混合蜂蠟、松香和牛油的蠟料雕出要鑄造的物品模具，也就是蠟型，然後在外面澆上黏土泥漿等物質等候乾燥，如此反覆澆淋形成外殼後，以火加熱，當蠟融化流失後，再灌入金屬液體進行鑄造，最後再敲掉外殼撬出跟蠟型相同的物品。衣索比亞過去也盛行以此法鑄造，所以他們有種詩歌便以此寓意來作為一種創作形式，讓每行文字都具有雙重意義，也就是表面之意和表面之下的真意，即「蠟」與「金」。

3 跟隨彼此的腳步

巴士擋風玻璃上的足球俱樂部貼紙貼了好幾層，說明司機不是常換就是特別善變。目前，這輛巴士對曼徹斯特聯足球俱樂部和聖母瑪利亞同樣支持，因為在司機的視線高度上，貼了二張分別代表的貼紙。圍著巴士兜售的年輕人，年齡和體格都跟我所相處的跑者相仿，拼命試著要從打開的窗戶販售餅乾，或是試著幫司機招攬乘客以賺取一「比爾」（*birr*）的佣金（「比爾」是衣索比亞的貨幣單位），但他們的攬客方式通常粗魯又強硬，而這也是我最後怎麼會坐上這輛破舊巴士前往貝科吉的緣由。有人要我試著改搭其中一輛比較新也比較安全的巴士，但我被司機狠狠緊盯著。招攬乘客是一筆競爭激烈的生意。

我們等了一小時又十五分鐘，才等到巴士擠滿發車要求的人數、雞隻以及一袋袋的水泥和一桶桶的自釀啤酒。跑者經常都會重申耐心的重要性，而我在這裡有充分的機會可以鍛鍊自己的耐心。當巴士終於駛離阿迪斯郊區的卡勒第公車站時，一開始我們突然慢慢繞下坡，而氣溫也隨著海拔高度的下降而上升，這也是練習忍耐力的機會。許多衣索比亞人相信，無論氣溫高低，氣流都是疾病的根源。在三十二度的高溫下，他們仍然拒絕開窗，空氣成了煙燻、汗水、雞隻和自釀伏特加酒的濃郁混合物，而我的阿姆哈拉語還沒有好到可以在一個肺結核嚴重傳染的國家，指出這種特殊健康信仰的問題。我流了好幾個小時的汗，我們才終於開始愉快地爬升到海拔三千公尺之上的貝科吉。

行進間我們駛進了真正的奧羅莫農田，然後寫著阿姆哈拉語文字的標示變成了阿方奧羅莫語，這個語言是以羅馬字母書寫，但是有自己的拼法和自由添加的母音。英文的「Hotel My Family」（我家民宿）變成了「Hoteelaa Maay Faamiilee」，然後我們路過一個寫著「Farniicher」、下面畫了一張絨布椅的標示。我們還經過「高貴與可靠之家公眾有限公司」，但它塗滿油漆的窗戶讓它看起來既不高貴也不可靠。隨著車流減少，巴士司機必須更專心留意路上的牛羊，以及那些認定車子亂開、準備朝車子丟石頭的大膽牧童。這裡的農田綠意盎然，點綴著土牆和茅草屋頂的農舍「tukuls」。老鷹在頭頂翱翔，然後我見到播著傳統音樂、慢慢塞進越來越多人的巴士窗戶，閃過色彩斑斕的藍鳥，他們有的坐在其他人腿上，有的彎身站在走道上，交流最新的當地八卦。

當我終於在四個小時後下車，我嘗到了第一口「特別的」貝科吉空氣，而且不只咽喉能感受到空氣的稀薄，頭也有點暈眩。我到瓦比旅館登記住宿，說明我是來這跑步的。路特幫我登記，他的名字是「進步」的意思，他告訴我這間旅館是他的妹妹贏得杜拜馬拉松後蓋的，他說自己的兄弟也是一名跑者，四年前去英國參加比賽後就再也沒有回來，他也不知道他現在住在哪個城市。「所以你也是跑者嗎？」我問他。他疑惑地看著我說：「當然。」愚蠢的問題。我問他早上有沒有可能去跑步。「可以，我們可以早上六點出發。」他說。我才剛抵達五分鐘就已經安排好了訓練，這比我想的還要簡單。

* * *

隔天早上五點五十五分，有人敲了我的門。一如往常，跑步是人們唯一會準時以對的事。接待人員路特的朋友阿勒姆在門口加入我們，他是從阿迪斯的奧羅米亞警察俱樂部來這度假，我在我們前去的路上問了他關於政治動盪的事。在新的阿迪斯阿巴巴城市總體規劃中，為了應對城市擴張而提議要強徵農地，因此引發了奧羅米亞青年的示威活動，但憤怒的還有比這更深的原因。當費伊薩．利萊薩在二〇一六年的里約奧運拿下馬拉松第二名時，他以雙臂在自己頭上比出抗議者用的交叉手勢。在一次賽後訪問中，有一個博學的英國人在頭上比了個「M」字手勢，然後說：「我們把這個叫做『莫氏機器人』（Mobot）⑦手勢，那你的手勢要怎麼稱呼？」利萊薩回應說：「我們稱呼為『停止屠殺我的人民』。」這些抗議也針對政府殺害平民、大規模逮捕以及反對派團體的政治邊緣化。

「我支持那些抗議者。」阿勒姆告訴我。費伊薩．利萊薩是個英雄，他在自己頭上交叉雙臂，做出和平的自我保護手勢，讓更多人關注到政府單方面對抗議者施加的過度武力。「但你是警察。」我指出這一點。跟許多支付運動員薪水讓他們能夠訓練和比賽的跑步俱樂部一樣，阿勒姆的俱樂部是由政府資助，他的雇主就是那些持續對人民開槍的人。他感覺被冒犯了。「我是一個跑者。」他說。他相信那些抗議者的動機，所以他只有在暴力「惡化嚴重」的時候才會涉入其中。貝科吉位於奧羅米亞農產王國的心臟地區，是衣索比亞的產糧地區，就面積和人口而言，都是衣索比亞之冠，但這裡的人們卻感覺自己被排除在衣索比亞的政治之外。外國工廠蓋在政府強徵的農地上，作為排除的象徵，已經在最近幾週內被攻擊和縱火，而且奧羅米亞也已經扣留了原定要運送到提格雷的糧食，那裡是大部分衣索比亞政客的出身地。這裡的政治氛圍依舊緊繃，但是早上六點的貝科吉再和平不過了。

我們搭便車上路，攔到一輛類似機動三輪車的交通工具「bajaj」，路上還避開一輛馬車，那隻拉車的馬看起來特別容易受到驚嚇。當我們抵達一座森林的外緣時，司機揮手要我們離開，不讓我們付錢。綠色的農田一望無際，我們開始跑在間距寬廣的樹與樹之間，輕巧躍過樹根，不時變換方向。阿勒姆帶路之餘還做些貼心的小動作，用彈指提醒我們地上的每塊石頭和每根樹枝。海拔高度的變化顯露於輕微的頭痛，還有我幾乎馬上變沉的雙腿。

跑了幾英里後，我們逐漸加快速度，來到了更軟更溼而且成株成叢豎立的草上，而這也讓阿勒姆落腳得更加小心。我們似乎把大部分的後續路程都花在一個陡坡上，也因為這樣讓我比平時還注意自己臀部和脛骨外沿肌肉的作用。當坡度變得太陡時，阿勒姆會用一連串的快舞短步來登上斜坡更高處，就像遇到急轉彎的越野滑雪者。我正在跟增加的海拔高度（阿勒姆說我們在三千五百公尺的高度）奮戰，但我卻很難擠出相應增加的爆發之力。之後我問他為什麼要那樣爬坡，他說因為我剛從阿迪斯過來，也因為今天是「輕度」日。在衣索比亞，「輕度」日的速度通常不快，但距離卻很長，早上很少跑少於一小時又十分鐘。我們今天很無趣地繞來繞去，但明天我們會跑直線，他用手指指著一個不詳又誇張的地點說。

我們暫且一步步走下陡坡回到起點的旱林，這裡的尤加利樹之間甚至間隔了一公尺。阿勒姆從這裡開始加速，先是每公里不到四分鐘，接著變成將近三分鐘，他穿過樹林劃出跑線，然後像足球員脫衣慶祝進球那樣伸出雙臂示意大家轉彎，然後再一次加速，他的雙腳在樹根之間快速又靈巧地穿梭。我沒辦法在這個海拔高度跑得像他那麼快，所以他每次轉彎時我都會先於他幾棵樹轉彎，他對此皺眉表示不滿，用手做了一個招喚的動作，彈指一下比了自己的腳跟，催促我要跟上並緊跟在他後面跑。

當我們終於停了下來，我們先在路邊慢跑了幾分鐘，然後才邁開一連串快步返回鎮上。小孩（和許多大人）在我跑過去時張口盯著我看，然後我聽到「*Ya Sportenna farenj*（喔，運動的外國人）」。最後我們停下來伸展，由阿勒姆帶領，其中包括單腳站立進行一連串的動作而不把另一支腳放回地上：這與其說是伸展，還不如說是平衡動作。平衡在這種地形上極度重要，你光看運動員在轉彎時不會放慢速度就知道了，他們會在繞過樹幹時把重心壓低。

在肯納尼薩．貝克勒參加世界越野錦標賽的許多舊影片中都能看到大師級的平衡表現，他**連續**贏得十個冠軍，而且在比賽後段好像能夠無視物理學加速過彎。全盛時期的肯納尼薩就跟曾經占有一席之地的任何長距離跑者一樣接近無敵，我看不到有人能打破他在五千公尺（12.37）或一萬公尺（26.17）的世界紀錄。我記得二〇〇八年在愛丁堡看他比賽時，他的鞋子在比賽開始六分鐘後就掉了，整個人完全停了下來，平靜從容地再次穿上鞋子，然後在三分鐘內追上了領先的人，看起來就好像他是運作在不同於其他所有人的時空連續統裡。結束伸展後，阿勒姆指著一堆樹幹說：「根據科學我們應該要坐著休息十分鐘。」我不知道這有多科學，但是能坐下來我倒是開心得不得了。在這裡，急於訓練似乎是褻瀆神靈，你必須有耐心並且把事情做到恰到好處（properly）。

當我們最後漫步回到旅館，我們坐在餐廳裡，我注意到自己的鞋子不只浸滿了水，上面還覆蓋了乾巴巴的泥巴，而阿勒姆的卻好像在跑步機上跑過。總之他避開了所有溼地，但我就算跟著他也辦不到。穿著俐落白襯衫和整齊長褲的服務生緩緩走過來，他的跑鞋吸引了我的目光。「你們剛剛跑了多久？」他問。「一個小時。」我回答。「*Tinish*（好少）」他淡淡說完轉身離開。我向他要一杯咖啡，但他拒絕，只跟我說空腹喝咖啡不好。在這裡大家好像總認為自己知道怎麼做最好，告訴我要拉上外套拉鍊或是什麼能吃什麼不能吃，不過，只要是跟跑步有關，我很樂意聽從他們明顯更優秀的專業意見。

＊＊＊

隔天早上，阿勒姆和路特又更早來到我房門，我因為海拔高度增加而睡得相當不好，身體能微微感覺到某些變化。他們沒有馬上敲門，但我能聽到路特手機傳出的宗教音樂，我正想說些像是「大家都不睡覺嗎？」的話時，才想到這裡是衣索比亞，早上六點差不多是上午十點了。我們從旅館走到路上，呼氣在早晨的空氣中變成白霧。

不知道為什麼，路特和阿勒姆今天特別有活力，而且阿勒姆的警察步伐讓人很難跟上。我們開始沿著路邊跑在泥濘的坡上，然後轉進印滿車輪痕跡的泥土小徑，跟著馬車留下的車痕前進，並盡量避開石頭和水坑。當我在想像他們昨天描述的「好場地」時，腦中出現的是乾燥的平地，但這裡卻是一片雜草叢生的鮮綠色，而且還跟我說今天也是「輕鬆」跑。肉垂鸛在草叢裡四處瀏覽，只要我們靠得太近牠就會停下來看我們一眼。我們以誇張的之字形跑過溼透的斜坡，結滿露水的草沾黏在我們腳上。「這……並不……輕鬆。」我在吸氣間說道。這感覺像是跑在一塊巨大又耗費能量的海綿上，我們時不時還會撞見發呆的牛群，然後當阿勒姆拍打著雙臂，像一隻消瘦的大鳥去驅散牠們時，我和路特也閃避著那些躲避他的牛隻牛角。那些牧童只是張嘴盯著我這個奮力掙扎的「farenj」。

當衣索比亞人用「沉重」（heavy）來形容天氣時，他們指的不只是讓你費力呼吸的空氣，還有從下方耗盡你能量的地面。「沉重」也很貼切地描述了我今天的全身狀態，空氣感覺濃重而不稀薄，就好像我無法迫使空氣進入肺部一樣。我總是預期自己會在這樣的海拔高度喘不過氣來，不過實際感覺卻像是大腦在喘不過氣前就介入，彷彿大腦察覺到了在這高度奮力跑步的潛在危險，所以強迫把配速限制在每公里跑五分鐘。

又一次，我發現自己羨慕起了阿勒姆，他的腳是如此輕鬆地跳躍在草皮上。問題在於，不擅長落腳是一種指數性增長的問題，如果你踩進水坑讓鞋子吸滿水，就會讓腳的重量加倍，讓自己累到輕易犯下另一個錯誤。不久之後，我的腳已經溼重到我連乾燥的地面都不想找了，與此同時，阿勒姆的鞋子依然看起來像是一直跑在跑步機上。

最後我們來到一條鄉間的泥土路，準備跑最後十分鐘的路程，我開口問阿勒姆，為什麼我們不在這裡跑完全程就好，然後我想起來誰才是專家。我告訴自己，肯納尼薩・貝克勒在成為史上最偉大的長跑者之前，就是在這片軟爛的土地上累積經驗，他第一次去到海平面高度的地方，把浸溼的鞋子換成釘鞋，跑在相對堅實的地面上時，一定覺得自己可以跑得飛快。

我們回到阿勒姆指的「森塔耶胡的森林」，就突然穿梭於一百多件色彩鮮豔的運動服當中。我來這裡是為了森塔耶胡・艾胥圖教練，他在哈勒爾塞城長大，那裡距離貝科吉五百多公里，文化非常不同，而且他年輕時是一名足球員。他來到貝科吉當小學老師，卻注意到自己的某些學生似乎具有跑步天分，所以他很直覺地展開了教練的工作，也開始進行每日的訓練項目。他的第一個徒弟是德拉爾圖・圖盧，後來成為非洲首位的女性奧運金牌得主，在一九九二年的巴塞隆納拿下一萬公尺項目的冠軍，之後成為衣索比亞田徑總會主席。從早期德拉爾圖．圖盧的成功以來，森塔耶胡已經發掘了五千公尺和一萬公尺的世界紀錄保持人肯納尼薩．貝克勒，還有暱稱「娃娃臉破壞者」的女性跑者蒂魯內什．迪芭芭，她已經贏得八項世界徑賽冠軍，他們兩人於國際賽事出道之後都持續競賽了二十年，其中肯納尼薩在二〇一九年的柏林馬拉松跑了2.01.41的紀錄，只差二秒就能打破世界紀錄。

如果我們根據教練培養的運動員贏得多少金牌來衡量他們，能夠與森塔耶胡匹敵的或許只有一個人：在肯亞伊藤小鎮任教於聖派翠克高中的弟兄科爾姆．歐康奈爾。他們兩人都在自己的小城鎮上享有忠實的追隨者，而且兩人或多或少也都靠一己之力創造出了一種長跑文化。森塔耶胡的運動員們排成長龍，正在進行完全同步的練習。根據阿勒姆，現在是「休息時間」，也就是季末的短暫休息，但這似乎阻止不了這些運動員成群結隊。他們其中五個人決定加入我們，於是我們穿過樹林，以流暢的人龍加速過彎。一如往常，這趟跑步已經逐漸加快，而我此時正努力著不要脫隊。

經過一小時又七分鐘後，阿勒姆突然停下。「我以為我們要跑一小時又十分鐘。」我訝異地說。在阿迪斯跑者非常執著於照他們計劃的切確時間練跑。他看著手錶，點點頭，然後起跑，指著他的腳跟做了一個「跟上來」（get in my slipstream）⑧的熟悉手勢。當他加速對著那些土牆屋子繞圈，閃躲著小孩和驢子時，就像是在說：「如果你想多跑三分鐘，那我就讓你跑。」我看了一眼手錶：每公里3.10的超快配速。我真希望自己剛才沒有說話。到了最後幾百公尺，我用盡全力來追上阿勒姆並「跟隨他的腳步」。每當我落後幾公尺時，他似乎都能察覺到，於是轉身、皺眉、彈指，指著自己的腳跟。經過特別漫長的三分鐘後，我們停了下來。我筋疲力盡坐在一塊大石頭上。

森塔耶胡的運動員們好奇地打量我，當我坐下的時候，有個帶著一小圈人做伸展的人搖搖頭，招手要我站起來。「坐下不好，」他說，「你得伸展。」他當然是正確的，只要談到「適當」（properly）進行訓練，這裡的跑者總是正確（right）得讓人不爽又理直氣壯，而且還正直（righteous）。我加入伸展，每個伸展姿勢維持十秒之後，他會做個簡短的拍手來示意我們換動作。這個伸展環節帶有一種儀式感和節奏感，只要他一拍手，跑者都會毫不費力地按順序進入下一個動作，而這個順序他們肯定已經做了上百次。我必須專心看著他，每次換動作我都會慢一秒。

* * *

阿勒姆下午回來帶我去見森塔耶胡教練，路上他對我說了更多自己的跑步經歷。他出生在貝科吉外五十公里的地方，為了訓練才於二〇〇九年搬來這裡。他從廣播聽到肯納尼薩在奧運一萬公尺項目贏得冠軍，然後就決定搬到貝科吉，「只」因為他聽說那裡是練跑的好地方。我問他為何認為來自貝科吉的運動員都如此成功，他把原因歸功於飲食。「他們食用大麥和蜂蜜，而且還喝牛奶。」他跟我說。他不相信跑步能力是源自於必須跑步上學的想法，表明肯納尼薩就住在鎮上的主廣場，離學校只有一步之遙。但他確實說了，大多數的人從小就習慣在農場工作，他說：「他們在開始跑步之前就已經很強壯了。」

我們在森林一隅的房子外面遇到森塔耶胡，這房子是肯納尼薩．貝克勒和蒂魯內什．迪芭芭幫他蓋的，但他沒有邀請我們進屋，而是指著下坡處的森林輕聲笑著說：「我想給你們看另一個家。」五十多歲的他身材健壯，身著綠袖的黃色國家隊夾克，頭戴褪色的紅色Adidas帽子。儘管我們只是在散步，他的脖子上還是掛著哨子，就像是在預防森林裡會出現任何需要指導的機會。他把手背在身後，踏著悠閒沉思的步調。「所以你是莫．法拉的同鄉？」他問。「是的。」我回答。「莫．法拉很難纏。」阿勒姆插嘴說。森塔耶胡點點頭說：「莫．法拉跑步自有一套方法。」他指的是法拉會在比賽最後幾圈取得領先，然後守住內側跑道的招牌策略。「我們的運動員跑步全靠能量。」他跟我說，當肯納尼薩和海勒．蓋博塞拉西還在全盛時期時，衣索比亞的運動員經常會用團隊跑法。「比賽會開闊一段時間，然後前頭就會突然出現綠色洪流，讓所有人都過不去。」他微笑著說。衣索比亞隊會事先選出最強的那個，然後另外兩個跑者就會跑在一旁支援他們的領先跑者。現在，是個人主義的時代，他說，沒有人想要用團隊跑法。

「那你的運動員呢？」我問他。

「我教他們互相觀察，」他說，「去學習彼此的配速和優缺點。幾年後他們就能熟知這裡所有跑者的步伐。」

「所以是跟團隊合作有關嗎？」我問。

「沒錯，你知道我不太相信天分，衣索比亞不缺運動員，問題是怎麼創造團結。」

他跟我說，他認為國家隊在大型賽事之前應該為了「整合」而住在一起集訓「至少」四個月。他指著森林，一片廣布樹林的長坡被一條能夠一躍而過的小河阻斷，取而代之的是對岸一片遍布樹椿的田野。「如果你看著運動員在這裡跑，你會發現他們對這裡瞭如指掌，所以可以跑成一路縱隊，而且他們知道前頭跑者什麼時候會轉彎，一氣呵成。」我常常在這裡感受這種群跑。今天晨跑接近尾聲時，我覺得自己像是唯一搞錯擱淺的魚，或是誤入蘇格蘭或愛爾蘭同樂會的唯一英國人。「你不能習慣落後。」他說，因為「落後跟其他適應一樣，也是一種訓練上的適應」，你必須學會「跟上腳步」，跟上前頭的人。如果你習慣落後二公尺的差距，在比賽的時候你也會落後，那樣就不好了。

衣索比亞的跑者花了很多時間培養節奏感和時間感，每天早上我看到那些無止盡的練習就是這件事的證明。閉上眼睛，你會聽到一腳穩穩踩在地上，一聲輕輕摩擦，又一隻腳，一起一落的節奏，聽起來就像是一個人。張開眼睛，眼前是十二名成列的跑者，正節奏一致地做著同樣的運動。「跟上某人腳步」（Following someone's feet）的意思不只是跟上他們而已，就字意上也是去模仿他們的步伐，在他們踏出左腳時踏出左腳，踏出右腳時也跟著踏出，將自己的步伐完美套入他們的節奏中。我跨大步的跑步動作是源於十多年來的練習，我的身高接近六英尺（一百八十三公分），但我無論是在英格蘭、蘇格蘭還是法國的跑步俱樂部裡，都沒人教過我要跟其他人同步來跑，也從來沒聽過這種事。要忘掉自己的步伐幾乎是不可能的事，所以有人要我像這樣「跟上他們腳步」時，我覺得自己就像被蹣跚又缺乏節奏的步伐絆倒向前一樣。不過，看一群衣索比亞的跑者訓練，他們卻經常跟彼此完美同步，踩著同樣有效率又整齊的步伐，像這樣的步伐是由無數小時的練習而來。

我請森塔耶胡跟我說明一下，他一位運動員平均一週的訓練。他說，首先會有三十到四十分鐘之久的漸進式暖身，週一他們會跑長坡，他指著森林下方一隅，指出一條先是陡峭、爬上去後沿著森林邊緣都是緩坡的路線。你可以看到那條經過上千次踩踏而形成的路線，他現在提到。「這山坡剛好四百公尺長。」他告訴我。原來那裡就是蒂魯內什．迪芭芭進行長坡訓練的地方，也是大家在阿迪斯提到的地點，我在心裡想。他跟我說自己的訓練原則是：年輕運動員剛好適合持續進行四十分鐘不間斷。「所以他們花四十分鐘上去再下來，然後停下來。」他說。再來他們會伸展二十分鐘，因為「沒有伸展你將一無所獲」。

隔天他們會做「法特雷克」（*fartlek*），這是我最愛的瑞典語單字，沒有之一，意思是「速度遊戲」，基本上就是把很多段快跑和很多次慢跑混合在一起。這種跑法在衣索比亞很熱門，是阿比比．比基拉的瑞典教練歐尼．尼斯卡諾在一九六〇年代引進當地。森塔耶胡說這個訓練內容涵蓋「很多種速度」。同樣地，在漫長的熱身之後，他們會跑四十分鐘。他急著強調，在快跑和慢跑之間都沒有休息，只有不同程度的強度。「如果你夠努力的話，四十分鐘就夠了。」他說話的時候，眼中閃耀光芒。他說到了週三他會開始讓他們去跑柏油路。這件事最近才可能做，因為「中國人決定為我們從阿塞拉修一條路到這裡。」他說即使是現在，他們也只能二週跑一次。「那感覺就像跑在石頭上一樣。」再一次，他們會跑四十分鐘，常常是費勁難熬的四十分鐘。他會騎摩托車跟在他們後面，根據路邊的公里標記監測他們的進度。「我會等在標記位置，」他調皮地說，「然後大喊：『你晚了！你得跑快點。』」這是最近另一個新方式，這條路和摩托車都是一年前才有的。

到了週四，他們會再回到鬆軟的地面訓練，在一大片田野上，跟平常一樣連續跑四十分鐘。「他們可能會跑斜線或是繞圈或『法特雷克』，」他說，「做些讓自己持續感到有興趣的事。」週五他們會輕鬆長跑一小時又二十分鐘，其中應該有「很多地方要跑上跑下，但是沒有山丘」，森塔耶胡語帶神祕，又說他會利用這次練跑來測試跑者的領跑能力，以及能否承擔起選擇合適路線的責任。

學習領跑之所以重要，是跟跑者對於能量的共同看法有關。去「跟上某人的腳步」就是去分享他們的節奏、利用他們的能量，所以領跑或配速通常被阿迪斯的跑者描述為「承擔別人的負荷」。這些跑者所背負的期望是要他們能夠學會分享自己的能量給他人，然後一起求進步。阿姆哈拉語中有一個片語描述這種團隊合作的重要性：「當許多細線集結在一塊時，它們就可以綁住一頭獅子。」訓練並不是在追求個人主義和適者生存，而是一種共同努力。這也是為什麼森塔耶胡會對衣索比亞人的近期表現感到如此失望，他們的表現在最近的主要錦標賽上，屢屢都未能實踐團隊合作的「綠色洪流」。他將失敗歸究於去到阿迪斯阿巴巴的運動員被比賽的全然競爭給吞沒，還有受到大筆獎金滋養的個人主義。「找回綠色洪流，」他輕笑說著，「然後我們就可以對莫．法拉和肯亞人說『ciao』。」

森塔耶胡指導的跑者正處於他們田徑生涯之初，其中很多人還不到十五歲。如果他們有進步，就會前往某個政府贊助的培訓中心或像阿勒姆那樣加入阿迪斯阿巴巴的俱樂部。由於這些運動員都很年輕，在貝科吉他們一週只訓練五次，到了週六，只要他們願意，他們可以自己做些熱身和技術練習，但是他們總會在週日休息一整天。「但他們不應該關機，」教練補充說，「他們應該要一直想著如何提升下週的表現。」這是他訓練哲學中很重要的一部分。他說，運動員雖然是採取團體訓練，但是他的回饋卻是針對個人。他說一個教練最糟的事就是用快速匯報來突然結束訓練。「跟我的運動員在一起，」他說，「我們會在訓練結束後坐上二十分鐘。跑步是社交活動，所以運動員會個別來問我：『我今天有哪裡不好？要怎麼改進？』我試著讓他們在每次跑步過後去思考某些東西。」在這裡，成為一名跑者大多是在培養心智強度與心理韌性，還有（再次提到的）耐心。跑者可以藉由每週練跑五次以上來試著加速進步，但森塔耶胡寧可採用循序漸進而且經過審慎計劃的方式。

我問他肯納尼薩有什麼特別之處，結果他把手中的報紙捲起來，透過中間的洞看著我，以此來呈現肯納尼薩凝視未來的狀態。「肯納尼薩極度的專注，」他說，「他知道自己要的是什麼，他十三歲的時候就告訴我他要成為世界和奧運冠軍。」肯納尼薩來自一個比較貧窮的家庭，他們的收入來源除了一小塊農田之外，就是製作用於家畜的馬鬃鞭。我想像十三歲的他坐在那裡纏繞馬鬃做鞭子，同時策劃著自己通往長跑之巔的路線。「而且肯納尼薩有綠色洪流的幫助。」森塔耶胡提醒我說，在跑者同伴席列西．西亥的幫助下，讓他獲得許多世界冠軍，也讓自己在這個過程中，因為多次獲得亞軍而得到了「銀牌先生」的暱稱。

我和阿勒姆的朋友聊天時，他們告訴我，如果自己有更好的鞋子和「裝備」，他們也能像肯納尼薩那樣。隨著外人對這個小鎮越來越感興趣，也為小鎮帶來了二手跑鞋的捐贈，這反而激發了要擁有合適裝備的幼稚觀念。森塔耶胡認為這是讓運動員當作藉口的事情，就連肯納尼薩也是在初次參加訓練營時才拿到第一雙鞋。不過，儘管如此，貝科吉明顯還是一個比較純粹和自然的運動環境。那些每天早上現身和森塔耶胡一起訓練的年輕人，似乎都是出於熱愛而從事這項運動，所以他們大部分都說自己的動力是想要代表衣索比亞。

當我問森塔耶胡自己是否覺得我們能見到另一個肯納尼薩出現，他皺了皺鼻子。「肯納尼薩是特例。」他重複說著。在遇見肯納尼薩前後，他都沒有見過任何一個動力比他還強的運動員，所以他擔心著跑者他們的動機改變。「就算是肯納尼薩，如果他現在才開始訓練，可能也不會如現在成功。」他說。當初肯納尼薩開始訓練時，他眼中只有田徑，不僅對於靠運動賺錢只有模糊的概念，也沒有任何「科技產品」讓他像現今的跑者一樣分心，像是電視、手機、智慧手錶以及昂貴的跑鞋，這些東西就算是貝科吉的跑者也會分心。「也許在現下他們會從另一個高海拔的地方出現，」他告訴我，「一個對田徑知之甚少的地方。」得出這樣一個結論似乎很奇怪，但在某種程度上卻有其道理。衣索比亞的成功大多是在缺乏裝備和官方認證的教練團下取得的成果，是在一名傑出教練的指導下，於貝科吉自然演變而成。想要找到另一個像森塔耶胡那樣的教練，可能比找到另一個冠軍跑者還要更難。在我離去之前，他抓住我的手臂給我最後一個建議。「還有一件事，」他說，「**禁止飲酒**，**女朋友和男朋友也都不需要**！完全禁止。你得把這句話寫進書裡並特別強調⑨。」我實現承諾了，教練。

⑦編按：英國長跑選手莫·法拉（Mo Farah）的勝利手勢，取他名字的「莫」（Mo）加上「機器人」（bot）而得到「莫氏機器人」（Mobot）的稱呼。

⑧編按：這邊作者不是用「follow up」之類的字眼，而是用「get in my slipstream」，字面上的意思就是「進入我的滑流」，「滑流」（slipstream）是流體力學（Fluid mechanics）的用語，是指物體在移動時，會因為空氣阻力而造成氣流向後流動的現象，因此，在各種運動競賽項目中，選手經常都會利用這種「滑流效應」（slipstream effect）來增加自己的優勢，也就是讓他人替代自己承受空氣阻力，以達到輕鬆省力的目的。不過，要達到這個目的就必須靠得夠近才行，所以「進入我的滑流」，一方面是作者表達阿勒姆要他「跟上來」的意思，一方面也是作者暗示阿勒姆的體貼，表達他想讓作者明白，落後只會更辛苦，跟上才會變輕鬆的道理，關於這點，本章後面還會提到。

⑨編按：原文是要求加底線，但考量中文排版的易讀性，改為強調。

4 一切順利，目前

在阿迪斯訓練的已知好處往往不是你做了**什麼**而是在**哪裡**做。我知道的跑者經常都在衡量不同地方的價值：恩托托山那空氣之「重」之於森達法那「輕鬆跑數公里」的廣大草原；森林的寒氣之於阿卡基落差八百公尺的熱氣。跑者用最能讓自己「狀態」（condition）增幅的方法，去盡力讓自己待在這些環境力量的牽引之中。

對於不同地方的相對優勢討論可以持續好幾個小時，而且為了隔天能前往特定地方進行訓練，運動員會經常穿梭城市到朋友家過夜。一個週六早晨，我醒來發現鐵克馬里安正在我們住宅區裡用戶外水龍頭用力洗臉，而他住在十五公里外的列格托佛。「你在這裡做什麼？」凌晨五點四十五分，我睡眼惺忪地問。他解釋說，他和海利「計劃」了山坡重複跑的訓練內容，所以他昨晚到這和海利擠一張床。「我是為了山坡來的。」他說完後，充滿敬意地補充說：「那是蒂魯內什的山坡。」然後說明那裡是蒂魯內什・迪芭芭（奧運女子五千公尺和一萬公尺冠軍）以前訓練的地方。

地方之所以重要，往往都是因為在那訓練或曾在那訓練的人。以恩托托為例，就是跟海勒・蓋博塞拉西有關，很多曾在每天早上五點三十分到那裡跑步的人都跟我說過他。其他地方之所以重要，則是因為特定的空氣品質。葉卡子城的森林有一區被稱為波士頓，因為那裡比森林其他地方更冷，而且大家在準備以冷聞名的波士頓馬拉松時經常會到那裡訓練。英語的「**condition**」（狀態）一詞被用來描述生理和心理的備戰狀態，同時也用來描述特定地方的「空氣狀態」（**air conditions**），表示這兩件事之間的連結強度。

當跑者問「*Condition yet alle?*（狀態在哪？）」時，他們當下指的是，把「狀態」神祕又善變的本質稱為一種生理特質，**以及**「狀態」本身的環境定位，又或者是導致他們做出所需改進的**環境組合**（*combination of environments*）。訓練結束後，教練和運動員在巴士上的對話，大多基於一年當中的時間點，圍繞在什麼樣的地點和地面會是週間訓練的理想組合。如果沒有比賽，我們有時會在「高海拔」或「寒冷的」地方跑三次，例如：森達法、恩托托和蘇魯塔。這麼做是因為針對特定比賽的快跑並沒有那麼重要。我發現這幾週累死了，有時候我們會在海拔二千七百公尺以上的地方連續進行三次高強度的訓練內容。

我們更常尋求的是一種組合。我們週一通常會在高海拔訓練，週三在低海拔（或「炎熱的地方」）訓練「速度」，然後週五會在（僅僅二千二百公尺的）塞貝塔和（二千六百公尺以上的）森達法兩地交替訓練。顧慮地點的同時還要考慮地面，確保「軟」（草地和森林）和「硬」（柏油路和「顛簸路」）的理想組合能讓雙腿習慣比賽時所必須承受的衝擊力，卻也不至於因為跑太多硬地而「耗盡」能量。有一次我們在討論訓練內容的地點分配時，有一位傷癒回歸的跑者舉手、建議我們當週去（以「炎熱」聞名的）阿卡基訓練二次。海利笑著轉向我說：「他想去那裡只是因為他胖，沒有人需要去阿卡基二次。」再一次，地點的選擇被強調為最有效的減肥方法。

我們是大約三十名運動員的隊伍，裡頭大部分的人都住在科塔貝，但也有些散居於科塔貝與森達法之間的路上，或者甚至住在城市的另一端，所以每天早上要讓所有人參加訓練是一項正經的後勤工作，為此海利會坐在隊伍巴士的前座上帶路。我們一週租用三個早上的巴士叫做「Qit Qit」，本身是一項令人印象深刻的工程壯舉，車子以 Isuzu 卡車的底盤加上當地製造的車身打造而成，其中有部分車身還是來自廢棄的油桶，這巴士本身就是搖搖欲墜的代名詞。只是在我的經驗裡，它卻也是完全堅不可摧，甚至還能跟著我們跑在最顛簸或最陡峭的地形上。

駕駛巴士的是比爾哈努，他身材魁梧，才剛開始禿頭，而且讓我大吃一驚是，已經至少五十歲的他，卻依然能一手抱著瓶裝水衝下巴士，以每小時二十公里的速度把水送到跑者手中。比爾哈努的英語說得相當好，而且也是無窮社會學深思的源頭（「我敢打賭他們不會在你的國家這樣做……這是阿姆哈拉的耕種方式」），也是每位跑者在特定訓練內容中看起來如何的跑步實況報導。我們巴士車掌特德賽的主要工作是，每隔五公里為跑者準備和遞送瓶裝水，然後在返回城鎮的路上阻止試圖搭上車的民眾。幾個月後，他向我透露自己曾嘗試跑步大約一年之久，但後來沒錢了只好改為比爾哈努工作。「況且，」他告訴我，「我十公里只能跑出 30.05 的紀錄。」我或許就是在這一刻意識到，自己和巴士上其他跑者之間的差距，就算是車掌也在十公里比我快二秒，而且他的個人最佳紀錄還是在海拔二千四百公尺跑出來的——然後他就認定了跑步不值得認真追求。

待在衣索比亞幾個月，我的跑步表現仍然讓莫約運動隊的運動員感到好奇。他們知道我曾經代表大不列顛出賽，因為我在訓練的時候使用代表隊的包包（它的隔層很好用，可以隔開髒鞋和裝備），但是有鑑於入選衣索比亞國家隊的難度，他們對我在訓練中通常會落後他們多遠感到困惑。雖然我已經清楚向他們說明自己正在做博士研究，但這個理由卻無法真的解釋清楚，為何我明明無法從這項運動中賺到像樣的錢，何苦要讓自己在凌晨五點起床，然後花二個小時跑步。我被問到英國的就業市場和工作職缺的種類，在我說「沒錯，如果我想的話或許能夠進入銀行上班」時，他們就更加困惑了。我到底在想什麼？明明可以在家跟家人相聚，卻要忍受這些練跑然後一個人躲起來寫作？

只要有持之以恆的美德就能獲得一定的尊重，但我有一段時間都被當作怪人看待，直到我的伴侶羅瑟琳來訪才幫了我一把。我們開始在一起消磨時間、參觀比索圖和哈勒爾（我們在那裡親手餵食野生的鬣狗）之類的地方，讓這些跑者看在眼裡，了解到我不是只會整天繞著他們打轉，跟他們混在一起、問他們奇怪的問題而已，在那之外我其實有確實在過生活。同為人類學家的羅瑟琳對跑步的世界沒有涉足太深，她來恩托托跑步，提供了她對事情的看法，讓我覺得真是太好了。幾週過去之後，運動員自身開始瞭解到我感興趣的各種事物，而且我也知道，他們有時候會互相問一些對我有實際幫助的問題，例如，法西爾在阿比爾領到一次比賽獎金後的幾週問他：「阿比爾，就你的生活水準和社交生活來說，當你拿到那筆錢，對你有什麼改變嗎？」海利放聲大笑：「法西爾變成採訪者了！」他說。

到了這個階段，我或多或少已經習慣了早起和漫長的巴士旅程，其中我最愛的是那些以「coroconch」結尾的旅程，這個阿姆哈拉語詞於我通常被翻作「顛簸路」（rough road），而且基本上是在描述不平坦的碎石路和泥巴路。「Coroconch」唯妙唯肖地模擬了聲音，至少在我聽起來，幾乎就像是跑者的鞋子在碎石路上著地，然後又離地。被跑者稱為「Iyesus」的路是我在衣索比亞最愛的跑步地點，而且假如讓我適應個幾週，可能也會是我全世界最愛的地點。從科塔貝前往那條路的起點，大約要四十分鐘的車程，我們從科塔貝離開之後就駛離了柏油路，在崎嶇的道路上顛簸搖晃。這條如史詩般起伏的泥土路，以位於起點的教堂（「Iyesus」＝耶穌）命名，寬度差不多只夠二輛車子通行，但值得慶幸的是，很少遇到這種情況。這條路一路蜿蜒通往五十公里之外的比索圖，穿過往兩側地平線延伸的農田，每隔幾公里就會在路邊出現一些小村莊。現在到比索圖已經有一條柏油路，所以除了班次非常少，而且至少一英里外就能聽見喇叭經常高低作響的公車之外，這條路上的機動車輛就只有各管理團隊和田徑俱樂部的巴士。

路上更常見的是馬匹用色彩鮮豔的流蘇和絨球精心裝飾成奧羅莫風格的小型馬車，還有成群或獨自騎乘、披著「雪瑪斯」的男人。在我無法跟上大家的多數情況下，我還是不常落單，一個騎著馬的人會出現在我身旁，將一聲「*Selam naw?*」的問候轉化成幾公里的無聲護送。與之形成明顯對比的還有一小群喊著「中國！」陪我一起跑的孩子，你很難相信他們通常能跟上好長一段時間。起初我曾為此感到驚訝，但海利指出，大多數孩子曾見過的外國人就只有安裝電話線杆或修築道路的中國建築工人。

種植小麥和「teff」的田野，不斷於道路兩側變換著綠、黃的色調。就像柏油路上沿路標示每一公里的白色柱子一樣，梅塞雷特教練對它們的信任遠遠勝過某些運動員的Garmin手錶。「就算這些柱子沒有確實相距一公里，它們也不會每週移動位置，」他推斷說，「而且重要的是我們可以比較。」「Coroconch」在衣索比亞跑者的訓練項目中，是四種主要地面的其中一種，他們的訓練項目從森林和小徑開始，然後才前往「Coroconch」，等跑者「適應」訓練負擔，最後才會前往柏油路。在森林裡或馬路上跑步所需要的力氣（strength）跟「Coroconch」不同，「Coroconch」需要一種特殊的力氣。

前往「Iyesus」的某天早上，海利在巴士上向我解釋。「跑『Coroconch』需要能量。」他這麼說。「你每前進一步都會被『Coroconch』往後拉，所以你必須加倍努力。」梅塞雷特聽到後插嘴。「它會產生一種牽引腿後腱的酸痛。」他說。我在之前的場合就已經明確注意到這點，跑完高強度的「Coroconch」隔天，我常常覺得自己就像真的在一段時間之後才第一次跑完雪地。「它跟柏油路很不一樣，」海利說，「跑『Coroconch』需要力量（power），這就是為什麼法西爾這麼擅長。」被暱稱為「Korma」（公牛）的法西爾，肌肉比大多數其他跑者還要來得發達，所以他們經常開玩笑，說自己兩條腿還不如他的一條腿來得壯。「對法西爾來說，跑『Coroconch』就跟吃早餐一樣簡單。」海利補充說。我發現有趣的是，在這裡就算是他們強度最高的練跑，法西爾也能跟隊伍跑在一起，只有在我們跑馬路時他才會落後幾分鐘。對團隊來說今天的練跑相對均速，所以我很想看看自己能否跟上一段時間。

梅塞雷特告訴我們，他想要我們以每公里大約3.48的平均配速跑完三十五公里，但也不反對我們慢慢開始，然後再達成這個目標。我知道在這樣海拔高度的山丘上，自己很難跑那麼快，但我也知道這個隊伍很有可能會以近乎每公里4.15的配速開始，最後以接近3.15的配速結束，所以我認為自己可以跟他們一起跑上幾公里之遠。這條小徑大致上是長達二到四公里的一連串長距離上坡與一連串長距離下坡相互交替，在你又一次開始爬坡之前，你會先失去所有爬升的高度。由於這條小徑貫穿開闊的農田，所以你可以看到每座山丘從遠方慢慢靠近，而小徑則是蜿蜒穿過前方的山坡。

一如預期，我們的確起跑得又好又穩，第一公里的配速幾乎都沒有低於4.30。我非常留意自己在跑「Coroconch」時的著地，對我來說，學習跟著其他人跑步仍然是個挑戰，尤其是我那又長又大的步伐，跟采達特那些跑步節奏比較短促的人形成對比。假如學習跟著其他人的步調跑步是「跑者在這要學的第一件事」，那麼我得耗費很長的時間去忘掉自己練了至少十年的步伐也就不意外了。當我無法維持速度的時候，的確有點毀了我們腳步的

「*coroconch*」、「*coroconch*」、「*coroconch*」韻律，那是被奧立佛・薩克斯稱之為「動力旋律」（kinetic melody）的韻律，所以我只能盡力跟緊前面法西爾的腳。

今天的團隊氣氛很好，當我們還在初期階段時大家邊跑邊聊天。「今天由你領跑。」采達特開玩笑地說，指著隊伍前面要我過去，此時大家兩兩並排跑著，跟在森林時不同。我認為自己沒有多少機會這麼做，所以我真的跑到前面跟梅庫安・亞紐並排跑了幾公里，他之後將會於今年贏得北京馬拉松冠軍。梅庫安對這樣的配速完全平靜以對，而且還是用鼻子呼吸。他跑步時雙手會稍微往前伸，就像躡手躡腳進入房間的卡通人物一樣，而且如此輕盈地跑在地上，讓我很難調整成他的步伐。我趁著我們並排跑步時的隊形之便，用我坑坑疤疤的阿姆哈拉語問了梅庫安幾個問題。

他告訴我，自己來自衣索比亞北部一個鄰近貢達的小鎮，從他看到有人在鎮上訓練就開始跑步，在一次地區賽中獲得第四名後，就此獲得了前往更遠地方參賽的機會。那是他第一次去到離家超過好幾公里遠的地方，也正是這份興奮吸引了他的注意力：那個時候他還不知道跑步可以賺錢。我問他什麼是跑者最重要的特質，他使用的字眼是「尊重」和「耐心」。他是經過多年訓練才夠格出國比賽（在那之後他已經跑了十五場馬拉松），而且在那個時候他已經跑上癮了。「我現在只要沒跑步就吃不下飯，」他說，「我的身體需要跑步。」

他的名字或許已經在國際上獲得一些令人印象深刻的佳績，像是漢諾威馬拉松第二名，但最令梅庫安自豪的是贏得一場大多數人都沒聽過的比賽。今年初他為自己的俱樂部──通常簡稱為「銀行」的衣索比亞商業銀行──贏得了阿瓦薩馬拉松。雖然他贏得的獎金只是國外賽事的一小部分，但為他帶來的自信心卻多於任何其他比賽。「在這類比賽中，你會看到年輕人超越自己的極限，然後在十公里的地方脫隊，所以速度從比賽一開始就很快。最重要的是，比賽不但海拔高、天氣熱，你還可能遇到一百五十位頂尖選手，比在國外賽事多太多了。」他正期待著下次出國大顯身手的機會。

跑在這種碎石滑動的地面上，表示你必須盡可能保持警覺才不會失去太多支撐，所以我把注意力大多放在自己跑的路上。我試著要跑得像梅庫安那樣輕盈，避免著地太久。過了一會，為了不讓大家因為遷就我這個「farenj」而耽誤時間，我就溜回隊伍中。跑了三、四公里後，我們就已經達到梅塞雷特指定的每公里3.48，而且我感覺挺好的。黎明的曙光依然柔和，寒氣也慢慢消散。滑翔於我們頭上的黑色風箏，雖然在歐洲很少見，但在這裡就跟鴿子一樣多，而跑者就在我們成功通過一群背負方形油罐的驢子時，跟牠們的主人開玩笑。

巴士跟往常一樣開到我們前方五公里的地方等著會合。當我們抵達路上的第十根白色柱子時，梅塞雷特帶著我的水壺跳下巴士，然後跟我跑在一起，同時特德賽和比爾哈努則是追在其他人後面。他很驚訝看到我還和隊伍在一起。「*Gobez*，麥克（Mike）！[10]」他說，「今天你會跟他們一起跑完！」可是，巴士停放在三公里長的山坡下，接下來一連串耗費能量的之字山路將會把我們帶上海拔二千八百公尺。

我們往上坡跑，然後隊伍還是一直用完全相同的配速前進，如果我想安然度過這趟練跑就得小心一點。我們先朝一個方向跑了二十公里，然後再反向跑十五公里，梅塞雷特用這種方式設計是為了讓我們在反向時跑到最多的上坡。我今天真的很想跑完三十五公里，所以我要比爾哈努不要等我，也不要在跑完二十五公里或三十公里後引誘我上巴士，但我知道這是一種可能會適得其反的策略。我不想要束手無策地結束，或是在丟臉的情況下結束，讓比爾哈努必須開車回頭來把我從路邊拎走。

我先讓隊伍離去，再適應自己知道可以維持很久的配速：每公里四分鐘。這個配速的好處不只在於它是個不錯的整數，也是出於某種原因，我的雙腿默認在這種情況下似乎可以繼續下去的配速。如果我能堅持下去，就可以用大約2.20的速度應付這三十五公里，這是我在這種情況下會相當滿意的紀錄。但我知道自己需要抗拒想要跑得更快的誘惑，只是在這麼振奮人心的環境下，還有當其他隊伍的跑者輕鬆飛馳而過讓你像是站在原地不動的時候，要做到很困難。

在我適應了幾分鐘自己的節奏之後，又有一輛團隊巴士從我身邊掠過，把我短暫捲進一片塵土裡，這讓我意識到，這通常是學習謙遜跑步的前兆。果不其然，我聽到了二十五雙腳的「*coroconch*」、「*coroconch*」、「*coroconch*」，然後由義大利人吉安尼・迪馬度納經營的迪馬度納團隊就從我身邊跑過，或者說是繞過我，因為我的兩邊各有一個跑者，所以讓我暫時成了這個團隊的一分子。正在嘗試自己首次四十公里練跑的古耶・阿多拉，是為了他在柏林的首次馬拉松比賽做準備，我跟他滿熟的，因為他在科塔貝是西魯特咖啡館的常客。「*Selam naw*，古耶？」我在他經過時問他。「一切順利，目前（So good so far）。」他用英語回答，這樣倒反過來的說法似乎也是我們進行練跑的完美寫照。

我有大約一分鐘是真的在吃他們揚起的灰塵。每次跑完「*coroconch*」回去，我做的第一件事都是刷牙，牙齒上被揚起的土覆蓋了一層混濁的淺褐色粉末。我讓自己重回節奏，並試著讓自己想起來：我跑得還可以，儘管表面上並非如此。此時天氣開始變暖，籠罩田野的霧氣正在散去，而我有段時間唯一能聽到的就是自己腳踩地面的聲音。我向一名正在為農舍外圍固定仙人掌籬笆的農夫揮手，他也揮手回應，顯然對我的愉悅感到有點困惑。

繼續跑了大約一公里後，在沒有巴士要來的尋常前兆下，我又聽到了腳步聲，剛開始就像自己腳步的回音，但我在不知不覺中就已經有了伴。「早安！」我的新同伴用英語喊道。

「早安。」我回應著，「『*Selam naw?*』」他看起來的確相當開心，臉上掛著燦爛的笑容跑著，腳上穿著一雙舊的 Adidas 薄底競賽鞋。「我很好。」他回答。

「你還好嗎？」

「應該吧。」我對他說。他拍了拍我的肩膀。

「我們一起跑。」他說，「你為何一個人？」

「*Ba kelel pace mahed alebign*（我需要輕鬆跑。）」我回答。

「沒問題！」他笑著說，「我已經三個月沒訓練了。」

「看不出來。」我告訴他。他看起來幾乎就像沒在呼吸。

「看起來是這樣，但我是個瘋子。」他解釋道，「你想要怎樣的配速，只要跟我說，我就會配合。」

他說明自己在這部分有些經驗，當海勒．蓋博塞拉西分別在二〇〇七年和二〇〇八年於柏林創下世界紀錄時，都是自己幫他配速。「有人付了我相當多錢要我幫他配速。」他跟我說完後，就開玩笑說自己今天要破例來免費幫我配速。

「所以你想要什麼樣的配速？」他問。

「每公里四分鐘。」我告訴他。

「很好，」他說，「這是不錯的配速，只要保持……。」他用手做了一個軟著地的手勢。我們默默跑了一會兒，然後我任由他掌控配速，直到瞥見他手腕上沒有戴錶。「沒有GPS？」我問。

「在這裡。」他點點自己的太陽穴說，「我三十六歲，已經跑了十九年，所以現在要知道很容易。」

幾分鐘後，我的手錶嗶嗶作響，接著螢幕上就跳出「4.00」。「上面顯示什麼？」他問。

「剛好四分鐘。」我告訴他。

「當然，」他說，「海勒總說『你能在一秒內贏得百萬美元，也能在一秒內輸掉它』。」

我從梅塞雷特教練那邊聽過這個故事好幾次，他告訴他的運動員：「你必須知道一秒的價值！」海勒・蓋博塞拉西曾一度錯失百萬美元的獎金，那是在杜拜提供給突破十公里世界紀錄一秒的選手獎金，所以從那之後他就一直在談極度完美之配速的重要性。在訓練中梅塞雷特不只經常重申，不是要他們跑更快而是要他們依自己要求的配速去跑的重要性，同時還告誡他們，帶著過多的「情緒」跑步會無益於團體動力（group dynamic）[11]或他們維持當時訓練級數的能力。「假設他們在跑道上跑，然後我跟他們說六十六秒，但他們最後跑了大約六十五秒，那就是一張黃牌。但是，他們如果跑了六十四秒，對我來說就是一張紅牌，他們將無法再次領跑。」這種強調管控和耐心的做法也有例外，例如我們每週三的「速度」訓練，但梅塞雷特想強調的是，正因為其他日子的管控才讓我們在週三一天能跑得快。

當我們接近折返點時，我的新訓練夥伴朝我咧嘴一笑說：「回程我們將一起受苦。」在我依然感覺還不錯而且樂於有人作伴的時候，這句話提醒了我，回程大多是上坡。他可能已經是一名紀錄六十一分鐘的半馬選手，但就算是有能力幫海勒配速的人，在中斷二個月之後，要跑三十五公里也不容易。當我們來到二十公里標示時，梅塞雷特和特德賽站在一堆瓶裝水旁邊。「啊，你今天有個知名配速員呢！」他笑說，「你得充分利用才行！」他跟我們並肩跑了一百公尺左右，要我們務必在山坡上努力保持這個配速，這是今天的挑戰。我們得讓每公里的配速盡可能維持均衡，就算是在陡峭上坡的一公里也不例外。

維持一種必須認真考量且專注其中卻又只能約略掌握的配速——換句話說，就是梅塞雷特如此熱衷的那種管控式跑法——根據匈牙利心理學家米哈里・契克森米哈伊，是一種進入「心流」（flow）狀態的方式。他寫道，「當一個人自願去完成某件困難或值得的事，而在過程中讓身體或心智達到極限」，最好的時刻「通常就會發生」。這樣的經歷在發生當下可能不會令人感到愉快，這個事實我可以確實用自己在森達法的相關跑步經歷來證明，但這些經歷，根據契克森米哈伊，也會是你生命中最美好的那些時刻。

在契克森米哈伊的《心流：高手都在研究的最優體驗心理學》（*Flow: The Psychology of Optimal Experience*）書中，他就展現管控方面解釋了這件事。「管控生活從來不簡單，」他寫道，「而且有時絕對會是痛苦的。」但是，在這種情況下，他在這裡的描述方式再適合不過了：「長遠來看，最佳體驗會累積成一種優越感，或者比這更好的說法是，一種展現生活內容的參與感，很接近我們平常所指的幸福，還有任何我們可以想像得到的其他事物。」當一切看似明朗時，身為一個跑者，你在許多這樣的時刻擁有自己好像正在完全占有自己肉身潛能的可能，而這種感覺相當不可思議。

此時太陽已經穿透雲層，溫度也正在攀升。我往自己頭上倒了一些水以洗掉臉上的鹽，這裡的運動員把這個稱為「necc lab」或「白汗」。在我狀況好的時候，「coroconch」的地面不但感覺簡單，還很像是在強迫我自己前行，但現在卻開始感覺像是在和我作對，每一步都在拖著我往後。當他看出我很費勁的時候，我的新朋友以手勢要我盡可能緊跟在他身後跑，就好像他能用一條無形的線把我拉上山坡一樣。每當我們之間拉開一些距離，他就好像能察覺到一樣，彈指後指向自己的腳後跟。

我試著去做家鄉教練總是要我在這種情況下做的事：「看著你前面那個人的背影，然後除了把他們留在眼前之外，什麼也別想。」我下定決心，只要我能一直這樣，直到我們來到這整段路線中最大、最陡的山丘頂，那麼我就有機會跑到最後。此時我已經接受了剩下路程會帶來痛苦的事，但我的夥伴看起來真的要信守我們將全程「一起受苦」到最後的諾言。

我們終於來到五公里長的山坡頂，然後他指出，在繼續前往終點之前我們還有幾公里的下坡要跑。「你看，」他說，「有人要去打獵。」我一直在對他的運動服上衣進行汗漬逐漸擴大的澈底研究，所以這是我久久之後第一次抬起頭來，然後看到遠處有輛巴士，後方跟著一群跑者，再來是一連串掉隊落後的人。他們一定是在我們折返之前就已經折返了，這讓我意識到自己之前從來沒有一次曾在這裡跑步時追上任何人，於是我感覺到一股腎上腺素在我體內流竄。就在我們以穩定的配速跑下山坡時，我決定要在最後的山坡衝刺一段長距離回終點。自從我這位知名的配速員加入我之後，我們每公里或多或少都確實跑了四分鐘，我希望我們所做的管控即將能獲得回報。

對於我們或許能追上前方隊伍的想法，他顯然樂在其中，而且不斷轉過身來對我笑，然後用一種「來吧，我們開始吧」的方式揮舞著他的手臂。我想他此時的興奮程度應該跟他在二〇〇七年的柏林意識到蓋博塞拉西即將打破世界紀錄時相似。當我們最後真的追上前面隊伍的落後跑者時，被我們超越的跑者顯然很不開心。見到他臉上痛苦的表情，我的訓練夥伴搖搖頭說「*Ayy, rucha*」。「哎呀，跑步。」他就像是在想：多麼殘酷的運動。他不只跑過他，還轉身大喊：「*Gaba!*」請求他「加入」我們正在跑的配速，試著跟我們繼續跑。透過自尊心和決心的結合，他以某種方式辦到了，他的腳步對上了我的。

這樣的狀況持續在爬坡的時候發生，直到我們成為一個七人小組。我的新朋友用一種混合羞辱和鼓勵的奇怪方式來對待其他跑者。「搞什麼鬼？『farenj』已經超越你了。」接著說，「只剩幾公里了，每個人都有不順心的時候。」從未在衣索比亞跑超過三十公里的我，此時已經澈底累壞了，但我不想在我們設法要接走另外五名跑者的現在這個階段退縮。在跑最後三公里時，我訓練的新夥伴臉上掛著燦爛的笑容，他已經招募了一整個需要他優秀配速能力的團隊，而我們其餘的人則是咬緊牙關，靠僅存的自尊心將自己推進到停在路邊的團隊巴士。

海利看我撐到最後顯然鬆了相當大的一口氣，於是跟我擊掌。「我們得打給馬爾科姆。」他宣布，「你跑完了三十五公里。」身為團隊的副經紀人，海利負責向馬爾科姆報告誰的狀態好而且可以在任何特定時候參加比賽。他解釋，一趟扎實的三十五公里跑步，總會讓運動員要求他打給馬爾科姆以安排他們到「外面」跑馬拉松。「我要杜拜，其餘免談，我想跑2.03。」我開玩笑地說。我的知名配速員只是揮揮手就繼續前進，於是在我看著他逐漸遠去的背影時，我才想到自己缺氧的大腦全然忘了問他的名字。我用2.20的時間跑完三十五公里，而且不覺得自己還能跑得更快。與此同時，采達特和比爾哈努不知怎麼地只用少於 2.05 的時間就跑完了，而法西爾只落後大約一分鐘。在這樣的地面上，能跑出這種紀錄真是太神奇了，所以他們對此明顯感到相當興奮。

特德賽從巴士拖出一個裝水的巨大塑膠容器，以便我們可以清潔腿上的塵土並洗掉臉上的鹽。有些跑者在我們回到科塔貝之前，也會換上較新的鞋子和運動服，顯然是想讓自己以運動員的特定形象現身。我真的不敢相信自己能夠跑完三十五公里，所以我在回程的巴士上興高采烈。我其實很難想像這群人和早上搭上巴士的是同一群人。在我們搭上巴士時，為了催眠運動員而播送的緩慢東正教靈歌，已經被勝利的旋律給取代了，那是泰迪．阿弗羅的新專輯《衣索比亞》（*Ethiopia*）：

就算今天這世界稱她為「落後」
她也將會是即將到來的時代先驅
就讓我反覆複誦她的名字
衣索比亞不是我自己的名字嗎？

巴士在返回科塔貝的途中被足以支撐數百公里的腦內啡鼓舞著。巴士右側的提拉洪與薩拉米洪跟安多連在看曼徹斯特聯足球俱樂部的賽事精采片段，兩人看起來都不超過十六歲，而安多連看起來至少已經四十歲，從他的貶損評論裡喊出了「*Shimagolay!*」，這個詞通常只有老人才會用。坐在前座的海利正試著勸導還在氣自己不讓他在跑了三十公里後上巴士的杰列克去幽默看待這件事。當胡尼納在回想自己幾年前曾在詹美達越野賽[12]獲勝並通過參加世界錦標賽的考驗時，裡頭還有一件有趣的事。

「我跑得太猛了，以至於人群中的肯納尼薩問我是不是想殺了大家！」（**肯納尼薩**真的這麼說？）「就連肯亞人聽聞都感到害怕！」（消息傳得**那麼**遠。）「大家在詹美達用三十五分鐘跑完十二公里，而不是三十二分鐘，但我一路領先！」（全部**六圈**都領先？）詹美達越野賽即將在幾週後舉行，但我們卻仍在商量我是否允許去參賽，而且考量這場比賽的傳奇地位，我也還在釐清自己是否想要參加。詹美達越野賽是唯一跟肯亞的賽事平起平坐、並稱為世界最艱難的越野賽。「至少在你參加世界越野賽的時候，」胡尼納笑著說，「只有另外五位衣索比亞人。」顯然我不必證明自己在比賽中會具有競爭力，除非我有機會能在比賽中不被領先一圈，因為這不但聞所未聞，也違反了規定。海利認為我在森達法完成三十五公里的耐力測試，證明了我應該參賽。他的看法是否正確，將留待時間分曉。

⑩編按：「gobez」的意思請見第二章，而這裡的麥克（Mike）是指作者麥可．克羅利（Michael Crawley）。

⑪編按：「團體動力」是二次大戰以來，用以探討團體結構及團體與成員之間互動關係的應用科學，現已廣泛被用來說明、分析團體的一切行為，像是團體組成、氛圍、凝聚力等。

⑫編按：這是衣索比亞田徑聯合會（Ethiopian Athletics Federation, EAP）於首都阿迪斯阿巴巴北方的詹美達（Janmeda）舉辦的國際越野賽，正式名稱為「詹美達國際越野錦標賽」（Janmeda International Cross Country Championships）。

5 夢想之地

「跑步是工作嗎？」那些跟我一起訓鍊的跑者對於這個問題的回答都是肯定的，而且「sera」（工作）其實是最常用來指訓練的字眼。儘管他們也同意自己很享受跑步，但顯然只要缺乏競爭與金錢這兩個雙生動機，他們就會停止跑步。對於沒有比賽要準備卻天天出現參加訓練的我，很快就明顯讓他們感到困惑，所以我遲早都得參加一場當地的比賽。他們的態度與威廉·菲尼根在自己的衝浪回憶錄《野蠻的日子》（*Barbarian Days*）中所描述的諾曼·梅勒相似，「缺少刺激，缺少競爭、危險或目的」的運動，「不會強健身體只會讓它筋疲力盡」。即將到來的賽事不但維持了跑者的活力，還為所有的工時賦予了一個目標，就像即將上戰場一樣，也是一個展現自己「idil」的好方式。

就這樣，結果我跟海利來到位於古德肖拉的衣索比亞田徑總會辦公室排隊，手上抓著蘇格蘭田徑運動⑬的推薦信，心裡有點希望會有些什麼官僚的理由不讓我參加第三十三屆衣索比亞全國越野錦標賽⑭。在我們排隊前進的時候經過了一群剛剛領取國家隊裝備的青年運動員，他們隨意翻看 Adidas 黑色大背包裡的東西，那是印有黃、綠、紅衣索比亞國旗色的包包，拆開鮮紅色的運動褲包裝，然後試穿他們亮黃色的運動上衣。

我們在排隊報名的隊伍裡是比較衣衫襤褸的一群，大多數參賽的人都是透過自己的俱樂部，所以排隊要以個人身分報名的都是這項運動的邊緣人。排在我前面的年輕人看起來不超過十八歲，而且他的鞋子上交織著不同顏色的縫線，看起來已經修過很多次了。我問他自己認為比賽會是什麼樣子，他用英語回答：「我覺得比賽會很快，這場會比任何其他比賽都還要快，是強者限定的比賽。」他看到我眼中的擔憂，把手放在我的肩膀上說：「別擔心，好嗎？首先要充滿信心，好嗎？」

我上網查詢了往年的比賽結果，結果獲獎名單是衣索比亞頂尖跑者的名人錄，然而奇怪的是，裡頭明顯少了「肯納尼薩．貝克勒」這個名字，儘管他贏得誇張的十一座世界越野賽冠軍，卻從沒想過要在詹美達獲勝。在詹美達舉辦的這場比賽也被當作各世界錦標賽的考驗，然而，儘管有許多人單獨拿下詹美達的優勝，卻只有哥布西亞荷．哥布馬利安一個人曾在衣索比亞通過考驗後又繼續奪得世界越野大賽冠軍。「在詹美達獲勝會讓人們付出許多代價，」海利說，「所以非常難以為繼去贏得世界越野賽。」

這份名單上有個特別吸引我注目的名字：胡尼納．梅塞芬。當大多數的優勝紀錄都是在三十四到三十五分鐘的範圍內跑完十二公里，那場我在很多場合聽他說起的三十二分鐘優勝賽就寫在維基百科上：32.20。考慮到二千五百公尺的海拔高度，我只能假設這條跑步路線的量測是大概值，但他在二〇一一年的非凡表現還是顯而易見，而這也讓他對自己的現狀感到更加沮喪。

當我們排到隊伍最前面時，負責報名的人員上下打量了我一番，對著我那封來自蘇格蘭田徑運動的信皺眉，然後對海利說：「帶他去見杜比。」杜比．傑羅已經擔任聯盟主席多年。我們坐在一間大辦公室裡的塑膠椅子上，裡頭除杜比所在的玻璃隔間外，是採用開放式格局。雖然有很多人在這裡辦公，但是從國家隊的選拔和允許運動員出國的放行通知書一直到我想用訪客身分參加這場越野賽的所有事情，都得杜比簽署才行。

海利把創造更多機會出國賽跑的功勞歸於曾是羅馬馬拉松冠軍的杜比，他在我們等候時告訴我，在杜比擔任主席之前，只有少數進入國家隊的運動員才有機會在奧運或世界錦標賽之後到國外參加幾場比賽。「他之所以這麼做，」海利說，「是因為他曾是一名運動員，他知道其中的浮沈、困難和辛苦，以及他們應該得到什麼。」如果出了差錯，運動員該何去何從？他將會回過頭去當農夫！那很難熬，所以杜比讓運動員可以出國比賽。

我們被叫進房間，杜比的體型比他退役之前大上不少，而且穿西裝打領帶看起來威風凜凜。海利向他解釋情況，他隨後做出決定：「好吧，當然，他可以參加。但他如果無法突破三十分鐘十公里，那他就應該參加初級賽。」我指出二十八歲的我去參加二十歲以下的組別會讓我感覺有點像騙子，所以我們達成一個折衷方案：我可以參加高級賽，但我得在終點前退出。我回去排隊並拿到我第一個寫有阿姆哈拉文字的參賽號碼牌，這個號碼牌必須帶回去給杜比讓他在上面基於某種原因簽名。

海利向我解釋「初級」和「高級」的運動員分類，主要考慮的是關於運動員的能力和經驗，而不是他們還有幾天才過二十歲生日，尤其是在國內鄉村地區的俱樂部，那裡並不是人人都有出生證明。所以就能力來說，二十八歲的我還只是初級。「你可以參加高級賽，但你只要被領先一圈就得退出。」海利說，「這樣你才不會干擾到領先的選手。」我回想起去年參加的蘇格蘭全國越野賽，我得到第七名，而且設法穿過落後一圈的跑者群是領先群該如何跑最後一圈的重要部分。你可以期望在詹美達見到我優勢盡失，妥善示範一切都是相對。

自從此處舉辦過一次盛大的閱兵典禮和紀念海爾．塞拉西加冕的煙火表演之後，便以詹霍伊．美達（*Janhoy Meda*）的簡稱「詹美達」為名，意思近似於「王權之域」（field of majesty）或「帝王之域」（field of the emperor）。這裡是皇帝孟尼利克在一八九六年的阿杜瓦戰役從義大利人手中奪取大砲之後，用來展示大砲的地方。將近一個世紀後，這裡在一九九〇年代初期的內戰期間收容了數千名於國內流離失所的衣索比亞人民，同時也在衣索比亞的近代史上扮演了關鍵的角色，舉辦宗教節日、加冕典禮、閱兵式以及競選就職演說。這片原野長約二公里半，寬約五百公尺，四面圍牆，但牆內開闊，雨季時有高草，其餘的大部分時間則是枯黃的斷草殘根。這裡舉辦的賽馬比田徑運動還要多，還有衣索比亞傳統的運動，像是一種稱為「gena」的曲棍球運動和一種稱為「gugs」的騎馬打仗。這片原野的一隅有個大馬廄，但馬匹平時都可以到處閒晃，偶而還會自己飛奔起來，驚嚇到跑者。

不過，馬匹今天都被安全安置在牠們的馬廄裡。這是一門重要的生意，所以組織小心翼翼。我跟法西爾一起抵達，雖然他沒有參賽卻好像很緊張。他告訴我，自己還沒有準備好，但是會「好好準備」明年的賽事。百事可樂的巨大廣告旗已經豎立在詹美達外面的道路上，一個巨大的瓶子下方有「活在當下」（Live For Now）的字樣，這就我所知的大部分跑者來說，似乎是格外不適當的格言，他們的生活方式比較接近「為來年而活」（Live For Next Year）。當我們走進場內時，牆上用一尺高的字母寫著一句難解的短語：「肌肉是大腦的奴隸，肌肉不會學習。」我希望我能覺得今天的自己跑比較快。

在我們試著去找我們認識的其他運動員時，場內一隅已經停滿了團隊巴士，像是梅布拉特．海爾與衣索比亞商業銀行這些甲級俱樂部的大型交通工具，和遠道而來的俱樂部小巴，它們的運動員必須在地區賽取得資格。我們看到海利，他正專心在跟人會面，那些人是來自各個與自己有關的俱樂部。身為莫約運動隊的副經紀人，他希望能跟那些還沒簽定經紀約的頂尖完賽者說上話，但還有其他副經紀人在這，所以想要簽下這些最佳運動員會是激烈的競爭。他告訴我一定要讓那些官員知道我來了，同時確認我會照他們跟我說的去做，如此一來我才被允許下場去跑。

結果我得在太陽下站上整整二十分鐘，排隊讓不同的兩人在我的號碼牌上簽名。因為我的所有訓練幾乎都是在早上八點之前完成，所以我明白在陽光直射的二十五度氣溫下跑步將會感覺很奇怪。我的號碼牌一處理好，法西爾和海利就陪我一起繞場慢跑。「梅塞雷特正跟來自梅布拉特．海爾的人在一塊。」海利說，「不過他說要警告你，比賽會非常快，快到你會驚訝比賽怎麼這麼快，就算你跟自己說你知道，你還是會嚇到。」他讓我想起我們看過的那場一萬公尺賽事，裡頭退賽的人比完賽的人還多。「你將是起跑線上唯一不覺得他們有機會的人，」他說，「所以他們全都將勇往直前，然後他們之中有很多人也將會退賽，你得任由他們離去。」

有好一些人已經穿好釘鞋暖身完畢，而且從他們賽前衝刺的速度來看，任由讓他們離去應該不會太難。我穿上自己的釘鞋，然後比我想的還快，我們每個人都被叫去做號碼牌的最後檢查。儘管我在這場比賽中沒有任何爭強的野心，但我還是緊張得要死，起跑線上其他選手的壓抑能量是會傳染的。這片原野在一條長緩坡上，而我們從原野底部一條一百五十公尺寬的起跑線出發，前方就是大約一公里長的直線上坡。烈日當頭，覆蓋枯黃草叢的地面硬如岩石，這跟前年蘇格蘭於福爾柯克那又泥又水的地面所舉辦的同等賽事大不相同。

槍聲響起，梅塞雷特沒有錯，我前方的選手群像一波衝破海岸線的海浪般出發。任由讓他們離去這件事我做得好極了，一開始被拉開十公尺，然後等我們上到原野最高處時，他們已經離落後選手至少五十公尺。我低頭看錶，上面顯示我的配速是每公里三分多鐘，他們在前方肯定是健步如飛地爬著坡。我試著保持冷靜，適應節奏，在抵達原野最高處時鬆了一口氣，然後開始跑緩下坡回起點，在經過觀眾時我聽到零星喊著「*Ayzoh, farenj*」的聲音，即使有點施捨的態度，語調還是同情的。就像參加任何比賽一樣，我知道在超過極限的情況下，我將會有麻煩，所以我會試著去感受努力的極限，這樣我才能待在安全的界線內。不過，要在這個海拔高度做到這件事更是難上加難，你只要陷入一丁點麻煩，很快就會有更多麻煩，然後你想拼命回到安全的界線內就更難了。

梅塞雷特一邊跑到我旁邊一邊大喊：「麥克！全神貫注！」我完全不知道這是要我全神貫注於加速還是減速，又或者只是要我全神貫注。我設法穿過幾根圓木頭，那些是為了避免路線在這樣的海拔高度下還不夠艱難而橫放在上面，然後在我知道之前我已經跑完一圈，再度來到爬坡的起點。當我抬頭望向那片斜坡時，自己落後倒數第二名選手的距離看起來好像沒有我在山坡頂的時候那麼遠了，因為我專注在不讓自己花太多力氣爬坡，所以我以為可能是缺氧或某種錯視的緣故。我低下頭來，像梅塞雷特跟我說的那樣「全神貫注」，然後當我再次抬起頭時，我發現，沒錯，他離我越來越近。

我感覺到一點腎上腺素激增，於是馬上告訴自己要冷靜下來，我的目標是在領先群進入第六圈之前，用這種方式讓自己很平均地努力跑完前五圈。我雖然快要在山坡頂追上他，他卻轉身，用最快的速度瞥了我一眼，然後從他左側的圍線下彎身而出，低著頭，開始走回起點。海利說過這種情況可能會發生，想到自己落到最後一名，然後又發現自己將被一個「farenj」超越，沒有什麼比這要來得受傷外加受辱。「如果他們知道自己沒辦法完賽拿到獎金，他們有時候就會中止，讓自己留待他日。」海利如此解釋了國內賽的高退賽率。

我看向左邊，瀏覽原野中場，不過才一圈，那裡已經可以看到好些選手正在走回起點或者躺臥在地。正如海利所說，退賽對他們來說並不羞愧，他們正做出明顯接受自己還沒準備好在這個級別上爭勝的決定，為了堅持而堅持的意義並不太大。接下來的幾圈，我都維持自己穩定的配速，而且還追上幾個倒數第二的選手，他們全都跟被我追上的第一個選手一樣，做了相同的事情，所以我依然是最後一名。雖然我在第一圈的時候得留意控制自己的配速，但是隨著更多時間流逝，已經不太需要刻意努力了：我純粹是無法偏離穩定的步伐，再一次覺得身體已進入一種自我保護的自動駕駛模式。

不過，能追上那些零星的選手的確感覺很好，所以我在賽程一半時試著去計算領先群離我有多遠。當我回到起點／終點區時，他們正在山坡頂附近，據我所知，這表示他們依然領先不到一公里，如果我可以像這樣堅持下去，我應該能被允許完賽。比起像是某人在參加越野賽，我的任務更像是一名超馬選手試圖要在時限內跑完。口乾舌燥的我可以感受到肩上的皮膚開始在汗水下發燙，穿釘鞋跑在如此堅硬的地面上讓我的腳底開始痠痛，這些都不是我跑越野賽會有的熟悉感覺。

在我到達山坡頂時，我正在接近另一名賣力的落後選手，那些旁觀的人還是喊著「*Ayzoh, fareni*」，但現在喊得更有力一些。「去吧，*fareni*！」這聽起來還是有些憐憫，但其中確實好像也有了因為不放棄而獲得的尊重。當我又要設法穿越地面上的圓木頭時，腳趾絆到一根圓木差點跌倒，這時我才知道自己有多累了。等我要返回起點／終點區時，我感到很吃力，而且在追趕範圍內沒有任何人可以當作動機。那些仍然留在比賽中的人，要不是表現優異就是已經停下腳步，這將會是孤獨的最後二圈。

在我五度朝山坡上跑去時，停下腳步這件事變得非常誘人，而且我有這麼做的充分理由。今天過得不好的其他人都已經停下腳步了，所以我只是在完成我被要求做到的事，這麼做其實是明智的，但是出於某些原因我並沒有這麼做，也許是氧債（oxygen debt）⑮和海拔高度讓我思路不清。但我確實會責備自己當初為何決定要跑。英國教授兼詩人與跑者的托馬斯．加德納完美描述了這種比賽中途搖擺不定的心情：

> 你在幾乎每場比賽的某些時刻都會陷入迷惘。你睜開眼睛，發現自己麻煩上身，你的心率加快，信心受挫，然後心裡突然恐慌，沒來由地對自己和讓自己排隊參賽的自尊心有股熟悉的厭惡，你慢下腳步，將這股厭惡指向自己。

我想大多數的跑者都能對這種感覺感同身受，這一感受我跟加德納一樣，「幾乎」每場比賽都好像會有，只有那些真的表現很好的比賽例外。你明白到你的準備並沒有自己所想的充足，正如加德納所說，你還沒準備好「用這樣的配速參與這樣的世界」。但是度過這個被我稱為「倒楣時光」的過程，以及加德納能夠用更豐富的表現力喚起的東西，會帶來豐厚的獎勵。加德納說：

> 肉體確實有其極限，你的手指終究會把你所愛的一切弄得亂七八糟。但是堅持下去，然後想想你能在那裡建造什麼，「藉由迴避句子來建立句子」，你的言語最為生動的時候就是他們對自身表達了無比失望的時候。不然你還有什麼理由要來比賽？為何要年復一年地回到這裡？

這對我來說就像是比賽以及更尋常的跑步能帶給人們的東西。因為在每一場比賽中，總會有遠多於優勝者的失敗者（但是在衣索比亞每個人都是為了獲勝而參賽）。因為就算你跑得很好，似乎還是有某種非常人性的東西會讓人一直想要更多。因為失望的另一面是希望，而且我們靠著想像自己下次會更好而獲得成長。那些剛跑出個人最佳紀錄的人卻還是強調他們認為自己還能更快的事實，我跟他們有過的幾次談話證明了這一點。我們並不容易被滿足，也因為如此我們才會一週又一週、一年又一年地反覆參賽。

說回詹美達，（杜拜馬拉松的未來冠軍和 2.03.34 路線紀錄保持人）杰塔內．莫拉正在比賽前線衝鋒，而且順利在我跑完第五圈時跑上下坡路，但是我已經不用擔心被領先一圈，所以我可以稍微放鬆一下。我的比賽是為了避免被領先一圈，所以就某種意義而言，這是我勝利的一圈。我已經度過倒楣的時光，決定要來享受我的最後一圈。如果我打算要在第三十三屆詹美達國際越野賽中以絕對的倒數第一結束，我將會昂首挺胸地完成這件事。

我從終點門下方跑過去找海利、法西爾和梅塞雷特，法西爾在我把手放在膝上喘氣時用他的手臂圈住我。他已經提前在思考：誰會想要盤踞在最後一名？「如果你在這裡待上一整年，好好地訓練，明年我們倆都會來到這裡取得佳績。」他說。我看得出來，他已經在腦中勾勒訓練的樣子，想像自己像杰塔內．莫拉那樣飛奔在場上。有一個身材矮小的人加入了我們的行列，他是海利從初級賽結束後就一直在聊天的人。從德卜勒伯漢大學俱樂部來到這裡的阿瑟法．泰法拉，在八公里項目獲得了第三名，他在不到三年的時間內，將會以莫約運動隊的選手身分用 2.07 的紀錄獲得大阪馬拉松冠軍，但他現在還不知。「今天於我一切都改變了，」他小聲地說，「我很高興。」

⑬編按：蘇格蘭田徑運動的管理機構。
⑭編按：即「詹美達國際越野錦標賽」。
⑮編按：指運動後氧的攝取量高於休息時的現象。

6 跑之字攻頂

從貝科吉回來後，我從伯納的住處搬進海利位於科塔貝的同一住宅區裡，距離市中心大約五公里。我們舉辦一個小小的聚會來紀念這個時刻，海利從當地市場買了一隻羊，這隻羊站在住宅區裡的角落不時緊張地咩咩叫了大半天。當其他跑者抵達時，這隻羊在半個小時內就被宰殺、放進巨大的鑄鐵平底鍋上以柴火煎炸，而我們當天下午吃不到的肉會用香蕉葉包起來送給鄰居。住宅區的地面鋪滿了陽光下晒成血紅色的辣椒乾，已經可以被研磨成衣索比亞的綜合香料「*berbere*」，而我們坐了幾個小時，討論跑步和大家今年希望參加的比賽。現在我已經能說一種跑者專屬的阿姆哈拉語：我可以討論間歇跑訓練內容的複雜部分，還有在這座城市裡的不同地方跑步有什麼優缺點，但與跑步無關的日常對話，我依然很吃力。

我們討論了我作為一名跑者為了進步所做的努力，然後重點還是放在我的做中學。跑步在衣索比亞就跟任何手藝一樣，也需要當一段時間的學徒。如果我要跟法西爾一起跑步並向他學習怎麼跑森林，我就會需要跟他和他的朋友采達特．阿亞那一起跑步，而法西爾也會從采達特身上學到東西。這樣一來，我就成了徒弟的徒弟。目前采達特在衣索比亞之外絕非知名的運動員，但他在國內的名聲可是令人生畏。他最近才在衣索比亞田徑總會為甲級運動員舉辦的賽事中贏了其中二場，考量到所有衣索比亞的頂尖職業選手每年都需按契約要求參加至少二場這種賽事，這表示他厲害得驚人。

在衣索比亞，國內賽和國際賽之間的差別其實或多或少跟在歐洲或美國時的差異相反。「當你出國比賽，」法西爾向我指出，「可能只有六、七個運動員來自衣索比亞和少數幾個來自肯亞，其他參賽的人只會是跑好玩的。」我不確定很多正經的俱樂部跑者是否一定會這麼想，但是我讓他說完。「不過，當你在衣索比亞比賽時，你必須和數百名厲害的運動員競爭，而采達特知道如何取勝。」

在衣索比亞，名聲不僅建立在比賽表現上，還有人們在這座城市周邊參加特定訓練內容的次數。這裡有兩條主要道路被用於大家所謂的「柏油路」訓練，兩條都在路邊用白色柱子標記每一公里處。其中一條路從阿迪斯東側的科塔貝延伸到森達法，這條路起伏不定，出城後遇到的上坡會比下坡還多。無論是專業組還是甲級俱樂部全都後援充足，支付不錯的薪資給他們的運動員，並擁有自己的巴士，會在天亮之前將他們帶到路上進行單趟十五公里的快速折返跑。另一條直通塞貝塔的路，不但又平又快而且「只」位於海拔二千二百公尺。

衣索比亞的跑步圈是一個緊密的網絡，如果有人在森達法跑超過三十公里，而且跑得特別好，消息就會透過 WhatsApp 和 Facebook 迅速傳播出去。幾乎每個人都會在週五早上進行柏油路訓練，這是他們整週唯一一次跑馬路。隨著大賽來臨，週五的上午九點左右海利和團隊裡的其他跑者就會開始收到訊息。海利會從口袋裡掏出手機，然後吹口哨。他會說：「你認識某某某嗎？」「嗯，他可以」去杜拜、法蘭克福、鹿特丹或任何即將舉辦比賽的地方參賽了。眾所周知，采達特在森達法用 1.31 的紀錄跑完了三十公里，而且很少人能辦到。他雖然還沒建立足以參加大型賽事的履歷，但只要他能參賽了，大家就會知道他有多少能耐。

二十歲的采達特剛好五英尺（一百五十二公分）高，在衣索比亞的跑者標準裡也算是小個子。他在比賽結束時用一種配合自己雙腿呼聲的節奏說話。隔天早上，當我們走石子路向上時，沿路只被偶爾出現的路燈照亮，他向我解釋為什麼為了到科塔貝上方的森林跑步，我們必須在早上六點天亮之前的五點三十分集合。他說，有這麼多這麼努力的跑者在阿迪斯阿巴巴的城裡和城邊訓練，你要聰明選擇自己跑步的地方和時間，以及一起訓練的人。他解釋說，在黎明前趁著天氣涼爽開始跑步，他和法西爾以及其他來自我們這支訓練隊伍的人就可以避免因為流汗而「流失太多能量」。我們會走二十分鐘到森林以即時趕上第一道曙光。「一開始我們會跑得非常慢，然後隨著天色漸亮，氣溫漸暖，我們就會加速。」他說。為了在週五早上用快到幾乎不可能的速度跑馬路，你必須在一週內的大部分時間用慢到不可能的速度去跑。

這麼早起也能留下足夠的時間準備早餐和午餐，並在下午再次跑步之前獲得充分的睡眠，這在保護跑者的「狀態」上被視為至關重要，而「狀態」也是大多數跑者要進行極高強度跑步時，如何針對其所要求的健康和體能來陳述處於耗損和活力之間的微妙情況。采達特想要準時回家準備雞蛋和酪梨當早餐，然後讓自己在午餐前還能睡上幾個小時，這表示，就算是看起來無事可做的一天，行程卻被跑步排得很滿。

我們在森林裡的跑步會直接受到周圍環境的影響，我們會跟著森林慢慢醒來。當我們抵達樹林外緣時，采達特在胸口畫了個十字就開始慢跑。如果沒有這個跑前儀式，我可能不會注意到走路和跑步的區別：我們至少在最初幾公里的時候幾乎都沒有改變配速，這也是考量到我們幾乎沒有能見度可言。采達特昨天做了高強度的訓練，所以今天他想強調這是故意要輕鬆跑，他主要把這趟跑步當作痠痛肌肉的一種按摩方式。

我們今早跑的森林區域，有數百條交錯於尤加利樹林間的小徑，這些小徑都是經由成千上萬次的踩踏而形成。雖然我在那裡偏好順著這些小徑跑，但采達特為了待在足跡較少的地面，似乎有意避開這些小徑，而另外選擇穿越樹林的新路線。這說明了小徑廣泛遍布的成因，乃是在樹林間經由無數次迂迴穿梭而成，這些路徑從上方俯瞰，就像一張點綴著尤加利樹的巨大網格。

這讓我想起人類學家提姆．英戈爾德所寫的東西，他會指出這些既是地面上的足跡，也是空中的痕跡，經由呼吸形成的部分跟藉由踩在地面上的腳所創造出來的一樣多，它們是「呼吸希望」（aspiration）的通道[16]，具有一語雙關的雙重意義，是「想要有所成就的希望或抱負」也是「調整呼吸的動作」。呼吸的走廊，自然作家巴里．洛佩茲這麼稱呼它們。采達特在樹木之間的窄縫迂迴穿梭，然後沾有露水的尤加利樹葉在我們通過時劃過我們的臉龐和手臂。清晨這個時候的空氣，嘗起就像充滿了薄荷醇，而且跟缺氧結合之後，在我胸口留下清新的刺痛。隨著太陽升起，我們用半個小時爬升了二、三百公尺的垂直高度。然而，在樹木之間迂迴並小心地逐步穿梭爬坡是采達特的看家本領，那感覺完全不像我們已經在爬坡了。

英戈爾德將這種稱為「徒步旅行式」（wayfaring）移動，它跟比較直接的二點移動相反，例如週五的柏油路訓練，被他稱為「運輸式」（transport）移動。當他將運輸式定義為只管到達特定目的地的線性過程（或是，以我們的例子來說，盡快跑完二點之間的距離），徒步旅行式則牽涉到更多地景的參與，著重於移動過程本身的重要性以及他稱為「在行動中認知」（knowing-in-action）的發展。他寫道，知識會隨「行動的強度與流暢性」增長。衣索比亞的跑者似乎很了解這點，在他們有意仰賴自己對於森林的知識時，也同時仰賴他們對於自己身體的知識。

當我問莫約運動隊教練梅塞雷特關於衣索比亞跑者重視森林的這件事時，他笑了笑，舉手擺出「你說呢」的樣子。「他們認為自己如果跑進森林很高的地方，就能從高高在上的樹木汲取能量。」在阿迪斯阿巴巴大學拿到運動科學碩士學位的他說，暗示著能量具有流動性和移轉性的想法，而這想法在我留滯衣索比亞期間變得越來越顯而易見。「他們的想法並不科學。」他補充說。然而，就像小說家理查德．鮑爾斯在《樹語》（*The Overstory*）中指出的那樣，這些跑者在某種意義上是對的。鮑爾斯寫道：「生命的祕密」在於「植物吸收陽光、空氣和水，然後儲存下來的能量會繼續去製造所有東西和做所有的事」，包括給世界上最優秀的跑者加油。

跑了五十分鐘後，采達特、法西爾和我還是只離開出發地不到三公里，我們以之字前後跑動，原路返還，而且橫跨斜坡的跑動多過於向上跑。當我們在樹木之間的間距閃避穿梭時，我們經常會在重新加速之前迎來快要完全停止的情況。經由不斷地改變方向並避開密實的平坦地，我們避免了直線跑於馬路時為肌肉帶來的反覆拉扯。等我們回到森林外緣時，很神奇，我的雙腿確實比我們起步時感覺好多了。當我問采達特關於之字跑法時，他咧嘴一笑說：「這是衣索比亞式麻醉！如果你像這樣跑，你就可以跑更多而不受傷。」

晚點我也問了梅塞雷特這件事，想知道是哪個教練想出了之字跑的主意。「這不是哪個教練的主意，」他告訴我，「這是無意之舉，我覺得。沒有人會計劃用之字跑來穿越森林，但他們在無意間做了類似的訓練，結果這在越野賽中為他們帶來了成為最佳運動員的優勢。」關於這項技巧是無意中出現而且是由運動員自己憑藉直覺發展出來的想法，吸引了我，就好像梅塞雷特尊重跑者本身的專業多過於自己的。顯然，這種跑法對於衣索比亞人的特殊行事方式來說是不可或缺的，而不是被教練強加在身或由運動科學家發展出來。這種特殊形式的專業源自於跑者和森林環境的互動，然後才在跑者之間傳授。

雖然這種跑法似乎是城市上方那片森林所具有的一種特殊環境賦使（affordance）[17]，即環境為個體提供的什麼，但有趣的是，這些森林並非自古以來就有，根據歷史學家詹姆士・C・麥肯恩的說法，十九世紀的版畫、照片和旅人的說法都顯示，曾有一片荒原從北邊的安可貝一路延伸到如今的阿迪斯阿巴巴。從一九七〇年代以來，這座藍綠色森林開始為城市訪客所熟知其實是二十世紀才有的現象，第一片尤加利樹林是孟尼利克二世在位時才於聖喬治大教堂周圍種下。比較近期的還有，衣索比亞在二〇一九年七月二十九日打破了單日植樹最多紀錄，根據政府的創新與科技部長格塔洪．梅庫里亞的說法，達到驚人的三億五千三百六十三萬三千六百六十棵。阿迪斯周圍這片跑者用來訓練的大森林是大約一個世紀前來自同樣植樹活動的成果。

近來環境倡議人士格蕾塔．童貝芮與喬治．蒙比爾特呼籲大家多加關注「自然氣候解決方案」，像是植樹，隨著植物生長，具有消除大氣之中大量二氧化碳的可能。蒙比爾特在為《衛報》拍攝的影片中說：「有一種神奇的裝置能從空氣中吸除碳，不但成本非常低廉，還能自己生成，就是所謂的樹。」從生態學觀點來看，過去尤加利樹的種植並不算特別成功。尤加利樹會降低地下水位，因此對其他樹木並不特別有益，而且主要是因為生長快速和實用而種來當作柴火。但是開始於二十世紀初的大規模植樹卻對衣索比亞跑者帶來了巨大的效益和意想不到的影響。

當我們從森林慢慢走回去時，法西爾描述了昨晚做的夢。在夢中，一個西裝男給了梅庫安一把美元鈔票，而我們訓練團隊的另一名跑者卻空手而回。「那很難受。」采達特搖搖頭說。這兩名跑者都在武漢參加馬拉松比賽，也都希望有所突破。「法西爾的夢境總會成真。」采達特警告我，結果，果不其然，當天下午稍晚的時候，海利就得到消息了，梅庫安拿下第三名並贏得一萬美元，我們團隊的另一名跑者卻未能完賽。這就是跑步在衣索比亞的本質，它提供某些人賺取巨額獎金的機會，但隨著競爭加劇，錯失的機會也會隨之增加。

在我剛到衣索比亞的時候，我希望能在跑步時「順道」做些訪問，也就是在我們一起跑步的時候問他們問題。這個想法是受到 GoodGym 創辦人伊佛・格姆利的啟發，他拍了一部名為《跑者》（*The Runners*）的影片，裡頭的他在腳踏車的拖車安裝了塑膠凳子並坐在上面訪問倫敦維多利亞公園裡的跑者。他發現人們在跑步時，就算面對一個完全陌生的人，也能很快地開誠布公，甚至是「你戀愛了嗎？」或是「你最在乎的是什麼？」這類問題。他發現跑步能夠消除拘束，讓人們更直接而坦承地回答。他說「透過他們的腳步、呼吸和專注」，跑者可以毫不猶豫地做出回應。然而，考量到跑步在衣索比亞的單一縱隊特性，以及他們只喜歡透過彈指來溝通，這對我來說真的不是個選項。

於是我用胸前穿戴的 GoPro 來代替，拍攝了幾趟我們在森林中的跑步。我想細問關於路線的選擇，因為在相同的地方他們的選擇跟我自己選的大不同。在一趟跑森林的回程路上，我們在法西爾的新住處逗留以檢閱拍攝畫面。他已經搬離我們的住宅區，現在每個月領取六百比爾（大約十七英鎊）在科塔貝郊區看守一處建造中的房子。這樣的房子不少，在混凝土結構的樓層之間危險地立著鋼筋。他解釋說，人們常常低估蓋房子的成本，所以蓋到一半就沒錢了。他的工作就是確保一包包的水泥和其他建築材料在籌到錢繼續蓋下去之前不會被偷走。他經常在夜晚被圍繞院子的金屬薄板撞擊聲吵醒，然後他就得帶著手電筒爬到建築物的二樓查看是否有入侵者。他跑步的迫切目標就是被選進甲級俱樂部，然後跟我們隊上其他成員一樣領薪水，這樣他就可以睡覺了。他的當前難題是在居於相當嚴重的劣勢下企圖追上大家。

法西爾的房間是用波紋鐵皮搭建，而且位於建築物的院子裡。裡頭除了一張床、一個箱子，以及一大張寫有阿姆哈拉文的彩色耶穌海報之外，沒有什麼其他東西。我們坐在床邊，然後我要他跟我聊聊我們於這週稍早時跑的那一趟。他先是配合，但顯然對我的問題感到困惑（「是阿，所以我們在那邊左轉了，不是嗎？為了躲過我們前面的那些綿羊。」），不過他說著說著就為跑森林延伸出了一個比喻，那是沒有影片我們就不會想到的比喻。

「如果你看那裡，我們正非常謹慎地跑著，而且我正在告訴你哪裡有石頭，你必須小心才能到達你期望的地方。」畫面有一段時間都是法西爾的背影，在魚眼鏡頭下有些扭曲，而且在我們迂迴穿梭密林時，被尤加利樹閃爍的綠葉圍繞。「在森林裡你不可能永遠找得到舒適的地方來跑。」他繼續說道。我們出現在碎石散布的陡坡上。「你可能會突然遇上大山丘，尤其是你在跟著別人跑的時候。」當他在GoPro的畫面裡指引我該如何躲過他左右兩側的碎石時，他沉默了一秒來思考這件事。「跑步就是這樣。你沒辦法在跑步的時候從心所欲，在你成功之前將會有起有伏。」

我們默默地看下去，法西爾在樹林裡消失了好一陣子，才又現身穿過一片耕地，在回到滿布碎石的斜坡之前，必須小心設法越過耕地上深深的犁溝。「你看，先是森林，然後是耕地，再來是石頭，接著又是耕地，最後回到森林。」這些都涵蓋了橫向穿越或是陡坡的上下移動。「你看，在一趟跑步的空間裡會有許多起起伏伏，跑步就是這樣，但如果我們像這樣堅持下去，我們就會苦盡甘來。」他用手指著螢幕重複說道：「只要我們像這堅持下去，有起有伏。」

法西爾明確地把訓練中「起起伏伏」的字面意思引用來作為跑步生涯的比喻，像是森林中的訓練、突如其來的障礙、樹林路線，以及遍布小路的碎石。他不僅把偶然性與風險明顯視為訓練的固有部分，還將其視為邁向成功的必經障礙，必須透過技巧主動設法穿越。森林是一個反思的空間，跑者會在那裡思考自己身為運動員的旅程。對法西爾來說，跑過耕地讓他想起自己人生中的一段時光，那時他為了換取三桶小麥，整年都為自己叔叔肩負起駕牛犁田的工作。森林也是讓跑者能夠擁有夢想的地方，是把海勒．蓋博塞拉西這樣偉大的人跟剛起步的法西爾連接在一起的共通點。不是每個人都能打破紀錄，也不是每個人都能爭取數十萬美元的獎金，但每個人都會在森林裡度過大量的時間。

雖然樹林間可能有上千條留有跑者足跡的路徑，但我跟法西爾、海利或采達特跑的每一趟都是獨一無二。我們跑步時會把大方向或是我們想要探索的森林局部放在心上，而且始終都明白我們想要用多少時間來通過。除此之外，我們實際上要怎麼跑過這些地方是取決領跑的人，而且某種程度上也是取決於森林本身。我們跑步往往是出於創造新奇或是尋求新路徑以穿越樹林的企圖，但最重要的是，讓事情一直有趣下去的企圖。

當我還在愛丁堡跑步，還沒來到衣索比亞的時候，我陷入了相當枯燥的一成不變當中，儘管我確實滿意於這種狀態。跑長距離時，我幾乎都是在聯合運河與利斯河之間折返跑，然後跑比較短距離時，我通常只會在麥道斯公園裡無止盡地繞圈，這座平坦的公園繞一圈大約是一英里半。即使在衣索比亞待了幾個月，在我睡得比較晚的時候（這裡指的是早上六點以後），我發現自己在抵達森林外緣時會自然回歸到舊有的習慣，沿著熟悉又好走的路徑跑，或沿著上次跑的同樣路線。我也會被那些比較大條的小徑吸引，那些法西爾、海利和采達特幾乎從來不會選用的小徑，如此一來我就不必為自己正在跑的地方思考太多。

當我自己一個人要試著去重現他們的森林跑法時，就需要抗衡自己想要平凡的意圖。對衣索比亞人來說，真正重要的事在於避免跑步的無聊與單調，而這也是我們教練梅塞雷特多加思索的事。「跑步本身就是一種苦楚。」他有一次笑著告訴我，「是一種耗竭，你知道那種感覺，跑步有多麼讓人筋疲力竭。如果你是一個人跑，你可能會半途而廢。此時和彼時、此時和彼時。今天、明天、今天、明天，很乏味。就拿足球員來說，每個足球員都是為了球而跑，看著眼前之物，但是跑步卻沒有東西可以看著，你會在自己蘊藏某種願景時跑步，也唯在這種情況下才會跑步。」

總是尋求穿越森林的新路徑，還有總是跟那些可能想出意外又有趣路線的人一起跑，這麼做有部分動機是為了避免這種乏味。這表示試著在跑步時對周遭環境抱有好奇，這點很重要。以之字的方式在一片新生的矮樹林裡跑上跑下，然後在自己轉身折返前，沿著每一排樹前進，這麼做可能會讓你多跑十分鐘。以這種方式去跑的話，你設定用來「穿越」的八十分鐘，在你不知不覺時就已經快要結束，然後就是時候折返回家了。用這種方式跑步你會保有迎接驚喜的餘裕，而這種餘裕在你每天跑相同而厭倦的路線時，基本上是不存在的。

當我回到愛丁堡短暫休息大約六個月以投入自己的研究時，我開始在麥道斯公園用這種方式跑步，以縱橫交錯的方式跑在步道上，而不是繞著圈跑，我沿著小路兩邊的草地前進，到了盡頭時再原路折返以形成之字跑的一圈，這樣跑要比直接繞一圈花三倍的時間。最重要的是，我發現自己如果用這種方式來跑，我就可以跑得更久。我經常一起跑步的朋友馬克，他開玩笑說，以前在麥道斯公園跑步只有二種跑法，穆哈爾跑法和穆哈爾之外的跑法，前者是以愛爾蘭國際徑賽和越野賽選手丹．穆哈爾的名字命名，他因為在一週內以繞圈的方式跑了一百英里而聞名，而且都是跑同一個方向。現在有三種跑法了。「我們就叫它克羅利跑法，這種是你想跑哪裡就跑哪裡。」馬克開玩笑地說。

森林也被視為恢復活力的空間，在那裡並不鼓勵更高強度和壓力的跑步型態。在衣索比亞的下午時分，我們有時候會跑得很慢，慢到趕著從森林地上集中枯葉來燒的婦女都能追過我們。這種跑法僅僅被當作一種治療的形式和復原的幫助，而不是訓練本身。GPS手錶在我第一次到衣索比亞的時候是相當罕見的，但很快就發現，這些手錶在這裡的用法其實跟世界其他地方的賣法和用法相當不同。某天下午當我們跑過一趟早上的高強度後又用直腿（stiff-legged）的方式爬上山丘來到森林時，我的朋友杰列克給我看了他幾週前在中國福州馬拉松賽以第二名贏來的手錶。「上面顯示我昨天燃燒了一千六百卡路里，」他說，「但坦白說，我不曉得自己該如何補充那些卡路里。」

他解釋說，他已經開始購買昂貴的進口食品，因為包裝上有標示卡路里含量，而且他也想確保自己不會因為訓練太辛苦而「失去任何東西」。我在衣索比亞的這段時間，這個擔憂將會被跑者一再提起：他們擔心會把自己逼得太緊，也擔心自己會因為訓練過度而「燃燒殆盡」。比起用手錶來看自己能跑多快，或是慶祝已經消耗了多少卡路里，就像很多人會做的那樣，他反而用手錶來看自己能在森林裡跑多慢。我們三人在森林外緣站了五分鐘停等號誌（我好奇自己在過去五年來曾在多少個街角和公園做這件事），然後當我們終於等到時，他就讓手錶開始計時，接著我們便展開熟悉的單一縱隊穿越樹林。

我們安靜跑著，只有反覆出現三件夾克的摩擦聲和六隻腳的疲累拖腳聲，直到我們聽到了響亮的嗶嗶聲。杰列克瞥了自己手腕一眼，然後就笑了。「七分十二秒！」他喊道。在接下來的日子裡，這變成了遊戲的一部分：我們發現四十分鐘內我們能跑完的距離有多麼少。可是杰列克在使用手錶一段時間後就開始前往這座城市的其他地方跑步，像是森達法的農地，他說，在那些地方付出同樣多的努力，就能「更輕鬆地跑出更長遠的距離」。在這個例子裡，GPS手錶的出現確實開始改變了他跑步的方式和地點。

不過，在其他日子裡，手錶被用來規範森林訓練內容的用途卻受到運動員的抗拒。有一次在雨季時節，我們在前往恩托托的短程旅途上，坐看雨滴從窗上流下也坐等天亮。身穿天藍色Adidas防雨厚外套的梅塞雷特教練，從他的座位轉身說明今天會是一趟「中等強度」

的跑步，他從口袋裡掏出Garmin手錶並開啟GPS功能，這支錶是團隊共用而且會依據每次的訓練內容交給不同的跑者。「我要你們都跑上一小時二十分鐘。」他說，「男生得跑十七到十八公里，女生得跑十四到十五公里。」被雇來為女性運動員配速的鐵克馬里安有自己專屬的手錶。「男生這邊，今天我會把手錶交給博蓋爾。」坐在我前面低頭蓋著帽子的博蓋爾抬起頭來揉揉眼睛，然後擦去窗上凝結的水珠，對外凝視著霧氣。今天早上他得領跑穿越森林。「我會在終點檢查公里數。」梅塞雷特在我們不情不願從巴士下車走進雨中時又說了一句。

一如往常，在像這樣的晨跑當中，你很難指出一個確切時刻來說跑步開始了。我們三兩成群地慢慢跑進樹林裡，大多數的人會在開始跑步之前把握這個機會做最後的休整，有些人則是在此時持續交談。然後，兩三人的小組會先圍繞著樹林迂迴前進，接著才解散重組成一條長龍，由博蓋爾領頭，所以我猜博蓋爾就是在這一刻讓手錶開始紀錄。在博蓋爾頻頻以髮夾彎原路折返時，我們就在漸進式的之字跑中一路蜿蜒越過山丘弧線。從尤加利樹灑落的冷雨很快就讓我們溼透了，但我們還是用極慢的速度跑著。

博蓋爾帶我們下到一個樹林茂密的谷裡，以至於二隻鬣狗突然在我們左邊的河岸四竄。跑者們興奮高呼——顯然這不是什麼罕見的事——但其中有些人還是彎腰撿了些石頭來以防萬一。我等自己心率恢復正常後，讓自己銘記在心，千萬不能掉隊，特別是這一趟；還好我夠幸運，因為我們還是保持從容的配速來繼續穿越森林。像這樣小心迂迴穿越樹林大約三十分鐘之後，其中一名跑者知道我們用這樣的速度下去不可能跑到十七公里，就對博蓋爾大喊他跑太慢了。「我們找個更好跑的地方來加速。」他說。博蓋爾沒有理會他。「這是森林訓練，」他說，「我們必須跑上跑下。」我們繼續用博蓋爾的配速前進，所以在中等配速下感到自在的我終於能有一次享受自己成為隊中從容一員的感覺，只要專心於「跟隨腳步」，跟隨前方采達特的腳步。

博蓋爾默默用他的方式來繼續穿過樹林，只有在跑了一個小時後對我們大喊，讓我們知道自己已經「消磨」了六十分鐘。當我們抵達停放巴士的空地時，他終於開始活動筋骨，於是隊伍就用最後十分鐘在這片田野上來回穿梭。等一個小時又二十分鐘到了之後，他就慢下來用走的去找梅塞雷特，讓他知道：「手錶出了點問題，我們今天沒有公里數。」我自己的手錶顯示我們跑不到十五公里。

在這種情況下按照預定的配速跑步並屈服於手錶的壓力是被認為不妥的。恩托托之所以富含特殊力量，是因為森林裡為數眾多的教堂，當我遇到美國半馬紀錄保持人萊恩．霍爾時，他告訴我恩托托是他在世界上最喜歡的跑步地點，因為「教堂都在那，讓我在那裡覺得自己可以接近上帝」，但就像博蓋爾強調的那樣，森林同樣也是用來「跑上跑下」以及用來利用山坡減輕關節壓力和減少受傷機會的地方。

我發現這些運動員對於GPS手錶的選擇性用法很有趣。Garmin主要的廣告標語是「贏過昨天的自己」（Beat Yesterday），這是資本主義與指數式增長速度之間，還有進步與加速之間存在連結的例子。但是，對衣索比亞人來說，你顯然無法每次都「贏過昨天的自己」，而且構成速度的關鍵成分就是「慢」。對於人們使用追蹤裝置來試圖改善自己生活各方面的眾多量化生活運動（quantified self movement）支持者來說，像GPS手錶這樣的科技消除了一些日常決策的壓力。就像量化生活運動的創始人蓋瑞．沃夫在《華盛頓郵報》的採訪中說的那樣：「資料（data）是你能信賴的最重要之物，有些人認為感受到的內在確定性是一種騙人的感覺。」

大多數撰寫關於自我偵測裝置的社會科學家都是採用法國哲學家米歇爾．傅柯所發展出來的「自我技藝」（technologies of the self）概念，也就是人們「對自己的身體、心靈、思想、行為與存在狀況進行操作，從而改變自己」的方式。但是這樣的裝置在衣索比亞不單跟「自我」有關，還跟其他人有關，它們被共享並用於監測團隊的配速，而不僅僅用於個人。而且比起手錶，跑者當然更信賴自己「感受到的內在確定性」。他們用創造性和選擇性的方式來使用手錶，利用它們來減速和加速的頻率一樣多，然後當他們在森林中跑步時則乾脆把它們留在家裡。

要在運動上成功，關鍵在於生理特性的精準測量，所以也在於各種驚奇或驚喜的盡除，像這樣的想法也被我所知的衣索比亞跑者質疑。關於各種二小時馬拉松計畫的文章在跑者之間的社群媒體流傳，先是雜亂無章的「Sub2 計畫」，由亞尼斯．皮西拉蒂斯主持，再來是超級華而不實的「破二挑戰」，由 Nike 贊助，最後才是成功的「Ineos 1:59 挑戰賽」，但這些都遭遇了某種程度的質疑。就我自己而言，我不喜歡這些計畫把專業界定為白人運動科學家與服裝設計師為主的領域，就拿「破二挑戰」的企圖來說，新聞報導大多聚焦在「科學與科技的投入」，而不是跑者本身的知識與技能。

舉例來說，「破二挑戰」的畫面裡有一段特別報導了菲爾．斯基巴博士的訪談，把他稱為「MD（醫學博士）效能工程師」。「我的目標是，」他說，「說一些【跑者】他們不知道的事情。問題是『我**到底**有什麼壓箱寶』？」在另一個片段中，Nike 運動研究實驗室的首席生理學家布雷特．克比說：「我們把他們帶到實驗室，然後說『讓我們對你進行全面的測試來看看你有什麼真材實料』。」這個想法就是跑者本身花了很多年去跑步並向其他跑者學習，同時夢想要成功，卻不如實驗室裡的人還來得清楚自己的「真材實料」，這種想法對我所知的跑者來說意義並不大。

Nike 的科學家在他們對「破二挑戰」的評論裡，藉由提到「引擎」與「耗油量」來不斷讓人聯想到人體馬達的比喻，然而搭配他們測試的圖像，像是肯亞馬拉松世界紀錄保持人和奧運冠軍的埃利烏德．基普喬蓋，他帶著面罩量測耗氧量的照片都在誤導人們。所有測試都是在決定以二小時馬拉松為目標之後才進行，與活動本身無關，活動始終都將由基普喬蓋和衣索比亞的雷里薩．德西薩，還有厄利垂亞的澤森內．塔德塞以二小時馬拉松的配速來盡可能地跑。雷里薩當時在波士頓與杜拜都有奪冠紀錄，而澤森內則是拿過五次半馬世界冠軍，也是世界紀錄保持人。撇開這些豐富的經驗不談，把重點放在測試做了什麼，藉此強化專業都在科學家身上的想法。好比新聞報導裡，當攝影機將鏡頭從基普喬蓋移到他身後一個拿著碼錶騎腳踏車的人時，其中一名評論員這麼說：「你可以從越過基普喬蓋肩膀的畫面看到，那些科學家騎著腳踏車，相互交流，盯著碼錶。科學確實是破二可能的關鍵。」我認為追求二小時跑完馬拉松對跑步整體來說是有益的。基普喬蓋跑出 1.59.40 的那天晚上，我在一家酒吧裡，而且讓我驚訝的是很多人似乎都在談論這件事。他的感想是「我們需要讓每個人成為社交跑者」，對此我絕對贊同，我有意見的是用那種有損於跑者本身的方式來界定專業。

正如一名年輕跑者在我快要離開衣索比亞時這樣讚揚了海勒・蓋博塞拉西擔任衣索比亞田徑總會主席的任命：「科學不適用於衣索比亞人，一個醫生不會懂得時間，一個醫生也不會跑步。如果大腦和雙腿沒有一致，就不可能跑步。」事實上，這種說法跟埃利烏德・基普喬蓋的哲學相距不遠。「跑步就是思考。」他很喜歡這麼說。不過，比起聚焦在這些參與的運動員和他們體現的專業上面，這些計畫全都傾向於聚焦在那些資助運動員的人和他們的專業。參與「破二挑戰」的三位跑者都被呈現為為這項計畫帶來信仰與「精神」的原料，也是 Nike 科學家可以用來研究的一具單純肉體。衣索比亞的選手雷里薩・德西薩被一名評論員形容成一個「快樂的人」。「我想他會把那樣的精神帶到這種可能性中。」他補充說，厄利垂亞的澤森內・塔德塞被引述為：「如果你付出努力，接下來就是上帝的工作。」

在整部影片當中，這些選手自己的手錶還有他們自有的時間感和韻律感都被描述成過時的東西，因為 Nike 提供了更為出色的計時技術。事實上，當澤森內在挑戰開始時按下他手錶的計時功能——這是許多跑者在開始比賽時的慣用手勢——這個動作引起了評論團隊的訕笑。「我發現澤森內很有趣，他在起跑的時候按下了他手錶的計時功能。」一個評論員說，「他並不相信我們現場那個非常複雜的計時。」這裡暗示的是，Nike 掌握了關於時間的深奧知識，這是他不被期待能夠匹配的。然而，正如少數受邀前來報導這項挑戰的其中一位記者艾力克斯．哈欽森所評論的那樣，許多的科學干預都被認可為不可靠，他們發現「很難預測」基普喬蓋會怎麼跑，「因為他到實驗室接受測試時是他第一次站上跑步機」。根據哈欽森的說法，他「看起來極為不自在」。

哈欽森指出，這些參與測試的運動科學家要求雷里薩在自己訓練的期間配戴一只手錶，以便他們能從俄勒岡州接收GPS的資料，但從資料看到的跑步總量卻也讓他們大吃一驚。當我向海利提及此事時，他皺著眉頭說「沒錯，可是那只錶可能不是一直由他戴著」，就好像這是不言而喻的事。他肯定會在某些時候把錶借給其他跑者，也可能沒有戴錶就自己做了一些跑步訓練。杰列克、采達特和其他人對聚焦於二小時的馬拉松比賽有興趣，但對於它可能對自己的職涯產生影響也謹慎以對。因為馬拉松的最快時間已經越來越不可能突破，所以可以期待人們為了取得品牌贊助而跑，或是為了拿到比賽的破紀錄獎金而跑的次數也在減少。只聚焦在時間上，也被理解為施加更多壓力在跑者身上，而且這麼做也會帶來更多不堪疲累的機會，進而增加人們陷入毒品的可能。

學著跑之字穿越森林，還有用特殊方式來利用各種地面和坡度，就跟在學著依手錶來跑的同時培養身為跑者的專業一樣重要。憑直覺與創意跑步，還有知道什麼時候該專注於緩慢而非速度，都是重要的技能，也是其他一切的基礎依據。用降低關節壓力和減少重複動作的方式來跑步，人們就能做到更多，這是采達特很想強調的部分，而且這麼做有時還會反過來讓人做出瘋狂的事情。

⑯編按：英文「aspiration」既是「呼吸」的意思，也是「希望」的意思。

⑰編按：美國心理學家詹姆斯．吉布森（James Gibson）提出的概念，指的是環境與動物之間交互作用的特質，它決定了動物的行為結果。

7 瘋狂是好事

「我們將會在阿拉喜做很多跑步訓練。」比爾哈努警告我說。莫約運動隊裡有好幾位來自某個小型俱樂部的跑者，這個小型俱樂部是由阿姆哈拉水利工程建設公司所贊助，公司位於衣索比亞北部山區的貢達，而比爾哈努．阿迪西就是這些跑者之中的第一人。他在衣索比亞最高峰的拉斯達什恩附近長大，那裡位在海拔四千五百五十公尺，而且用了自己的部分獎金來幫家人建立徒步旅行的業務，負責帶遊客上山。阿比爾和薩拉米洪和他來自同一個俱樂部，而且都在他的推薦之下與莫約運動簽約。聽比爾哈努聊過馬拉松訓練後，我說了我想在他為羅馬馬拉松練跑時參與他部分的練跑。

「那我們最好帶上法西爾。」他想了一會後說。

「為什麼是法西爾?」我問。

「因為法西爾,」他說,「很瘋狂。」

「所以瘋狂是好事嗎?」我問。

「瘋狂是好事。」他回答,露齒而笑。

你是如何在超重五公斤而且已經三週沒跑的狀況下,只經過五週訓練就跑出一場 2.09 的馬拉松?儘管比爾哈努在訓練時光彩奪目,他還是退出了前三次賽事,他似乎已經在這個級別失去了成功所需的某些熱情。在六個月之前的上海馬拉松,他用驚人又自殺式的 13.32 跑了五公里,但是並沒有持續太久。我問他關於這件事時,他告訴我他的腿因為路面蒸騰的「水蒸氣」而出了點問題。他的下場比賽在奈及利亞,在賽前的鍛鍊中我問他和他的朋友阿比爾感覺如何,阿比爾說:「這將會有難度,但我已經下定決心,再也不要中途退賽,就算我會昏倒在終點。」比爾哈努則說:「我不知道,麥克。我聽說天氣會很熱。」我傳了一封簡訊給他的經理人馬爾科姆,告訴他我擔心比爾哈努缺乏自信心。阿比爾獲得第八名,贏得四千美元,還出現在 Twitter 上的一張照片中,照片中的他癱倒在柏油路上的一塊床墊,志工們正在往他頭上倒冷水。雖然他必須打點滴,但他說到做到。比爾哈努剛跑過十五公里就退賽了,問題還是出在他的腿上,這次不只是「水蒸氣」而已,他告訴我,他在起跑線上被一名奈及利亞的選手踢到。「比賽中你只能專注在一件事上。」他後來說，「你不能同時想著跑步、想著保護自己又想著熱氣。」

他從奈及利亞返回後，海利和我跟他約在西魯特咖啡館碰面，他點了一個披薩。海利見狀挑了眉，但什麼也沒說，比爾哈努已經夠沮喪了。他喜好暴食義大利菜的程度已經讓他從其他跑者那裡贏得「比爾哈努披薩」的暱稱。幾週前，我在這裡見他吃了一大碗義大利麵，之後又點了一份外帶披薩。他走出咖啡館時難為情地對我露齒而笑，然後說：「你懂的，我怕晚上會餓。」我們聊到他在奈及利亞發生的事情，他說自己在賽前就感到不對勁。他談到專心致志的重要性和不「分心」的重要性。他已經決定要在接下來的幾週將羅馬馬拉松以外的一切置之腦後。

當我們走在回家的上坡路上，海利說他覺得四旬期（Lent）齋戒的開始將會有所助益。持續五十五天齋戒直到衣索比亞曆上的復活節為止，這表示比爾哈努將會斷絕所有肉類與奶製品。東正教徒裡有很多是素食主義者，有一種主要由蔬菜和穀物組成的簡單飲食方式，是所有東正教徒在一整年內都會定期於週三和週五以及特殊齋戒期間採用的飲食方式。海利認為今年四旬期的齋戒時機將有助於比爾哈努，其中一個原因就是不會再有披薩了。我同意，但我認為這樣的轉變將不會只出現在飲食面，心理面也會有所轉變：齋戒代表一個明確的斷絕和一個淨化身心並重新開始的機會。再次見到比爾哈努時，我問他五週用來準備一場馬拉松是否真的夠久。「五週算久。」他說，然後用一個意味深長的眼神看著我，「如果你用我的方式訓練。」四旬期的齋戒不會讓訓練更困難嗎？我問。「困難是好事，麥克。」他簡單回應，「這可是馬拉松。」

我建議第一週的訓練要相對溫和，這樣他才能慢慢回到完整的訓練。「我們每天會跑二到三小時，但沒有團體訓練。」他說，「週日也是如此。」週日歷來都是衣索比亞運動員的休息日。「週日會訓練三個小時。」他說，「三個小時剛好。」他跟我說他已經答應法西爾要在隔天會合去阿拉喜跑二個半小時。「Arat Shi」（阿拉喜）的字面意思就是四千，是預估的海拔高度，實際上並沒有那麼高，但跟往常一樣，重要的是對海拔高度的信仰。通常會持續二週的短暫高原雨季「Belg」，今年已經超過了，而且好像會持續到主要的雨季開始。森林的某些區域已變成黏土狀的紅褐色煩人泥巴，只要黏上運動鞋的鞋底就無法甩掉，這也是前往阿拉喜的另一個原因，這會讓訓練變得更困難。困難是好事。

＊＊＊

當我們跟法西爾在隔天早上六點前碰面時，天還沒亮。他前一天早上跑了三十九公里，然後傍晚又跑了另外九公里，所以我本來預期他會相當疲憊，結果他臉上還是掛著燦爛的笑容，而且明顯迫不及待想要出發。「法西爾完全是個情感豐富的人。」比爾哈努告訴我。這點顯然讓他在跑山坡上成為領跑二個半小時的最佳人選。「你今天早上不覺得累嗎？」我問他。「我從不覺得累！」（**I am never tired!**）他滿臉笑容回答。這已經變成一句名言，四個字的英語句子，在阿姆哈拉語裡用一個字表現：「**aldekemegnem**」。那麼，我想我們已經可以開始跑了。

阿拉喜是一條距離住宅區二十分鐘路程的上坡步道，等我們抵達的時候我的肚子已經在咕嚕叫了。我們走過幾條夾在波紋鐵皮屋之間的碎石街道，經過幾間剛蓋好的大房子。比爾哈努和法西爾都知道到底是誰擁有這些房子，有些是衣索比亞航空的機師所有，他們開賓士車，而且從免稅進口商品賺到的錢據說跟他們開飛機賺的一樣多。不過，這些房子大多是跑者所有。「令人印象深刻的地方。」我說。「哈格斯・葛布里維特。」法西爾回應我，他說的是衣索比亞那位著名的五千公尺跑者，他不僅在最近二次世界錦標賽中都有奪牌，也是少數在終點衝刺中擊敗莫・法拉的其中一人。「那個地方多少算是一座宮殿。」我指著一棟三層樓的房子說，上面有一個大陽臺和三臺顯眼的監視器。「格蒂・瓦米。」法希爾說完露齒而笑。格蒂曾是一萬公尺的世界冠軍，也是柏林馬拉松的冠軍，我記得自己看過他與保拉・拉德克利夫比賽。這裡的每個角落都提醒你跑步的獎金有多麼優渥。

當我們走上山坡時，兩旁的波紋鐵皮屋換成了木頭圍欄，然後小小的「露天市場」也變得越來越密集。這些都是一些小巧方便的攤位，當你越往山上的森林走去，這些攤位也變得越小，他們賣的香蕉也越貴。鎮上的香蕉是十五比爾，到了半山腰是十六比爾，然後來到森林外緣則是十七比爾，這證明了把它們拖運到這裡的難度。我們在前往森林的路上經過了三座教堂，於是法西爾和比爾哈努都一一停留了一分鐘左右，在自己身上畫十字並低下頭來喃喃自語。我尷尬地逗留在那，我是唯一經過教堂卻沒有致意的人。這裡昨天下午下了一場不合時節的大雨，所以等我們抵達森林時，我們的鞋底早就多了一層黏土狀的泥巴，法西爾在我們開始跑步前停了下來把它仔細刮掉，但這個舉動在我看來是徒勞，因為我們將要在森林裡跑上二個半小時。

我們跟平常一樣緩慢起跑，一路迂迴前進，穿過密密麻麻的樹木。我現在已經習慣這種跑法，所以當法西爾突然決定要從右邊繞樹木迴轉，或是突然以九十度轉彎來屈身閃過低垂的樹枝時，我也不再感到驚訝。我們在下到小峽谷之前，就像一艘迎風換舷的船，用循序漸進的之字跑爬上長坡。這條路線甚至比平常還要難跑，法西爾好像是在剔除泥巴最多的地方和碎石最鬆動的坡地。最後我們跑到了小峽谷裡，那裡唯一的出路就是從帶有一英寸長刺的灌木叢間往上爬，其中有一根刺還設法要讓自己扎在我的頭上。在我們小心走了幾分鐘，將自己拉回樹根滿布的斜坡之後，也是在我把頭上的刺拔下來以後，我鼓起勇氣問：「我們能不能跑上面那些輕鬆的小路就好？」他露齒而笑然後聳聳肩，就好像是在說：「那還有什麼樂趣呢？」

幾分鐘後，我開始被惹惱了，先是被法西爾然後是被我自己，但我知道自己只是心情不好，因為我筋疲力盡了。「我打算回到上面然後找個比較輕鬆的地方來一個人跑。」我說。「不，不行，」他對我說，「這裡有太多鬣狗了。」噢。我繼續跟著他穿過山谷，那些散亂的樹木帶著卡通般的荒謬長刺，越看就越像《獅子王》（*The Lion King*）裡的刀疤巢穴。我曾被警告過關於森林的某些區域，也在不同地方聽到過去幾年內有人數一到八不等的跑者在森林裡獨自跑步時被鬣狗「吃掉」的傳聞。法西爾告訴我，去年他不小心一個人跑進了空地中央，然後就發現自己被包圍了。他說他當時慢慢後退，對牠們說：「我只是來這裡工作，請別打擾我。」他的方法奏效了，但我沒有特別想要這種經驗。我別無選擇，只能在泥巴裡繼續奮鬥。

我轉身看看比爾哈努的狀況，他跟在後面，神情平靜。他為了稍微增加難度而穿了二件運動服，但是他的額頭上一滴汗珠也沒有。我們的每一隻鞋底現在都在地上拖著一英寸厚的沈重泥巴。他對我露出一個鼓勵的微笑，當他要法西爾來領跑時，他想要的顯然就是這種情況。比爾哈努是超資深的運動員，不但贏過阿姆哈拉地區賽事的一萬公尺冠軍，還出國參賽多次，因此，要是由他來帶領我們練跑並不意外，只不過他被法西爾的「新鮮感」給吸引了：他跑步比較沒有訓練應該要怎樣的包袱，因此會讓事情在某種程度上變得有趣。我們拖著身子上到另一個陡坡，呼吸的劇烈呼氣在陰鬱的早晨空氣中化為霧氣。

我們最後跑進一片空地，在那裡我們能跑得自在些，回到平常的跑步模式。法西爾特別喜歡從山邊的密林開始跑，在那裡每一步你都得仔細思考落腳處，同時閃避樹根與低垂的樹枝，然後在熱身完畢後再去尋找更寬闊的地面。在我們因為進入樹叢或面對很多石頭的下坡而再次減速之前，隨著我們逐漸加速，法西爾屈身用更小的角度急轉彎繞過樹木，然後在比較平滑的地面上加速。從森林裡最崎嶇的地面開始跑就能確保我們不會一開始就跑太快，他在這片空地上邁開步伐，然後我們才開始認真跑。這一趟練跑變成了環境主導的「法特雷克」，我們先在好跑的地面上快跑，然後在進入森林或穿越約略犁過的耕地時才再次放慢速度。

在我開始疲勞時，景色變得更加壯觀，但我卻越來越無力欣賞。當我想辦法抬頭看時，我只認得今天早上在一片橫跨高原的薄雲下，那座被籠罩的城市。我心無旁鶩地跟隨法西爾的腳步，然後就只是堅持下去。我隱約意識到從我餘光閃過的田野和樹林，尤加利樹、尤加利樹、樹根、空地、樹幹、尤加利樹。但我當下主要是集中注意力對內而不是對外，集中在每一次落腳的感覺和肺部的喘鳴聲，還有雙腿的疼痛。「絕對純粹的專注是禱告。」哲學家西蒙娜．韋伊寫道。跑步一直是我最接近宗教經驗的時刻。最後一小時慢得難以想像。

我們終於在距離出發地幾公里的地方停了下來，時間剛好就是二個半小時，所以訓練結束了。法西爾在過去幾分鐘裡一直在偷瞄他的錶，但我小心指出我們的訓練時間已經結束了，他如果超出安排好的時間幾秒鐘，就很有可能會決定多跑十分鐘，這樣我們就能結束在一個不錯的整數，但我今天沒有心情這麼做。他開始猛咳，當我們都還處於昨天非常疲憊的狀態下，我並不是唯一個吃力爬上最後山坡的人。他捶捶胸口說「*Akayelegn*」（它在燃燒）。

他跟比爾哈努幾乎是立刻就展開一連串的快步操練和衝刺練習，他們鞋子上的泥巴也終於被甩掉了。「跑了這麼久還這樣做，真的好嗎？」我用英語問比爾哈努。他聽不懂，只說了一聲「來吧」，示意要我加入練習。我的雙腿累壞了，我坐在一塊大石頭上等他們。法西爾是天生好手，一年前才開始跑步，他用最快的速度跑下一條人跡罕至的小路，用他前足的部位重重踩在地面上，然後利用手臂推動自己前進。他的步伐還有些不流暢，需要磨練，但你永遠看不出他是新手。比爾哈努的步伐具有很快的加速所以他有穩定的效率，他的鞋底在他「跟隨法西爾的腳步」時於他身後一閃而過。當他們跑了四趟動作完全一致的衝刺後，一個牧童出現在路上，他得在他們飛奔而過時把綿羊趕離路面，然後在他們離自己遠去時對這些跑者吶喊打氣。

我的手錶顯示，我們已經以每公里4.45的配速跑了三十一公里。以我疲勞的程度來看，這似乎非常慢，但就像比爾哈努指出的：「那是因為上下起伏的緣故。」這是保守的說法，我們不可能在平地花超過十分鐘，而且因為努力在陡坡上保持上身直立，我的小腿外側正在陣陣作痛。比爾哈努像拳擊手一樣用兩腳交替跳來跳去，就好像跑步的動能在迫使他繼續前進，看起來欣喜若狂。「明天，跑三小時！」他燦笑，「這裡的空氣美好！」

這種說法很常聽到，跑者會用「美好」（nice）、「特別」（special）或「強大」（powerful）來形容不同區域的森林空氣。我們的教練梅塞雷特認為這是在理解高海拔科學時的不理智想法。「他們認為去到越高的地方會有越多氧氣，」他告訴我，「而且你可以從空氣本身獲得能量。」當他說到這個他就搖起了頭。「他們不懂能量是來自食物。」他說，「他們認為自己可以從空氣和樹林獲得能量，所以他們不必吃東西，他們覺得自己是植物！」

不過，我們認為他們的理解其實跟他一樣，藉由來到這裡訓練，你的血液裡會獲得更多氧氣，因為含氧量低會刺激紅血球生成素自然生成，進而刺激紅血球生成，然後增加你身體的血液攜氧能力，這麼一來，當你回到二千五百公尺的「低」地時，反而會賦予你更多能量。待在上面，待在熙來攘往的城市生活之上，同樣有它的意義，感覺就像你正在超越平凡，運用某種高超的魔力。上面那裡沒有人煙，只有我們和那些鬣狗。這讓待在上面這件事，感覺就像我們正在做一些大膽的事，一些特別的事。

我們已經在距離房子四十分鐘步行路程的地方結束練跑，而我早在開始訓練前就餓了。法西爾一直關切地拍拍我的肩膀，每隔幾分鐘就問我一次：「*Dekamah zare?*」（你今天累嗎？）「是的。」我用英語回答他，「要是你沒選那種可能是最難也最危險的路線，我早就跑完了，而且還不用跋涉好幾個小時回家。」他苦笑，只說「*Ayzoh, ayzoh*（堅持下去）」，而我的怒氣也在我們走下山坡的時候漸漸消去。我覺得自己是在長途車程上耍任性的小孩。我慢慢地跋涉，法西爾一副精力充沛的模樣，完全不受影響，走路時腳步躍動、手臂擺動，在我們走下山坡時親切地拉著我的手。衣索比亞的男人經常會牽手，我一開始很訝異，但現在已經習慣了。「*Ayzoh*」他又說了一次。這次練跑很辛苦，但現在結束了，我們可以休息了。可憐的法西爾，比我強壯並不是他的錯，我很高興他不能理解我發的小脾氣。

我們為了喝「tella」（經過輕度發酵的啤酒）在回家的路上停留。我坐在樹樁上試飲我的啤酒，從裡面挑出一根奇怪的稻草，陷入了想解渴又不想管胃部不適的難題。法西爾喝了二公升，而且他看起來就像可以重頭再跑一次。

＊＊＊

帶領布拉德利．威金斯、克里斯．弗魯姆、傑蘭特．托馬斯、伊根．伯納爾拿下環法自行車賽榮耀的 Ineos 車隊（前天空車隊），它的總經理和首席導師戴維．布萊斯福特讓「邊際利得」的概念廣為人知。這個概念是，如果你在營養、復原和傷害預防方面把一些小事做得比別人好也比別人充分，那麼這些就會累積成可觀的進步。天空車隊無論去到哪裡比賽，成員都會睡在特殊的床墊上，這些床墊由團隊巴士載著，讓巴士成了有效率的移動飯店和 Spa。營養專家會將個人專屬的餐點送到他們的住處。他們竭盡所能，只為了盡可能減少訓練以外的消耗並加速恢復。這個想法也延伸到了跑步上。英里賽的美國紀錄保持人艾倫．韋伯以前每天都會計算自己用於跑步之外的步數，試著要在訓練以外的時候盡量減少自己的用腳時數。跑者們也談論到訓練後的「二十分鐘黃金時間」（20-minure window），根據運動科學家的說法，想要快速復原的話，你就要在這段關鍵時間內吃下含有碳水化合物和蛋白質的東西。

那麼衣索比亞人對此有什麼看法？在森巴塔訓練一週後，我們在離開的時候遇上了塞車，花了二個多小時才回到城鎮。梅塞雷特教練在路上建議我們中途到鎮上的體育場稍做停留，觀看一下阿迪斯阿巴巴的一萬公尺賽事，那裡之所以簡稱為「體育場」是因為那是唯一的一座。我們剛好趕上了上午十點的第一場比賽，所以坐在陽光下看了一場「A」賽事和「B」賽事⑱，這時已經來到上午十一點半。我們從前一晚到現在都沒人吃過東西，而且我們都在凌晨四點半起床。從我們結束跑步到現在已經過了三個多小時，我轉向梅塞雷特說：「我們什麼時候要去吃早餐？我快餓死了。」他笑笑，拍拍我的膝蓋。「別擔心，麥克！」他說，「你會變強壯的。」

在「訓練項目之外」的日子，我們要走至少二十五分鐘去訓練然後再花同樣的時間走回來，所以讓這麼多跑者在每次跑後掛心的「二十分鐘黃金時間」，我們沒有人能趕上。像恢復飲料和蛋白奶昔這些大多西方運動員認為有效的飲品，在這裡也特別少見，儘管它們的使用頻率有增加的趨勢，尤其是在比較富裕的運動員之間。當我向多數的跑者問到這些東西時，他們告訴我阿比比．比基拉是仰賴「injera」和「beso」來跑步，而且他的表現非常好。「Injera」是一種薄餅狀的麵包，而「beso」則是最簡單的補給飲品，是用烘焙過的大麥粉和幾茶匙的糖或蜂蜜一起搖盪，我們一天總是喝至少幾公升。「這是衣索比亞的能量棒。」鐵克馬里安告訴我。

那走路呢？我問海利，直接從門口開始跑是不是更好，我們可以提早結束訓練。「除此之外，」我說，「所有這些走動不會讓人疲憊不堪嗎？」他搖搖頭。「他們大多在農場長大，距離最近的馬路有好幾英里遠，他們很習慣走好幾個小時，這對他們來說很簡單。」他告訴我，所有的步行都只是額外的訓練。「累有什麼問題？」他說，「這就是跑步。」

那睡眠呢？保拉．拉德克利夫以前每天下午都會規律地午睡二小時。根據報導，歷來最偉大的美國長跑選手蓋倫．魯普每二十四小時就要睡滿十四小時。人們對東非跑者妄加臆斷的其中一點就是：「他們就只是一味地吃飯、睡覺和跑步。」可是，跟我一起訓練的跑者很少有一晚睡超過七小時的，他們有很多人都是跟另一個跑者共用一張床，睡在水泥地的薄床墊上，沒有為他們訂製的床墊。他們經常會在下午「休息」，但其中通常會有二、三個人待在房間裡聽收音機。往往都是二個跑者在聊天，第三個蓋著毛巾躺著，就像要做防腐處理的屍體一樣，像他們那樣是無法獲得充足睡眠的。在我們住的住宅區裡，狗會叫整晚，然後轉角的教堂會早早就在凌晨四點開始唱詩。多數的夜晚我都會被外面發生的事情吵醒好幾次。但不管怎樣我們都會確實抓緊時間睡覺，尤其是斷電讓晚上六點的住宅區一片漆黑時。

「*Mebrat tafa, Hailye tafa*（當燈熄滅，海利也罷工了）」法西爾開玩笑說。

法西爾、比爾哈努和我及時回到住宅區，就在我們敲著大門時突然下起大雨。衣索比亞沒有毛毛雨，一下就是傾盆大雨，大顆的雨滴快速落在地上，很快就在各街道化成一條條小溪。我們躲進海利的屋子，他指著這場雨說：「我就知道會這樣，我來做『kikil』。」這是開始復活節齋戒前的最後一天，所以我們要充分利用這天來吃一頓最明顯跟「狀態」有關的一餐。「Kikil」是一種熬煮肉和富含骨髓的骨頭而成的辛辣湯品，而海利也不是鬧著玩的，他取回一個袋子，裡頭裝著今天早上買的二公斤肉，還準備了一個大鍋子。

他把通往屋子的門稍稍打開，讓滂沱的雨聲聽起來更吵，然後在屋內角落點燃爐灶底部的木炭。房間很快就充滿煙霧，變得悶熱不堪，海利向我保證這是避免因為雨季而感冒的好方法。等湯也開始滾了，混著蒸氣的煙霧讓我幾乎看不見待在屋內另一側的法西爾和比爾哈努。我們耐心地坐在那聽雨聲，發現我們今天接下來除了吃飯和休息之外幾乎無事可做。

我問法西爾關於今天早上他為我們選的跑步路線，他是不是故意想增加難度？海利翻譯了我的問題。答案很簡單：「沒錯。」「為什麼？」海利問他。「*Akayelegn*」因為它在燃燒，又是一個簡潔的回答。「你必須跑上跑下，跑在難跑的地面上。」法西爾繼續說，重申之前對我說過的事情。「你必須穿越碎石，爬上山坡，通過泥濘，這樣你才會獲得耐力和力量。

這麼做會賦予你一切。」

法西爾笑笑，開始用阿姆哈拉語以連珠炮的方式說話，我很難跟上。「他在說什麼？」我問海利。「只是一種諺語。」海利回答，「他說從前曾有一個懂很多東西的牧師：他能讀三種語言，而且寫了很多宗教議題的書，是一個非常重要的人。他的妻子也覺得自己很聰明，畢竟她是跟這位牧師結婚。但有一天，他去了修道院幾天，然後她就在河裡把他的所有聖經洗過。」「這樣啊……。」我回應。但我並不明白。「那到底是什麼意思？」我問。「我不知道！」海利笑了。不過，我想法西爾想說的大概是：「你如今已經花了八個月跟我們待在一起，問了我們許多問題，還記下不少事，但你還是一無所知。」

看來，我還有一段路要走，而且這讓我想到我有多感激自己每晚都能跟我的伴侶羅瑟琳聊聊我在衣索比亞的經歷，儘管WhatsApp的連線時好時壞。她正在薩默塞特的馬廄裡度過漫長的日子，沉浸在清理馬廄、照顧馬匹和騎馬的日常工作裡，還有試著去搞懂為什麼跟馬相處可以幫助自閉症兒童開口說話。在一天結束之際，她跟我一樣疲累，但是當我們能夠一起吐露當天發生的事情時，這會讓民族誌的進行過程不再那麼孤單。

我跟紐西蘭人贊恩・羅伯遜聯繫，過去十年他與自己的兄弟傑克幾乎都在東非度過⑲，所以關於森林他想說的如下：

我個人認為衣索比亞人是在扭轉乾坤。對平常跑者來說，他們跑步的某些地方肯定是既瘋狂又不可能跑的。我之所以適應這點是因為我在輕度日時別無選擇而被迫這麼做。我認為森林訓練會讓頭腦忙碌，讓雙腿和雙腳變強壯，也讓敏捷度增加。這是驚人的好處，但也是受傷的巨大風險。適應並克服是衣索比亞人擅長的部分。

我最後是在線上聯繫贊恩，因為每次我見到他在衣索比亞訓練，通常都戴著一副Beats的貼耳式耳機，那種專注的模樣讓我不想打擾他。而且他能比我更完整地展現出衣索比亞跑者的生活方式，所以獲得了一些驚人的表現，包括59.47的半馬紀錄。不過，我覺得他對森林訓練的理解是說得通的，環境不僅迫使敏捷度增加還鍛鍊力量，就算這麼做會讓受傷的風險變高。這麼做在某種意義上提高了賭注：如果你能熬過森林訓練，你就會變得更強壯。他的下文是這麼說的：

衣索比亞跑者在精神面上非常堅強，他們選擇「做或死」。從體能狀態來看，他們之中有些人並非有天賦的跑者。他們的成功關鍵就在於把自己發到的牌當作自己想要的牌來玩。

就像是在同時總結他的方法和許多我所知道衣索比亞人的，他用四個表情符號作為訊息結尾：祈禱的手、百分之百的符號、微笑的臉、收縮的二頭肌。贊恩讓我想到運動哲學家伯爾納德·舒茲，他將運動定義為「自願接受不必要的阻礙」。接受更多的阻礙，贊恩建議，因為那會為有能力克服它們的人帶來進步。

海利、法西爾和我聽著雨聲度過了一天，期間除了夾雜來自海利手機的微弱音樂聲，我們還吃了無數碗的「kikil」。「再多點！」法西爾不停地說，「這是為了未來二個月的『狀態』。」肉很美味，從骨頭上脫離後，我們會將骨頭劈開以食用骨髓。理論上，這會讓我們的骨頭和關節恢復活力，讓我們能承受正在進行的跑步。屋內現在就像個火爐，汗水從我的額頭滴下。我聽話地吃了五六碗湯後，就在沙發上打起瞌睡，旁邊的比爾哈努早就因為有節奏的雨滴聲而昏昏欲睡，頭上還蓋了一條肯亞航空公司的毯子，那是他去拉各斯跑完馬拉松後在回程路上買的。

海利正在搖我的肩膀，然後我醒來就看到法西爾正在屋內另一側的椅子上繫他跑鞋的鞋帶，於是我意識到，情況不妙。「發生了什麼事？」我說。「雨停了。」海利說，「下午的訓練。」「但我們早上跑了二個半小時。」我抗議，遲疑地站了起來，感覺到自己的雙腿有多麼沈重。他的回應是：「沒錯，但是我們吃了『kikil』，所以我們應該要跑。」我不懂其中的邏輯，但是我決定接受它，所以走去門邊拿我那雙結滿泥塊的鞋子。「雨下了好幾個小時，所以這一趟只會跑得很慢。」他說，「為了復原。」住宅區中央的小菜園完全被雨水浸透了，雨水還是從香蕉葉上滴落。碎石路上到處都是褐色的巨大水坑，這條路會通往最近的森林區域，這讓我鬆了一口氣。

海利早上因為他要陪女朋友庫米詩去辦簽證，所以沒有跑步，他生氣勃勃的模樣似乎令人擔憂。「我來領跑。」他說，「我在森林這區跑了很多年，我能夠避開爛泥。」考量到我光是走在路邊散布的爛泥就滑來滑去，我對他的說法半信半疑。不過，我們一開始跑步，海利確實設法避開了最險惡的爛泥，還設法刮掉了累積在鞋底中間的那層泥，我試著這樣做但卻差點把自己絆倒，我們早上那趟已經讓我澈底精疲力盡了。

我們像往常一樣爬上斜坡，避開紅褐色的小路並緊貼路邊的草叢前進，而且大多時候都保持上半身直立。天又開始下雨，我們很快就濕透了，但還是一路爬上斜坡，跳過大雨形成的小河。「Kikil」在我胃裡不詳地翻攪，但海利像障礙賽選手一樣跳過水坑，從頭到尾顯然都樂在其中，而且他的熱情會傳染。我們在大約五十分鐘過後抵達山頂，然後他開始沿著一條長長的對角線穿越樹林下山，過程中我被他那飛快的腳跟濺得滿身泥濘。

我們在一條一英尺寬的通道中衝刺，為這趟練跑劃下句點，而通道裡的雨水此刻已經半滿，我們就像是在某種木造的引水槽裡跑步，水往兩側飛濺出去。海利減速成慢跑，然後轉過身來看我們是否有跟上，臉上掛著燦爛的笑容。當我喘了口氣後，我說：「那還真是不尋常的『輕鬆』跑。」「我玩得太開心了。」他說。我轉向比爾哈努和法西爾，他們看起來可以在森林裡開心地再跑一小時。「如果你可以讓事情變有趣，事情就會簡單很多。」海利補充道。我完全同意。當我們在雨中漫步回住宅區時，我感到興高采烈，我從來沒有在一天之內跑過三個半小時。

＊＊＊

幾週後，比爾哈努打電話邀我去他那喝果汁。在他開始為比賽訓練之前，他去了趟非洲最大的市場麥卡托，給自己買了一臺中國的果汁機，他已經決定不能再去咖啡館和打撞球了。這用阿姆哈拉語來說就是從事「zur」，字面上的意思是「圈數」（laps）。當你這麼努力訓練時，「zur」是用於描述跑道，但這個字也能指任何介於各項訓練內容之間會讓你無法好好休息的活動。如果你去商店，你就是在從事「zur」，或是如果你去拜訪朋友或前往衣索比亞田徑總會拿放行通知書。在跑道之外，「zur」不但非常糟糕還要不惜一切代價去避免，所以比爾哈努告訴我，他已經下定決心不再花時間「幫咖啡館暖座」，接下來就是三小時的跑步和大量的酪梨汁在等他。

針對他為羅馬賽事所進行的訓練，我請他再約略說些細節。「首先，是森林。」他告訴我。這是奠定基礎的地方，他跟我說，他跑得越高自己可以用來訓練的配速就越慢，但有氧訓練還是能獲得不可思議的效果。「如果你在恩托托訓練，你可以跑到海拔三千五百公尺的地方。」他說，「在那裡，你的配速可以降到每公里六分鐘，但是當你下山後你會跑得飛快。」跑完森林後就是顛簸路「coroconch」，他說，這是要讓雙腿準備參加馬拉松賽的下一個階段。顛簸路提供了更結實的地面，在上面你能跑得更快一些，但還是一條具有挑戰性的崎嶇路。「coroconch」的路從來沒有平坦過，所以你得仔細思考你的落腳處，這依然是非常辛苦的工作。

在他用新的制度訓練幾週後，我們去了趟森達法，但我還是很難相信比爾哈努的五週計畫是可行的。不過，轉變卻來得既突然又具有戲劇性，比爾哈努裹著肯亞航空公司的毯子，搭上巴士去訓練。他的眼睛炯炯有神，顴骨又變得分明，一定是瘦了三公斤。他心照不宣地靠向我，然後用英語說：「我想我正在邁向羅馬賽的冠軍。」

在跑顛簸路的二個半小時裡，我在一小時又四十五分時中途脫隊，及時攀上巴士以看著他在最後的四十五分鐘甩開大家，他的手臂在胸前劇烈擺動，但這明顯浪費能量的動作卻沒有對他造成任何影響。他在兩個半小時內跑了四十公里，其中有一千四百公尺是在海拔兩千五百五十公尺到兩千八百公尺的高度之間爬升。當他擠上車時，我對他說：「比爾哈努，你知道嗎？我想你可能是對的。」

最後一個階段是柏油路訓練。就算是最老練的衣索比亞馬拉松跑者，一週最多也只會在道路上訓練一次，而且總是在週五。沒有人會在成長期的時候跑柏油路，要等到十八歲之後。比爾哈努在貢達跑了四年，才第一次踏上柏油路。柏油路被視為一種過於艱難的地面，它會耗盡你的能量。以上，就是簡單的三階段過程，直到你發現比爾哈努在五週內已經跑了將近一千五百公里。「羅馬賽有一半已經是你的囊中物了！」我對他說。「不切實際。」他繃著臉回應。比爾哈努為這場馬拉松所做的鍛鍊是一個年輕運動員在訓練時的迷你版軌跡，首先，他在森林裡花十天讓自己變強壯，然後在「coroconch」上跑，最後他在柏油路上磨練自己的速度。這又是一個逐漸適應的過程，你先習慣地面，再習慣速度。

一旦比爾哈努完成了大規模的「coroconch」練跑，他便知道自己已經可以在柏油路上進行二項大規模的訓練內容：全速跑三十公里以及用比賽的配速或更快的速度跑五次四公里。就他的情況來說，這個最終的訓練內容才是真正的指標。他在海拔二千二百公里的高度以每公里三分鐘的配速來跑他四公里的練習次數——這是 2.06 的馬拉松配速——然後再用 4.00 的配速跑一公里來恢復。他知道衣索比亞只有非常少的人能做到這件事，由此推測全世界也沒幾人能做到。他認為自己已經能從容面對羅馬的賽事，甚至是可怕的硬石路[20]。

幾天後我在同一間咖啡館遇到他，他五週前曾在這裡難為情地點了一份披薩，在前往羅馬的路上他將從這裡搭坐計程車到機場。他用一個二公升的罐子啜飲著芒果汁，經過五週的努力，他的舉止完全改變了。「嘿，比爾哈努。」我在臨別時祝他好運並問他，「你知道阿比比．比基拉在羅馬跑的那一次吧？」「我當然知道。」他告訴我，伸手脫下他的鞋子，將它們高高舉起。「如果我遙遙領先，我會像這樣跑完最後幾百公尺。」[21]

⑱編按：運動教練通常會把賽事依據重要性分成「A」、「B」、「C」三種，以方便和運動員溝通，「A賽事」是指運動員的目標賽事，「B賽事」是指有助於運動員邁向「A賽事」目標的賽事，「C賽事」是指運動員用來當作訓練賽的賽事。

⑲編按：贊恩．羅伯遜是紐西蘭籍的中長跑運動員，但他和雙胞胎兄弟傑克於十七歲時為了跑步移居到肯亞的伊藤小鎮。

⑳編按：整場羅馬馬拉松比賽都是在城市街區跑，跑步路線中有大量硬石鋪成的街道。

㉑編按：這裡是指阿比比．比基拉於一九六 年參加羅馬奧運的馬拉松比賽時，以赤腳完賽，並以 2.15.16 的奧運新紀錄拿下勝利，後面章節會提到。

8 羅馬贏一場好比贏千場

阿比比．比基拉正要跑過阿克蘇姆方尖碑，他已經跑了一個小時又四十五分鐘，沿路只有自己赤腳跑步的聲音相伴，但此時已掩沒在路旁人群的喧鬧聲中。天色逐漸暗了下來，而他腳下跑的「sampietrini」[22]是黑色玄武岩的斜面石，很明顯已經變得涼快。「在非洲，這個時候是動物喝水的時間。」BBC的評論員空泛地說，但這裡不是非洲而是羅馬。阿比比正以每英里五分十秒的配速跑著，身上穿著紅色短褲和輕巧的棉質背心，那是他在阿迪斯阿巴巴以南的德布雷塞特時，於皇帝海爾．塞拉西的帝國衛隊訓練場上獲贈的。然而，他沒有戴錶，所以無法知道自己跑得多快或其他跑者落後他多遠。他的目光冷漠而堅定。由海爾．塞拉西指派來負責訓練他的是瑞典的陸軍少校歐尼．尼斯卡諾，他早就跟他說過要在阿克蘇姆方尖碑這裡搏取勝利。

那是一九六〇年九月十日的週六，在接近傍晚時分的教堂迴廊上，當他在擺動身體的人群裡暖身時，他已經決定要脫鞋跑。這麼做不是為了向任何人證明什麼，也不是向世人宣告非洲人不需要任何東西就能獲勝，而是因為他覺得自己赤腳可以跑得更好。他在手背上寫下他覺得需要警惕的競爭者號碼。六十九號是來自蘇聯的波波夫，二十六號是來自摩洛哥的戰友拉迪。他想起自己出發前海爾．塞拉西對他說的話：「羅馬贏一場好比贏千場。」

阿比比要在阿克蘇姆紀念碑那裡爭勝，那是一座二十四公尺高的方尖碑，由衣索比亞古文明的阿克蘇姆王國子民於四世紀期間建立。一九三七年，在墨索里尼對衣索比亞侵占後，這座紀念碑被義大利的法西斯分子當作戰利品分割成五件，從泰格瑞地區的阿克蘇姆城運到羅馬。當這座紀念碑終於在二〇〇五年空運回衣索比亞時，阿克蘇姆的機場跑道還必須特別擴建才能讓它著陸，這在當時是有史以來最大也最重的空運貨物，而它在這種情況下的象徵意義也同樣重大。當衣索比亞人在一八九六年擊退義大利的第一次入侵時，他們就是在沒有槍枝的情況下赤腳對抗一支穿著靴子的重裝義大利軍隊。在這裡，一個赤腳的衣索比亞人在具有非凡歷史意義的時刻，再一次擊敗了裝備更好的對手。在一九六〇年的八月到九月之間，有超過九個非洲國家在的奧運期間獲得獨立，而羅馬奧運也是第一次被電視廣泛轉播，所以全球的廣大觀眾都能見證一個來自撒哈拉以南的非洲人奪下歷史上的第一面金牌。

「但那位靜默的衣索比亞人是誰？」BBC在評論中問道。「當他報名參加馬拉松賽時，他遞交了一個比（捷克傳奇跑者）埃米爾．扎托佩克還要好的紀錄，但沒人相信他的碼錶沒壞。」在跑了二小時十五分又十六秒後，阿比比．比基拉永久改變了長跑。他在最後幾百公尺，跑過義大利軍人組成的聖火護衛隊。「從這一刻起，」一個用英國女王式英語說話的清脆聲音告訴我們，「阿比比．比基拉的名字將與努爾米和扎托佩克並列。」

阿比比越過終點線後，繼續跑過君士坦丁凱旋門，他不太確定該怎麼辦，就甩甩手臂讓他們從維持了二小時的彎曲姿勢中伸展開來，一邊遵從指令做著尼斯卡諾教他的整理運動（warm-down exercises），一邊跳著舞，那是只有他和尼斯卡諾在預期勝利到手時才會有的自發反應。接著他先靠背躺平再做空中腳踏車以放鬆雙腿。五十六年後，當我在阿迪斯周圍的森林裡，問人們是從哪學來那些罕見的整理運動，他們還是會指向這一刻。「阿比比當年就是這麼做的。」他們簡潔地告訴我。衣索比亞的整理運動有一種節奏比傳統的慢跑節奏還要歡樂，就是從這一刻開始的。

＊＊＊

比爾哈努．阿迪西穿著Adidas Adizero系列的成套背心和短褲跑，布料是百分之百的輕量聚酯網紗，根據製造商的說法，這個系列的特色是前面的「大膽圖像設計能讓你在加速超越別人時脫穎而出」。他的左右兩側跑著四位同鄉的衣索比亞選手和五位肯亞選手，其中有三人穿了一模一樣的Adidas套裝，上面有黑色和綠色構成的簡單蜘蛛網圖案。有五人穿了跟Adidas套裝幾乎完全相同的Nike套裝，這兩家公司不知為何，都在爭相贊助最佳運動員，也都在爭相生產最相似的套裝。這天是二〇一六年四月十日的週日上午九點四十五分，一聲嗶嗶聲讓比爾哈努有了反應並瞥了手腕上的Garmin手錶一眼，了解自己正以每英里四分五十秒的配速跑著，他知道這是自己可以跑非常久的配速，但卻不是他有把握能夠持續到最後的配速。其他選手的錶幾乎也在同時間發出聲響，然後他們也做了自己個人的估算。比爾哈努五尺八（一百七十八公分）的骨架在路上占了驚人的空間，他在阿迪斯的朋友開玩笑說，最好要給他兩個人的空間，因為「他像拳擊手一樣跑步」，手肘一個不巧打在肋骨上，會讓你在這種速度下喘不過來。

因為阿克蘇姆紀念碑已經安全回到了衣索比亞，所以比爾哈努得將就用個標誌來讓自己知道他已經跑了三十五公里。他現在領先當年阿比比在這個時間點跑到的地方幾乎二公里遠，也終於開始感受到自己設定火熱配速的影響。他是唯一跟著配速員跑到三十公里的人，因此當他脫離配速員時，他被留在領先追趕集團將近十五秒的無人之境。他不像阿比比那樣純粹靠感覺在跑，而是盯著安裝在一輛車子後方的巨大紅字時鐘跑。幾公里後，集團追上來了，阿莫斯．基普魯托展開反擊。其他人試著做出反應，但只有比爾哈努能夠在他身後飛奔。「我只是在做我平常做的事。」他事後告訴我，「試著跟上他的腳步。」看著影片回放，他的眼睛沒有從基普魯托的腳後跟上移開過。

考量到他對羅馬歷史的了解，這是一場比爾哈努拼命想要贏的比賽。我們可能會認為海勒．蓋博塞拉西或肯納尼薩．貝克勒是衣索比亞跑步界的明星，但是在阿迪斯的許多跑者都有著稍微久遠一點的記憶。「真正的英雄，」比爾哈努說，「是阿比比和瓦米[23]。」他們是真正的英雄，名副其實的戰士[24]。他們在這項運動有錢可賺之前就開始跑了，當時唯一的動機就是愛國，而且他們是赤腳跑步。

比爾哈努告訴我，瓦米．比拉圖是衣索比亞長跑的祖父級人物。他是阿比比．比基拉敬仰的人，也是原本獲選要參加羅馬奧運的人，他在測試賽中以領先超過一英里的結果擊敗比基拉，卻在奧運前病倒了。我必須慚愧地告訴比爾哈努，自己從未聽聞過他。「嗯，你不需要跟我說這個。」他說，「你自己去見見他吧。」「所以他還活著？」我回應，「他幾歲了？」我快速計算一下，他至少快九十歲了。阿比比．比基拉在一九七三年英年早逝，享年四十一歲。「活著？」比爾哈努回應，一臉不可置信，「他還在**跑步**呢，麥克，他九十二歲了。」

我必須去見他。

* * *

接下來的週日，我跟瓦米的兒子傑吉納（Jegenna）約在阿拉特基洛的多汁吧外頭碰面，這個位於阿迪斯的區域也是我上阿姆哈拉語課的地方。「Jegenna」的意思是英雄。「有其父必有其子。」我說。他的身材苗條，穿著一身時髦的西裝。他打開公事包，遞給我一篇關於瓦米的文章，那是他從《跑者世界》（*Runners' World*）雜誌上影印下來的，這麼做的想法很好，除了文章是芬蘭語之外。我們塞進一輛小巴計程車，前往義大利大使館，瓦米剛好就住在大使館旁邊。「如果你想要在沒有我陪同的情況下來訪，」傑吉納說，「就直接上來詢問你遇見的第一個人，每個人都認識瓦米。」

我們抵達一棟獨立的混凝土房子，然後彎身穿過波紋的鐵門。瓦米在陽臺上踱步，聽到我們抵達的聲音後就轉身盯著我們，他已經失去大部分的視力和聽力。他的身形高大，身高超過六英尺而且體格健壯。他的兒子說他的聲音在失去聽力之前就已經夠震耳了，現在則是接近震耳欲聾的地步。「所以你帶誰來見我？」他吼著。我努力回想阿姆哈拉語中的正確代名詞要跟他解釋自己是誰。「什麼?!」瓦米大喊，「這個人講話怎麼跟老鼠一樣小聲！」我們進屋坐下，傑吉納說明最好的方式就是我把問題直接告訴他，這樣他才能代為轉達。他坐在沙發扶手上，用他最大的聲量對瓦米的耳朵喊了二次我的第一個問題。

我已經習慣對那些認為說話之於有氧動力（aerobic power）是非必要浪費的跑者進行訪問，他們用最柔和的聲音回答我的問題，而且盡可能地簡潔，但瓦米的情況則有些不同。他坐在他的椅子上，雙手撐膝，然後深呼吸。「我的名字，」他大喊，「是謝拉卡巴什・瓦米・比拉圖！」「Shelakabash」是一個軍事術語，意思是「千夫長」。「我吃東西一定要配『chechebsa』、牛奶和蜂蜜！」「Chechebsa」是一種濃郁的奶油煎餅。「我總是說，狗和窮人永遠都不會感到羞恥！」他對我第一個問題的回答長達四十多分鐘，直到他兒子在他耳邊大喊好幾次「現在這些已經夠了，爸爸！」才告一段落。瓦米今年參加了大衣索比亞路跑賽，他用九十一歲的雙腿與近視眼跟著兒子模糊的影子跑。瓦米・比拉圖不知道該如何結束他的回答，他的故事最好聽他自己說：

我在恩托托北邊的蘇魯塔出生。我先是跑者，才是運動員。小時候我會出去找動物比賽，那裡有很多動物，有羚羊、豪豬、山鶉還有兔子，我從早抓到晚都不會累。很快地，我甚至可以跟馬一起跑四十公頃。有一天，我母親帶著用報紙包好的咖啡從阿迪斯回來，報紙上有個骨瘦如柴的軍人，還說他是個優秀的跑者，所以我想：「什麼？這個小傢伙？」我決定我要打敗他，我能感覺到體內的這份決心，我的所有想法都變得依此而定。

二、三年後，我終於去了阿迪斯探望我的兄弟。我聽說軍隊在這座城市的舊機場區招募人員，於是我馬上就前往那裡，告訴他們我想加入。我接受正式訓練，然後被分派到阿姆哈拉第二師團。第一年的十一月，由現役軍人和退役軍人舉辦了一場友誼賽，我下場去跑然後就贏了。從那天起，我的夢想成真了。每天早晨六點之前我都會在寒冷中訓練，然後通常在七點結束。有時候我會跑到我母親的農場，喝完牛奶後再跑回家，這段路程超過五十公里。我跑了六十四年，從來沒有放棄或退出比賽過。

當時衣索比亞沒有田徑聯盟，也沒有馬拉松比賽。只有在海爾·塞拉西陛下的見證之下偶爾舉辦各陸軍師團之間的比賽。我贏了五千公尺、一萬公尺以及路跑賽，分別是十五公里、三十二公里或某次的五十公里。我們會在比賽開始之前自己挖跑道。當時我們每贏一場會獲得七比爾（二十五便士），但有時陛下會給我們二百比爾。一九五二年的時候，阿比比．比基拉從他的陸軍師團來參賽，但他跑累了，所以空手回到自己的師團。我說「這個孩子將會是未來的戰力」，最後他們讓阿比比來跟我一起訓練，他變成了我的責任。

我們兩個都被選中參加奧運，所以移訓到德布雷澤。尼斯卡諾少校從瑞典過來訓練我們，並向陛下保證我們會在五千公尺、一萬公尺和馬拉松三項賽事中獲勝。我問他是怎麼知道的，他說他一直在幫我計時，我的紀錄比歐洲人還要好。他說衣索比亞人擁有不同於其他民族的潛力。然後，就在我們要啟程的六天前，我面臨嚴重發燒而且全身腫脹，阿比比參加了那場馬拉松，成為衣索比亞人的跑步動力。

他們在奧運會上問他：「你以前得過幾次冠軍？」然後他告訴他們：「冠軍生病了，他們把他留在家裡。我在今天之前從沒當過冠軍。」奧運之後，我們一起前往日本的大阪馬拉松。我還在恢復當中，但在阿比比獲勝之前，我領先了好幾公里，我拿到第二名。那次比賽阿比比有穿鞋跑，但我還是赤腳跑。賽後我坐下來，雙腳都在流血。我把腳底的皮剝掉扔在一旁，我的血成了土壤的一部分。

日本人給了我們很多東西，我拿到了一臺收音機和一臺照相機。當時在衣索比亞沒有人有這些東西。我對阿比比說：「因為你贏了，所以你可以留下你的東西，但我會把我的交給政府。」後來，阿比比把他的收音機給了我，那在當時的阿迪斯廣場區域是唯一的一臺。那裡過去很安靜，每天正午到一點我都會為陸軍師團播放廣播。阿比比過世後，為了紀念他我辦了一場馬拉松賽事，我除了成立阿迪斯阿巴體育委員會還舉辦詹美達國際越野賽和衣索比亞的第一次競走賽。我會一直在詹美達這個地方跑步，這裡對我來說是特別的地方。每年我都會回去跑一圈，然後跟大家打招呼，只有死亡能讓我與那片土地分離。

瓦米停止說話的時候，夜幕已經降臨，而且停電讓我們陷入了黑暗。就在瓦米的聲音越來越小聲時，一根蠟燭在角落閃爍著。他已經講了二個多小時，當他起身要給我看一些照片時，他的兒子試著遞給他一根拐杖，他不客氣地用手揮開。他用蠟燭照著，給我看了一張他在日本那場比賽中領先的照片。果然，他以赤腳有力地跑著，領先一群以比基拉為首的運動員大約五十公尺，比基拉在裡頭穿著白色跑鞋。瓦米鍛鍊得像個拳擊手，他的肩膀肌肉因為用力而繃緊，看起來幾乎就像是把他那比別人還要超群不凡的模樣給疊映在了照片上。

我謝謝他，然後在我們道別時，問他有沒有什麼建議要給當前的世代。他跟我說現在的情況很不一樣，他不確定該說些什麼。在我們採訪進行到一半時，有個穿著運動服的年輕男子進屋來拜訪。他們緊握了一會手，然後這名年輕跑者滿懷敬意地親吻了瓦米的雙膝才離開，留下他的電話號碼給我「要交給經理人」。阿迪斯在瓦米參加比賽的時候很不一樣，他告訴我，波爾過去還是田地時，他可以直接跑過去，但現在擁有高樓大廈和霓虹燈的波爾已經是阿迪斯最富裕的區域。阿迪斯以前「空空如也」，也沒有鋪路，現在則是充斥汽車，運動員得移往城外訓練，他說。

「我記得汽車剛到的時候。」他說。他從家裡跑到軍隊基地，一名將軍問他要不要搭便車。路上都是凹槽而且擠滿了牛和馬。「我跟他說『不要！』」他回想，然後又調皮地補充道，「我趕時間，你看，我的車就是我的雙腿和雙眼。」他說他想給當前世代的主要建議就是，不要享用現代帶來的舒適。「他們應該還是要從這裡跑到恩托托。」他說，「跑上那座山的感覺就像是你背著一個孩子，會讓你變強壯。」他也告誡關於複雜的事情。「告訴他們要喝水。」他說，「水能賦予你力量，如果把水跟其他東西混在一起，你就會失去能量。」

＊＊＊

在三十五公里處，比爾哈努從他為比賽準備的第七瓶 Go Electrolite 能量飲料啜飲了幾口，然後把瓶子扔到路邊。阿莫斯．基普魯托是三十公里的世界紀錄保持人，這個紀錄是他在杜拜馬拉松配速時打破的。現在他正憑自己的資格參加第一場大型馬拉松比賽，而且不是在鬧著玩。比賽後一週，薩拉米洪和我回到比爾哈努位於科塔貝的屋子跟他一起觀看錄影，畫面裡他們兩人沿著咖啡館林立的街道大步跑著。「這是個好地方，對吧？」我評論道。「這不是個好地方。」比爾哈努回應，「硬石子。」這個在過去三個小時的大部分時間內經常被反覆提到，每一次只要選手進入硬石街區，他就會搖頭說「你看，硬石子」。「討厭的硬石子。」

我們在看影片的時候，每當鏡頭切換到空拍角度，比爾哈努和薩拉米洪就會數一下留在領先集團的運動員數目。一開始薩拉米洪問到獎金有多豐厚，比爾哈努告訴他只有前五名能拿到錢。他們快速算出留下的選手數目再扣掉兩名配速員。五公里後，來到 15.00 的速度，有十一個留下。「有二個配速員……所以還多四個。」十公里後，來到 30.05，「九個，還多二個……。」二十五公里後，只剩下六名選手，其中一個是配速員。「好了，錢到手了。」薩拉米洪說，似乎放心了。「比爾哈努，你在這個階段時在想什麼？」我問。「*Mashenef*」他回應。只想著要贏。「怎麼贏？」我問，希望能對他的戰術有更多了解。「靠率先跑完。」

他說，語氣就像是在對一個孩子解釋一個簡單的概念。我同意。

「來到三十五公里時，我很肯定自己會贏。」他告訴我，「我的能量滿點。」不過，基普魯托突然衝上前，用8.40的配速來跑後面的三公里，跑在硬石路上，穿過幾個急轉彎。在基普魯托取得領先的那一刻，比爾哈努靠近螢幕說，「仔細看，**那裡**，要一決高下了。」大多數的觀眾都會看漏這個關鍵時刻，基普魯托做了一件事，他把每公里的配速增加了幾秒鐘。比爾哈努在後面死命地跟了四公里，但卻在三十九公里處被甩開，這讓他穩居第二名。「我犯了一個錯誤，」他告訴我，「我稍早的時候不該跟著配速員跑，我是唯一跟著他們的人。**大錯特錯**，瘋子。」這種「瘋子」的衝動是他決定要在日後賽事中克服的問題。把他帶到起跑線上的正是讓他熬過訓練的衝動，但是馬拉松很少獎勵衝動的決定。

「最後二公里花了八分鐘。」他皺著眉說。薩拉米洪可以比這還快。「在韓國花了我8.46。」他說。前面四十公里的一個輕率決定可以讓你像這樣簡簡單單就自爆。就算你已經很小心了，有時候還是會發生。前面四十一公里，比爾哈努都是一個人，在他身後你看不到任何人，但是他在終點線差點被三名選手追上。回頭觀看這場比賽會讓人感到難受。在他搖搖晃晃通過最後幾公尺，高舉雙臂確認他是第二個跑完的人時，從他身後襲來的衝刺威脅就要穿越他，直到他越過終點線被他們撞上，他才意識到自己差點在終點丟臉並付出高昂的代價。

「我完全沒發現。」他說，「沒有人在那，我確認過了。他們是怎麼來的？想像一下……。」他說如果他們真的追上自己，他不覺得自己能做什麼，他說「那個時間點我正在跳舞」。我知道那種感覺，就像你的四肢突然有了自己的意識。他獲得第二名的五千美元。如果他輸了幾秒鐘的話，就會掉到第五名，然後只能拿到一千美元。在衣索比亞你可以用五千美元做很多事情，他已經在貢達蓋了一間房子，還資助家人創業，但是跑者只有有限的時間能讓自己賺到錢。

我們不能跨大阿比比．比基拉在勝利後所遺留下來的東西，但是衣索比亞的田徑運動自他跑步以來，風景已經大不同了。正如我朋友伯納．高汀在他跟阿迪斯阿巴巴大學的同事比札比．沃德共同撰寫的論文中指出的，在一九六〇年之前，有組織的運動或多或少都是「terra incognita」，不僅學校沒有體育課程，也找不到阿姆哈拉語版的指南。第一批體育俱樂部組建於帝國時期，是在皇帝海爾．塞拉西開始改變軍隊與帝國衛隊結構的時候，他開放了士官和貴族以外軍官的位階，從而讓軍隊成為「一條能夠擺脫農民嚴苛狀態的出路」，也是獲得有償工作、升遷的可能性，以及其他好處的途徑，像是識字和免費醫療照護。

一九五〇年代後期，歐尼．尼斯卡諾被任命為衣索比亞頂尖軍方跑者的教練，因為他當時正在衣索比亞發展公立學校系統的體育教育。就是這麼剛好，他來到衣索比亞的時間剛好是斯堪的納維亞處於長跑專業知識最先進的時候，而且他剛好也是哥斯達．奧蘭多的摯友，也就是「法特雷克」訓練的其中一位設計者，當時世界上最優秀的中長跑選手都會採用這套訓練。因此，伯納在他論文中極力強調是，「跟衣索比亞人是天生跑者的神話相反」，比基拉其實進行了「嚴格、有計畫又多樣化的訓練」。那些依然把重點放在東非跑者赤腳跑步，或是為了滿足上下學通勤需求的評論，都貶低了衣索比亞和肯亞兩國經由機構對跑者提供的大力支持。

衣索比亞的田徑運動受到國家驅使的程度，還有受到愛國主義和民族自尊驅使的程度，可以明顯從一個事實看出，那就是衣索比亞到二〇〇〇年為止的奧運獎牌得主都來自於軍隊俱樂部。若真要說有什麼不同，作為衣索比亞田徑運動特點的機構和競賽體系比起許多歐洲國家要來得更發達。在衣索比亞，於甲級競爭的田徑俱樂部都會支付生活無虞的薪資給他們的運動員，徑賽、路跑賽和越野賽皆是如此，讓他們不必去從事其他形式的工作。這些俱樂部通常與國家有直接連結，跟稱為「Mekelakeya」的國防力量一起，軍方的俱樂部明顯還有聯邦警察、稱為「梅布拉特．海爾」的衣索比亞電力公司、稱為「銀行」的衣索比亞商業銀行，以及聯邦監獄俱樂部。

除了這些總部位於阿迪斯的俱樂部之外，還有一個小型俱樂部的龐大網絡，主要跟青少年運動員合作，提供食宿、裝備以及指導。這些俱樂部可以由警察或軍隊的地區分支機構、在地公司甚至是地區本身贊助。一開始要獲准加入俱樂部通常需要參加某種測試賽，要從當地的俱樂部轉到其中一個比較大的阿迪斯阿巴巴俱樂部也是如此。我的朋友阿瑟法從位於阿塞拉的俱樂部開始，他告訴我他曾跟八十名跑者一起為三千公尺的比賽排隊，而且被告知那家俱樂部只取前三名。「如果你拿到第四名，明年再回來。」他回憶著。他從那間俱樂部轉到梅布拉特．海爾時也經歷了類似的過程。

衣索比亞國內的賽程競爭激烈，而且贊助甲級俱樂部的組織都希望藉由贏得詹美達或大衣索比亞路跑賽這類的比賽來獲得聲望。不過，這個賽程表跟那些能夠讓運動員贏得大筆獎金的國際賽事同時並存，想要獲准參加國際賽就需要透過（歐美為主的）經理人去跟那些比賽的主辦單位交涉並安排簽證，然後以運動員百分之十五的收入換取出國比賽。這項運動的國際面在許多方面都受到衣索比亞俱樂部的補助：沒有這些俱樂部，運動員就沒有時間或資源讓自己達到站上國際舞臺競爭的水準。因為比賽贏來的錢無法預測也不固定（而且在受傷的情況下會有很長一段時間沒有收入），所以大多數的運動員都仰賴自己俱樂部的薪水。

我們的教練梅塞雷特在週一、週三、週五跟莫約運動隊合作，週二、週四、週六則是和梅布拉特．海爾合作。他向我解釋，對跑者和教練來說，為當地的俱樂部跑步才能獲得收入，「如果沒有這一點錢以自給自足的話，就很難在這個管理制度下過日子」。不過，對大多數的跑者來說，他們競爭的動力來自於出國比賽有機會能贏得數萬美元。這表示，像梅塞雷特這樣的人，他所面臨的挑戰是去交涉並「維持這二個制度之間的平衡以維繫運動員的生活」。這對他來說是一場戰役，他除了要確保自己有強壯的運動員能夠參與國內賽事外，還得保證他們沒有去參加那些會妨礙國內賽事安排的國外賽事。

事實上，對於誰能和誰不能出國比賽，衣索比亞田徑總會仍然保有管控措施，運動員必須有總會核發的「放行通知書」才能獲得簽證出國比賽。如果他們覺得比賽會妨礙運動員的國內賽程表或妨礙他們履行國家隊的職責，他們就不會核發。正如梅塞雷特所說，從很多方面來說，「俱樂部做的是培育工作，但他們卻沒有結出果實」。打從比基拉在一九六〇年讓衣索比亞長跑首次聞名於世以來，這些結構就已經存在，而且在衣索比亞跑者的成功裡扮演了極其重要的角色。舉例來說，想像一下，如果蘇格蘭皇家銀行和蘇格蘭電力公司，以及其他十五間左右的公司各雇用了二十名全職的長跑者。目前蘇格蘭長跑的實力其實相當強大，但如果有這樣的支持，像（蘇格蘭的馬拉松紀錄保持人）卡倫．霍金斯、（蘇格蘭一千公尺紀錄保持人）傑克．惠特曼，以及（蘇格蘭三千公尺和五千公尺紀錄保持人暨里約奧運五千公尺項目第六名）安德魯・巴切特這些跑者或許就能在世界舞臺上有更多同伴。

當瓦米想要指出跑步運動在衣索比亞的變化程度時，還是有許多人聽從他提出要抗拒他所謂現代舒適的建議，儘管海利、法西爾和其他人能夠搭培訓巴士出城到他們說是更「舒適」的地方，他們有時候還是會用讓我感到驚訝的方式來欣然接受不便之處。撇開交通不管，有時候他們也還是會跑越市區，只是他們這麼做的時候，他們之外的所有人幾乎都還在睡覺。

㉒編按：指羅馬歷史街區中的典型人行道，是用四方玄武岩鋪成的路面，被稱為「聖彼得小石」。

㉓編按：這裡指的不是上一章提到的格蒂・瓦米（Gete Wami），而是接下來會提到的瓦米・比拉圖（Wami Biratu）。

㉔編按：此處原文的「soldiers」有雙重意義，因為阿比比和瓦米在展開運動生涯之前都在軍隊服役，所以此處除了稱讚他們是「名副其實的戰士」之外，也指出他們是「名副其實的軍人」。

9 在半夜三點跑上跑下的道理

現在是凌晨三點，我斷斷續續睡了四個小時，才剛醒來。我身上已經穿著跑步短褲，所以我快速穿上T恤和運動服，然後走到外面。外面一片漆黑，我的呼氣在我們的狗對著我叫的同時，在冷空氣中化為霧氣。法西爾正在室外的水龍頭處洗臉，他這晚放假，不用去看守那棟蓋到一半的建物，所以昨晚跟海利擠一張床。他露出燦笑，顯然對我信守承諾來參加這個特殊的訓練內容感到驚訝。「*Ante farenj aydellum*（你不是外國人），」他說，「*Jegenna neh*（你是個英雄）。」睡眼惺忪的海利在我們走向大門時，簡單拍拍我的肩膀。我們慢慢地慢跑到仁慈之約教堂（Kidane Mehret church）[25]，再默默跑下四百公尺長的柏油路山坡，等海利轉身，在胸口畫十字後，就領著我們跑上第一座山坡。路上沒什麼光，只有偶爾會遇到掛在售貨亭外發光的裸露燈泡，等我跑到第七趟還是第八趟的時候我才學到，這就像盯著鍋子看一樣，如果你盯著自己的腳而不是盯著山頂，你就會越快登頂㉖。

這個訓練內容是海利和法西爾所指的「rejiim dagut」（長坡）。在這裡有兩種截然不同的山坡訓練，所以他們需要不同類型的山坡。短坡需要一個長八十公尺到一百二十公尺的陡坡，而且跑短坡的時候一定要全程慢慢地慢跑或在下坡的時候用走的。長坡可以很長，有時長達五、六百公尺，但都是以穩定且持續的配速跑在稍微平緩的坡度上。「我們要在山坡跑上跑下多少趟？」我問海利。他先說：「可能十二次吧。」接著改變主意說：「我們會持續一個小時。如果是短坡就沒有上限，你只要一直逼自己，一直逼到自己無法動彈為止。」

當我們接近山頂時，我肺部的劇痛也非常緩慢地增加，但就在我覺得自己無法跟上時，海利在我面前轉身，回頭往下跑，並在下坡保持穩定的配速。就在我快擺脫山頂帶來的輕微暈眩時，海利又轉身越過馬路，回頭往上跑。現在是凌晨三點半，但已經有些婦女坐在山頂的教堂外面，緊緊抓著身上的棉製「雪瑪斯」來抵禦寒冷。「她們這個時間在這裡做什麼？」我趁喘氣的空檔問海利。「她們可能走了一整晚才到這裡。」他回答得就像這是世界上最尋常不過的事情。

這些婦女坐在一起，擠成一團，在我們持續跑上跑下的時候，面無表情地看著我們，然後我又慢慢跑到頭暈。當海利轉身要往下跑時，他不知道為什麼設法去調整了配速好讓我能勉強咬緊牙關一路跟著跑上山頂。後來他告訴我，他有在仔細聽聞我的呼吸，想要確保我在努力之餘又不會超過自己極限。我已經故意不去看錶，但最終海利在一個小時後停了下來。「*Beka*（夠了）。」他說。他在我們慢跑回家時告訴我：「現在你應該在外頭洗個冷水澡，然後就去睡覺，那將會是你睡得最美好的一次。」冷水澡似乎是充分利用這個午夜儀式的重要一部分，於是我脫掉短褲，往頭上倒了幾桶冰冷的水。第一桶冷到讓我劇烈顫抖，但最後我有點享受皮膚上這種刺痛和清醒的感覺，但這種清醒的感覺沒有持續多久，在我爬上床後就沉沉睡去了。

我醒來感到痠痛還有點時差，聽見法西爾敲我的門說他們做了「特別的早餐」要來犒賞我們整晚的夜遊：煎肉配炒蛋和辣椒，跟一打麵包捲一起上桌。我的雙腿就算只是在被子下輕輕移動也會產生劇烈的刺痛感，但這種刺痛卻有某種滿足感，就像是用舌頭反覆撥弄一顆鬆動的牙齒一樣。這次的訓練內容代表法西爾第一次說我開始變成「hebesha」的時刻，就在我抵達衣索比亞六個月左右，而這個詞表示團結又自豪的衣索比亞。我感覺自己經歷了一場成年禮，而且和海利與法西爾的關係也因此發生了變化。法西爾開玩笑說，等我回到英國後就可以去參賽，然後在一開始就說「*Ciao farenj*（掰掰外國人）」，接著輕鬆獲勝。

「*Ciao farenj*」很快就成了一種口號，出現在每次我們訓練內容有做好的時候。我現在才想到，就在我幸福沉睡而沒有注意到這些苦工正在我周遭的山上進行時，這些夜跑可能已經進行了好幾個月。我若不是來到這裡長期逗留，而且還盡可能參與周圍跑者的生活，我是不會對衣索比亞跑步有這種見解的。那麼，針對衣索比亞人來說，半夜三點在山上跑上跑下是為了什麼？

海利下定決心認為自己需要在夜晚的時候到山上跑上跑下，是因為對自己的「狀態」感到不滿。他最近胖了一些，而且以副經紀人為工作表示他的訓練動力已經相當不如往昔。說到底，他過得**太舒適**了，而且他認為這讓他寵壞了自己的跑步功力。他跟我說，當他只靠每個月二百比爾（大約七塊英鎊）過活時，跑得還比較好。那個時候，他不像我們每週有三天早上可以搭團隊巴士離開阿迪斯阿巴巴，去到我們教練認為最有利於訓練的環境，也沒錢搭大眾運輸工具到這些地點，所以他不得不在夜裡醒來，趁街上人車比較少的時候，在城裡進行訓練。在這裡有一種道德是跟貧窮的記憶還有誠實面對過往自身的記憶綁在一塊。當海利強調在這種訓練後要洗冷水澡的重要性，還有在這樣的訓練內容之後，我們藉此得到睡眠品質的重要性時，他把工作和休息都跟一個道德體系綁在一塊，在那個體系裡，特定的工作和犧牲會得到回報，而且同樣是在山坡上反覆地跑，在半夜三點卻會比下午三點要來的有價值。

還有一次，當海利罹患傷寒時，他還是堅持要到森林跑步。儘管氣溫只有二十多度，為了「促進排汗」他還是只穿二件運動服，然後我們就緩慢走上坡。「你確定這樣好嗎？」我問他。「跑步總比睡覺好。」他說。「【克里斯蒂亞諾】羅納度如果感冒了就不會踢球，【加雷斯】貝爾也不會上場，他們會休息，「Farenj」會休息，但是「habesha」會工作。」他有好幾次停了下來，蹲下來扶著額頭抱怨頭暈。儘管大家一再拜託他回家，他還是繼續跑，說著：「我必須努力，我必須面對它。」抱病跑步通常會在鼻孔裡各塞一瓣大蒜，而且這麼做常常會被說是能讓你變得更強壯，這是一種跟傳統醫學的觀點相互矛盾的態度。表現出受苦的意願，然後持續受苦而不埋怨，是打造「狀態」的一部分。

這再一次表示，要從邊際利得和做足「百分之一」小改變的邏輯，走到你所做的跑步和休息都是為了累積成顯著進步的作法，還有很長的路要走。當然，衣索比亞的跑者確實會強調休息，他們經常要我不要「兜圈子」，也就是在銜接不同訓練內容的空檔走來走去，也會確保我在早上結束訓練後有睡覺。在我們結束半夜山坡重複跑的回程路上，儘管有股黎明前的寒意，我還是因為跑步而熱到拉下外套拉鍊，然後海利的反應是幫我把外套拉鍊拉上。「小心點，小心點，會冷。」他說。因為他才剛要我們回家洗個冷水澡，所以當我質疑他這麼做的邏輯時，他只是聳聳肩。雖然衣索比亞的跑者確實會把重點明顯集中在提升表現的小事上，像是拉上外套拉鍊避免著涼、避免「幫咖啡館暖座」以及為了辦事而奔走，但最大利得在衣索比亞也備受重視，像是半夜的山坡重複跑，還有培養對力量和危險性的判斷力。

在衣索比亞，用來形容強壯跑者的常見形容詞是「adagenna（危險）」。因此，培養對危險性的判斷力是讓自己處於「狀態」內的重要一部分。這種「危險」通常與訓練的環境有關，尤其是指高海拔的「寒冷」地方。我在去到任何地方之前，都會有人跟我說貝科吉和德布雷塔波「非常危險」，因為他們的海拔高度都超過海平面三千公尺。前往特別有挑戰性的地方練跑或是在半夜展開遠足，常常都會提前幾天計劃和討論。如此一來，等到我們出發的時候，我們就會感覺像是黎明特攻隊，或者就好像我們正在從事什麼危險又冒險的事。

在跑步中培養「危險性」並非一直都是處於人為創造某種特殊感覺的情況，有時候危險是相當真實的。海利曾聊到他在加入俱樂部之前，或有經濟能力可以到城外訓練之前，他經常會在柏油路上長跑，長達三十五公里的路程讓他跑遍這座城市。當我問他有沒有可能在某天晚上為我重現當時的跑法時，他似乎對我開口要求感到高興。畢竟，我們現在有巴士，想去哪裡就去哪裡。我看得出來他很想知道我是不是認真的，但他顯然也有點擔憂。「沒問題，我們可以這麼做。」他說，「但你最好把自己的錶留在這裡，而且要穿上你最便宜的鞋子。」

他解釋說，晚上主要有兩件事情要擔心。一件是「lebboc」（盜賊），他們知道跑者用來跑柏油路的鞋子可以在二手鞋的市場上賣到相當多的錢。他常常把這群人稱為獵食的「jibboc」（鬣狗），因為他們會在晚上對弱小的一方這麼做，然後另一件當然就是會有真的鬣狗出沒。「我們會沿著主要的交通路線來跑。」他說，「這樣做最好，因為周遭會有車子和車燈。」他跟我說，他有一次遇上了鬣狗的大麻煩，那是他跟法西爾在凌晨二點去跑柏油路卻剛好遇到停電的時候。「我們當時正要前往市中心，」他說，「你知道的，就是科塔貝再過去一點的地方，那裡有時候會有一個大型的綿羊市場？」我跟他說，我知道他說的是哪裡。就在一片半砍伐的森林地那裡，那裡經常會有一大群農夫聚在一起，用皮鞭監控羊群，地上還散落著羊皮和被丟棄的肉塊。

「總之，我們到了那裡，」海利繼續說，「那裡通常會有一些來自酒吧和路燈的燈光，但突然間，」他彈指強調，「燈光熄滅，一片漆黑。當時周圍沒車，所以我們必須完全停下腳步來等眼睛適應。我甚至看不見前方的地面，但就在我們停下來的時候，我聽到有東西在周圍亂竄的聲音，然後等我眼睛開始適應，我看到道路兩側大約各有六、七隻鬣狗。『我們要往哪邊跑？』法西爾抓住我的手臂說。『我們不跑。我們要等到有開大燈的車經過。』我跟他說。於是我們等著，我可以聽見自己胸口的心跳聲，也能聽見鬣狗的喘息聲，牠們是如此地接近。」眼下我已經開始對這趟跑步失去點興趣了。

「終於，」海利繼續說，「我聽到一輛車從我們後方開來，然後我們就看到車頭燈開始把我們周圍照亮。就在車子快要開過去的時候，我對法西爾說『現在我們跟著車子跑』，然後我們便做了這輩子最快的間歇跑。我們追著車子跑了幾百公尺。」現在他覺得這是世界上最有趣的事。「別擔心，麥克，這次不會停電。」他說。我們決定在週四晚上來跑這一趟，因為那是杜拜馬拉松前一晚，「很多人會在那晚長跑，這樣他們就能觀看杜拜的比賽。」認識我的人都知道，我在英國的時候，為了趕在觀看倫敦或柏林馬拉松比賽之前跑步，我會在週日早上六或七點起床，但杜拜馬拉松是早上六點開始，也就是衣索比亞時間的早上五點。我們打算盡早起床，在早上五點左右跑完三十五公里。

我們的路線很簡單，就是沿著城市的主要交通動脈跑，白天會有許多小巴計程車行駛在路上。我們會先離開科塔貝，然後前往巨大圓環和轉運站所在的梅吉那格那，跑過海利與法西爾撞見鬣狗的地方。我們會從那裡跑向另一個巨大圓環所在的墨西哥，這裡的命名就是為了致敬一九三五年少數五個拒絕承認義大利併吞衣索比亞的國家之一（墨西哥城有一座相應的衣索比亞廣場）。接著我們會跑向波爾，那裡是市中心最繁榮的區域，然後就再一次折返往梅吉那格那跑，回到科塔貝。那裡有一個木匠會在週末用自己工作坊的數位衛星電視轉播英格蘭超級足球聯賽，海利和其他一些人設法說服他在早上五點幫我們設置好，讓我們能看杜拜的比賽。這將會是一個超現實的夜晚。

這個時候我已經養成了一套睡前習慣，為的是把自己從醒來到離開住宅區所花的時間縮到最短，但這是對快速入睡很不好的習慣。我用自己的爐式摩卡壺做了六杯份的濃縮咖啡，還在裡頭倒了一點熱水。這個是我在百貨公司買的義式摩卡壺，也是目前我在衣索比亞買過最貴、最有必要的東西。接著我會把咖啡倒進保溫壺裡，留到早上喝，然後在晚上九點半左右躺好，待在充滿現煮衣索比亞咖啡香的房間希望能睡著。

五個小時後，從我波紋鐵皮的門上傳來熟悉的敲門聲，然後就是關於我空腹喝咖啡的尋常討論。海利好像只會在晚上把喝咖啡當作睡前做的最後一件事，他不明白我為什麼想在這個時間喝咖啡。我不確定自己能不能不喝咖啡就出發。我們在凌晨二點半離開住宅區，利用掛在售貨亭外的裸露燈泡光線，沿著石子路走到柏油路的起點。當我們抵達柏油路並開始慢跑下山時，海利彈指示意我要向右靠來閃避，但不是為了常見的樹根和零星的石頭，而是為了閃過一個在鎮上狂歡過度而搖搖晃晃試圖堅持到家的人。

在離開科塔貝的路上有幾間酒吧還開著，外面有霓虹燈和大型的啤酒廣告看板：聖喬治啤酒的紅黃視覺和競爭對手瓦利亞啤酒隱約可見的藍色羱羊商標，以及哈巴夏啤酒那頂著爆炸頭、眼睛往旁邊瞄的女人。我們身後有些來自酒吧的喊叫聲，不是因為我們在做必要的跑步訓練，因為在這個時間跑步並沒有那麼稀奇，而是因為沒有太多「farenjs」會在這個時候跑步，但也有可能是因為我穿著自己取得的衣索比亞運動外套，上面的黃綠色是我手邊最接近螢光的服裝。不過，來自酒吧的喧囂很快就消失了，但就在聲音消失的時候，我的心跳也因為接近海利遇到鬣狗的地點而跟著加快。還好今晚沒有停電，這讓我鬆了一口氣，但你還是只能從路邊的樹林見到幾英尺內的情況，所以讓我迫不及待想要跑快一點。

我覺得自己在夜晚的這個時間對周遭環境更加地敏感，對任何聲響或突然的動靜保持警惕。不過路上車流不多，而我們也悄悄進入了不錯的節奏，我的腳步在路上跟著海利的。一如往常，我覺得自己在路上踩得比他還重，我試著盡力讓自己跑得輕快一些，這樣我的腳步聲才不會蓋過他的。每跑一百公尺左右就會出現波紋鐵皮的建物，有些是離地蓋在木製平臺上，裡頭有警衛駐守，他們會上街巡邏或是在夜間看守售貨亭和市集攤位。我們偶爾會看到其中一個警衛自己拿著手電筒或是「dulla」（粗木棍）。

位於梅吉那格那圓環下方的公車站裡，有一些小群體聚集在火堆旁，而且還有其他人裹著毯子縮成一團。我們經過海勒．蓋博塞拉西的馬拉松汽車大樓，他在這裡販售現代汽車的進口車，也經過他妻子所有的阿萊姆健身中心（Alem Fitness centre）㉗。不過，我們得將注意力放在路上，因為在沒有人行道和路燈很少的情況下，我們只能仰賴駕駛的注意力和我們自己的機智來保護自身安全。就在我們沿著下坡跑往我之前和伯納住的肯貝納時，圓環周圍的高樓閃爍著燈光，然後我們沿著長長的直線道路前往阿拉特基洛。過了一會兒，即使是在這樣最不尋常的一趟跑步中，我也開始放空從周圍的環境脫離，然後看著海利的腳後跟在我眼前飛舞。等我們跑到墨西哥時，我們已經跑了十五公里多一些，於是我不得不回過神來，設法穿過圓環上方的天橋。

我們折返跑向體育場和梅斯克爾廣場，這是社會主義時代的大型閱兵場，也是宗教慶典跟最近反政府抗議的焦點所在，其中廣場名稱就來自同名宗教慶典[28]。有一座數百公尺寬的石階在廣場一側面對著體育場，而且凌晨四點就已經能看到人影在上面跑上跑下。我們從那裡跑向東南方的郊區，那裡有個名為車臣的地區，之所以如此命名，是因為這裡的霓虹燈會讓人想到車臣衝突畫面裡的追蹤飛彈。這裡是阿迪斯阿巴巴的紅燈區，這個時候還是很熱鬧。我們從那裡往北邊跑，然後爬上一個長長的緩坡，然後才聽到海利在這大約一個小時內第一次開口說話。「我們繞了點路，」他說，「但我覺得你會喜歡這條街的名字。」

跑了將近三十公里後，我們跑二公里長的肯納尼薩大道回到梅吉那格那。看到圓環讓我鬆了一口氣，在馬路上跑了這麼長的時間，我的雙腿感覺很累。我們最近跑比較長的距離，都是在森達法的顛簸路或森林，這兩種都是比較簡單的地面。對於那些無法搭乘交通工具去到更適合的地方訓練的人，我現在明白那有多麼艱難。他們拼命想要迎頭趕上以達到更高的水準，卻無法獲取那些明知很重要的環境資源。當我們快要抵達科塔貝時，海利預告我們會「增加一些間歇跑」，然後就先減速成慢跑，再示意我要跟在他旁邊。慢跑大約二十秒後，他就拍手展開了我現在很熟悉的一系列跑後間歇跑。每一次都比前一次稍微快一點也稍微遠一點，直到我們放鬆而且讓雙腿甩掉一些長跑帶來的無力。我們用非常慢的慢跑和放鬆手臂的擺動來結束這趟跑步。

在我們的跑步路線上，我們看到了其他七、八組的跑者，他們通常三兩成群，所以我很好奇，五點的時候會有多少人出現在那個木匠工作坊。海利不擔心跑者沒出現，他擔心的是木匠會睡過頭。等我們剛好在五點前回到科塔貝時，很多人才正要開始新的一天。工人們站在路邊等著搭便車，等候小巴計程車的人龍已經沿著馬路排下去。穿著 Nike 和 Adidas 運動服的運動員站著等巴士來載他們去森達法或塞貝塔進行柏油路訓練。對於早上這麼早就完成訓練感到沾沾自喜是很奇怪的事。

讓海利鬆了一口氣的是，木匠已經幫工作坊開門，正忙著準備投影銀幕，而且儘管簡陋，還是把那些工作臺跟木板排列成初步的座次。有一些跑者已經到了，他們運動服上的汗水在結束自己的長跑後已經乾了。讓我驚訝的是，十分鐘後這個空間已經差不多坐滿了，而且僅靠一盞小燈和投影機發出的亮光就讓這裡變成充滿緊張感（和汗臭味）的電影院。儘管我們剛剛跑完漫長又精疲力盡的練跑，空間裡還是有股神經能量（nervous energy）[29]。我們很肯定，接下來的二小時裡，這些跑者認識多年的某個人會贏得足夠的獎金，為自己和他們的大家庭達成終生的財務安全，他可能是來自家鄉訓練營的某個人，或是最近在森林裡的訓練夥伴，又或者只是鄰居。我們也很肯定，男子和女子的比賽獎金加起來，不含破紀錄獎金大約有八十一萬六千美元，而且絕大多數都會回到衣索比亞還有科塔貝本身。

我們還很肯定，這場比賽的贏家不會是大家最愛的跑者，也不會是資料上參賽跑最快的選手之一，更不會是之前的贏家。這個賽事的歷史上只有一個人曾連贏二次，就是海勒・蓋博塞拉西[30]。二年前，十八歲的塞加耶・梅康嫩贏了這個賽事，那是他這輩子的第一場馬拉松。不僅如此，梅康嫩的半馬最佳時間是1.02.53，當他在杜拜以2.04.32的時間越過終點線時，就已經因此連續跑出半馬的個人最佳紀錄。去年的比賽由雷米・伯哈努拿下冠軍，這僅僅是他在衣索比亞之外參加的第二場比賽，而且他在比賽中跑出的個人最佳紀錄比之前快了五分鐘。杜拜的賽事體現了贏家通吃、一場比賽改變一切的馬拉松本質，它能讓某個在高原農場長大而且十三歲就輟學的人，在短短二個多小時內一舉獲得難以想像的財富。

這就是杜拜賽事讓衣索比亞跑者有共鳴的原因。很少有肯亞人會到杜拜跑步，因為這裡的比賽不像其它多數大型馬拉松賽那樣會支付高額的出場費。考量到大多數的頂尖肯亞跑者一年只跑二場馬拉松，他們把這場比賽視為承受不起的大風險，因為在杜拜跑不好就什麼也賺不到。然而，我遇到的所有衣索比亞人多少都想參加這場比賽，就算他們的馬拉松最佳紀錄離致勝所需的時間還差了幾分鐘（而且有時候會多到十或十五分鐘）。在杜拜這種非凡的表現是有先例的，大家都知道這裡是「時機主動到來」的地方。

既然如此，當比賽以驚人的速度展開時，在這空間裡的跑者並不感到驚訝。我們在第一個小時沒有太多評論，只是看著一大群人在寬闊平坦的杜拜高速公路上狂奔，就像我們一個小時前的狀態那樣，只有零星的路燈照亮道路。在杜拜馬拉松的整場比賽裡只有四個彎道，這一點似乎得到了跑者們的認可。他們告訴我「*Curve t'iru aydellum*（彎道不好）」。總共有十六名男子以難以置信的 61.39 跑過中點，而且保持這個配速打破了三十公里的世界紀錄。但最令人最驚訝的或許是，就算我自己和海利提供了相對有效率的翻譯服務，卻似乎沒有人對他們跑得如此之快感到特別吃驚。事實上，他們主要的情緒似乎都是反感於有人不得已掉隊的時候。「嘖，提拉洪跟不上。」有人在提拉洪．列格沙被其他人拉開幾公尺時這麼說，但他還是繼續跑出了 2.08.11 的紀錄。

這場比賽最後變得稍微比較講求策略，而且刷新世界紀錄的想法變得比誰會拿走二十萬美元還不重要。隨著雷米・伯哈努與第二名的特斯法耶・阿貝拉拉開距離，他看起來開始像是會成為海勒之後接連奪冠的第一人。我查了一下參賽名單指出，根據資料阿貝拉參賽的個人最佳紀錄只排名十七。「是阿。」海利說，「但他現在不就在那，不是嗎？而且特斯法耶『勝券』在握（has *finishing*），他以前是四百公尺的選手！」英文的「finishing」常被用來討論比賽的結束，可以指地方，像是位於終點（finishing *lay*），或是在海利的用法裡被用來指能力。特斯法耶身高六呎四吋（一百九十三公分），以一個馬拉松的菁英跑者來說算是龐大，加上攝影機的前縮效果，我們很難判斷差距有多大。

雷米的幾個朋友在他拼命跑向終點時對著他吶喊，他們坐在朝向終點前進的攝影摩托車上大喊「*Na! Na!*（來！來！）」，從他們有利的位置催促他跑向自己。杜拜的馬路兩側排了許多衣索比亞移工，他們的穿著看起來像是精心設計過的全套服裝，位於看臺最上層的人穿著白色長袍，圍著紅、綠、黃三色的圍巾，而比較下層的則是穿著衣索比亞國家隊的足球衫，並揮舞著巨大的旗幟。聽到這些群眾突如其來的喊叫聲，特斯法耶想起了自己的短跑時光，於是飛快跑過最後二百公尺來確實拿下勝利，就在他衝過終點線的時候，震驚地抱著自己的頭。他剛好做了雷米去年做過的事，跑出比之前少五分鐘的個人最佳紀錄。他的人生再也不會一樣了。不過，這場比賽的深奧之處就在他的身後，那三個跑得比他先前最佳紀錄還要快的人，連獎金的一分錢都拿不到。「這就是馬拉松。」當我後來指出這點時，海利說道。

在人們去上班的時後，我們疲憊地爬坡回去，我突然想到，這些跟我同住的人，和我不一樣，他們沒有把日與夜清楚劃分為努力的時間和休息的時間，不管是白天還是晚上，任何時間都可以跑步，也可以睡覺。重要的不是花在事情上的時間，而是被消耗掉的能量，所以你如果不想要在特定的時間睡覺也無妨。有天晚上，我在凌晨三點被海利在花園裡弄出的噹啷聲響吵醒，以為起床時間到了，便開始穿上跑步服裝也準備出門。等我最後看了手錶才打開門問他發生什麼事。「我睡不著。」他告訴我，「我躺在那裡想著采達特明天幾點會跑三十五公里，然後我就想到自己忘了澆花，於是這就是我現在正在做的事。」這個時候我已經完全清醒了，所以我先幫忙他澆花，才又回頭睡了一個小時。

有鑑於海利作為副經紀人的工作，有很大一部分是斡旋於待在愛丁堡的經理人馬爾科姆和運動員之間，還有另外一大部分是確保跑者準時抵達機場，他有時候會卡在當地「habesha」和「farenji」兩者之間的時間。他經常會把自己的手錶設定為衣索比亞的時間系統，從早上六點開始計時（凌晨一點是早上七點，凌晨二點是早上八點，依此類推），然後他的手機則是設定為「一般」（normal）的時間。有一天晚上，他因為二趟練跑還有去了幾趟大使館確認運動員的簽證申請而感到疲憊，所以他特別早就寢。當他醒來的時候，手錶上顯示五點三十分，所以他迅速穿好衣服，出發到山下訓練，以為這是「habesha」時間，也就是早上五點三十分。

等他下山來到主要道路，才開始疑惑酒吧裡為什麼還那麼多人，也才意識到自己的錯誤。「我打給法西爾說『是不是有什麼節慶』?然後他說『去睡覺，海利』。」他笑著告訴我這件事。在大規模的訓練內容或比賽之前，似乎不存在睡眠不足的焦慮。記得采達特有次在經歷過一趟特別令人印象深刻的長跑之後，我問他訓練得如何，他的回應是「很好啊，尤其是我在幫自己的兄弟賣了一整夜的卡車之後。」至於他的兄弟為何要在晚上賣卡車，我想我最好不要問。

我們所進行的夜跑，甚至比我們跑的特殊地方或環境還要讓我明白，在自己的練跑中培養一種特殊感覺或是對重要性和冒險性的特殊感受有多麼重要。這不僅僅是嚴格遵循表定訓練，或是設法融入所有該做的練跑，而不去擔心會在何時何地完成，半夜三點的山坡重複跑有個非常明確的價值。以我為例，我現在可以站在起跑線上想著：「好吧，我敢打賭，沒有其他人這麼做過。」

㉕編按：「Kidane Mehret」這個詞源自於衣索比亞的古代語言，稱為吉茲語（Ge'ez）或古典衣索比亞語，意思可以翻為「仁慈之約」（Covenant of Mercy），典故是在衣索比亞東正教的信仰中，耶穌允諾自己的母親，對於那些尋求她代禱的人們，自己會寬恕他們的罪。

㉖編按：這裡的說法源自一句英文成語，即「被盯著看的鍋子永遠煮不滾」（A watched pot never boils），表示你越著急於某件事，就會覺得時間過得越慢。

㉗編按：阿萊姆（Alem）是海勒妻子的名字。

㉘編按：梅斯克爾節（Meskel Festival）是衣索比亞東正教的基督教節日，是僅次於衣索比亞新年（九月十一日）的盛事。

㉙編按：神經能量是指人因為體內過量的腎上腺素而表現出來的行為舉止。

㉚編按：事實上，海勒在杜拜連贏了三屆，分別是二 八年、二 九年和二 一 年，不過，他不是唯一在杜拜連贏超過三次的人，在他之前還有肯亞的威爾森・奇貝特（Wilson Kibet），從二 年開始連贏三屆。

10 能量從何而來

有些作用力我始終無法完全理解，但是在我待在衣索比亞的這段時間裡，這些力量卻變得相當好懂。舉例來說，當我們結束訓練枯站在那，而風在「coroconch」颳起一陣塵霧時，法西爾會在胸前反覆畫十字架。當我向海利尋求解釋時，他說：「他覺得那可能是魔鬼作祟，而且他剛剛做完高強度的練跑，所以不想讓它們奪走自己的能量。」我第一次注意到這種事是在森林裡，我們偶爾會在那裡的路上見到一些白紙撕碎堆成的小紙堆。跑者會在他們胸前畫十字架，然後避開這些奇怪的小紙堆，並咕噥著巫術的事，而我也會避開這些紙堆。幾個月後我才從我朋友艾德．史蒂文斯那裡了解到，這些出現紙堆的小路其實是「越野追蹤俱樂部」的傑作，那是一個「跑步成癮的喝酒俱樂部」，在世界各地都有分支，屬於非競賽的跑步俱樂部。史蒂文斯和他的妻子雷姬克設立了跑在非洲來支持年輕運動員，也讓外國人有機會跟他們一起訓練。

運動科學家還有，我想，大多數的西方跑者，往往會認為，個人的運動潛力是內存於一個身體並侷限於其中，但能量在衣索比亞卻被視為超越肉體的存在，能在人與人之間流動，也可以被分享，甚至在某些情況下還會被竊取。於是跑者的「狀態」是經由他們跟其他人的關係，也經由食物的共享以及訓練時的配速共享來建構和維持。這種能夠駕馭能量的廣泛觀點表示人們會彼此提防。不過，因為他們相信，比起自己的身體，他們還有更多可以倚靠，所以這也說明了，他們相信會出現戲劇性而且不太可能發生的進步。

人類學家史蒂芬．顧德曼在討論拉丁美洲農民的世界觀時，也做過類似的描述。他寫道，「力量的流動來自於大地，還有包含風、雨和太陽在內的其他元素」，但歸根究柢是來自於上帝。「人類既無法生成這些力量的源頭，也無法生成力量本身，他們只能獲取、轉化並重塑它。他們是力量的傳遞者而非生成者，他們的工作『協助形成』力量，也就是說，他們把力量凝聚成能為己用和他用的形式。」衣索比亞的跑者也是像這樣，他們似乎對自己從周遭環境以及一起生活和訓練的人身上汲取力量這件事特別有自覺。他們不僅僅是自身含有的特定慾望、個性、肌肉與粒線體，也是那些在任何特定時間存在於他們身上的力量，以及他們能夠從他人那裡調動的能量。

梅塞雷特教練經常會在展開訓練內容時重申合作的重要性，還有在管控下分擔跑步責任的重要性。今天早上我們在森達法，熱身前坐在巴士上時也是如此。「許多衣索比亞運動員會達到中等水準，」他告訴我們，「但只有少數人能達到頂尖。如果你問為什麼，不是因為你無法跑，而是因為缺乏自我管理。」不過他進一步解釋，這種自我管理的缺乏從來都不是純粹從個體的角度來思考。「一個人要是超越我要求你的配速，尤其是在準備比賽的時候，那就是在自殺，也是在殺人。」所以用管控的方式跑步，就是在對團隊表現承諾，也是在表現想幫助他人的意願。

關於身邊人的重要性，我從荷蘭的按摩治療師傑洛因・狄恩那裡，到許多衣索比亞和肯亞的頂尖跑者那裡，都聽到了類似的說法。我經常和傑洛因在阿拉拉飯店裡觀看鑽石聯賽的賽事，他在那裡可以連講三個小時，幾乎不用換氣，他那些故事是關於自己治療過的各種選手，而故事不時會被他自己打斷大約三十秒，因為他會從 iPad 上的鑽石聯賽官網唸出比賽的分段時間。他跟我說，他見過的跑步傷害大多是持續過度訓練造成的背痛和髖關節痛。他其中一個按摩治療的學生哈朱也是個跑者，在某個特定的夜晚加入我們的行列，然後傑洛因對我們倆這麼說：「我把它稱為夢碎大道。你可以把它想成梅斯克爾廣場，那座位於市中心的巨大廣場，裡頭擠滿了沒能成功的跑者，他們訓練了三到十年，卻從來沒能真的成功。他們有些參加了幾場比賽，在各地賺了點錢，也有些樂趣，但他們沒有成功。」說到這裡，他抓住哈朱的手臂說：「而這也是我為什麼不像很多物理治療師那樣，只想治療頂尖運動員。因為我可以給哈朱這類的人建議，跟他們說：『嘿，我的朋友，你目前已經訓練多久了？你每次受傷都知道傷從哪來嗎？因為你太認真訓練了，你認真訓練到超過自己的負荷。你的身體會說話，不是嗎？』」

你認真訓練到超過自己的負荷。這個非常顯而易見的可能，是許多我認識的跑者所面臨的情況。他們對於努力的渴望無人能比，而且這樣做的可能回報又這麼高。結果教練的角色和在運動員身邊支援的團隊角色反而大多是在阻擋他們。傑洛因培育了許多像哈朱這樣的按摩治療師，他們都是跑者，在這項運動裡載沉載浮卻又想繼續待在這項運動裡工作，所以他想要強調的是，治療師的角色做得比治療特定傷害和處理困擾還要多。

傑洛想表達的還有他的訝異，那些關心馬拉松跑步表現的人從來沒來找過他，因為他（或是他所說的「我的哈朱之一」）曾跟以前的三位世界紀錄保持人合作。他也想強調，儘管許多人都在尋求一個成功的根本原因，但是他的方法卻更全面。「最重要的是在你的幫忙之下，運動員為自己身邊建立了一個圈子，」他說，「你在中間，有經理人，然後那裡有家庭，有你的教會，有你的慈善事業，有你人生中的一切。所有的這些圈子都必須為那個人的成功而努力。」

不過，這裡列舉出來會影響運動員表現的因素，在很多方面都只是其中一部分。出於許多原因，至關重要的不只有配速責任的均衡，還有跟誰一起訓練的選擇。故事回到森達法的巴士上，梅塞雷特繼續他對團隊的談話。他說明自己想把前五公里「交給」鐵克馬里安和法西爾，因為鐵克馬里安才剛剛傷癒回來，所以這趟跑步的後半段不能仰賴他。接著會由安多連和提拉洪接棒五公里，再來是胡尼納和阿瑟法，最後輪到采達特和阿塔列這兩位經驗比較豐富的運動員。到了這趟二十五公里長跑的最後五公里，運動員可以「隨意」跑，想跑多快就跑多快。梅塞雷特想要確保的是，那些運動員就算是傷癒回來也會被賦予某些配速的「責任」，以讓每個人都覺得，這項被非常認真看待的「義務」，有被公平地分配給所有跑者。

當我們在剛過早上六點的時候從巴士出來，森達法的天氣很冷。沿著柏油路的鷹嘴豆田上籠罩著朦朧的藍色霧氣，煙霧從遠處的圓形「tukuls」升起，那裡的農民剛剛醒來面對又一天的田間工作。我們今天得試著快跑，這表示我們會有漸進的長時間熱身。我們從短暫的漫步開始，還一邊對瓦倫西亞馬拉松冠軍列爾．蓋博塞拉西的 Toyota 新車品頭論足，然後就用最慢的速度展開了前幾公里的直腿跑。在我們轉身回頭之前的前二十公里，跑的大多是上坡，所以我早就知道今天會很難熬。「*Ayeru kabad naw zare*」采達特說。今天的空氣沉重。在海拔二千七百公尺的高度跑步，從來就不是一件容易的事，但在某些特定的日子的確會覺得比其他時候還糟。今天我們一開始慢跑我就覺得呼吸急促，這可不是個好現象。

森達法的柏油路是由連綿起伏的山坡組成，而且這些山坡穿越了許多小鎮。那裡沒有人行道，但還是可以跑在馬路的碎石邊緣上，只要有輛Isuzu卡車呼嘯而過，或在我們得設法繞過一大群驢子時，這段碎石邊緣就變得不可或缺。我們在森林、高山和「coroconch」上的練跑是處於壯觀又近乎完美的訓練環境，然而這裡的柏油路訓練其實相當危險。衣索比亞擁有全世界最危險的幾條馬路。我到現在都還沒遇過安全帶有用的車輛，而且這裡普遍把繫上安全帶視為對上帝缺乏尊重的表現。從卡車和小巴司機的開車方式，可以明顯看到他們認為馬路上的生死是由神主宰的想法，所以我常常因為他們比較魯莽的超車行為而處於驚嚇之中。

關於廢氣排放物的規範也比較少，也就是說，跑柏油路經常代表你得把柴油的濃煙連同稀薄的空氣一起吸進體內。在這裡這不是我最喜歡的跑法，而那或許也跟這些馬路的客觀性有關：比起在海平面的高度跑步，我在這裡變得更清楚自己慢了多少。我們今天早上的暖身一如往常，前十分鐘，我們慢跑得非常慢，大約是每公里七分鐘的配速，等二十分鐘一到，我們就漸漸加速到每公里四分鐘左右，然後最後十分鐘才加快步伐到接近三分二十秒的配速。跟平常一樣，就在我快要脫隊時我們就減速成慢跑，接著又立刻進入一連串的「間歇跑」，由大約兩百公尺的高強度跑步加上三十秒的慢跑組成。

在這之後就是大約十分鐘的同步放鬆運動，以每排三到四名運動員的形式進行，包含大量的手臂擺動與及時的原地踏步。這些運動就像專注於幫腿部肌肉暖身一樣，也專注在確保肩膀與軀幹的放鬆。我得小心一些比較激烈的運動，因為那會讓我的腿後腱極為痠痛。這麼做的概念是要讓我們在開始跑步之前盡量放鬆，也盡量認同彼此，才能讓運動員的訓練盡可能順利進行。等我們做完這些運動並換上薄底競賽鞋時，我們的暖身運動已經占了一個小時內的大部分時間。前五公里要以 16.00 跑完，接下來的五公里要以 15.45 跑完，最後五公里要以 15.30 跑完，才能讓這些運動員以 47.15 跑完十五公里。最終采達特和阿塔列會在這裡以 15.15 領跑到二十公里，然後才在最後五公里放手奔馳。像這樣的跑法我是沒有機會跟上的，所以梅塞雷特要我夾在女子組和男子組之間出發，然後跑在他們之間的無人地帶。

就研究和寫作方面來說，這麼安排並不適合我的目的，所以在我於十公里處跳上巴士看著剩下的路程從那展開之前，我決定試著盡我所能去堅持越久越好。當我們在一根標示著距離阿迪斯二十五公里的白色柱子旁邊排隊時，梅塞雷特對團隊說：「今天我需要你們合作，讓我跟你們說一件事：如果你從不領跑（lead），你就不會成為贏家。但如果你從來不跟隨（follow），你也不會成為贏家㉛。」在我陷入過多氧債之前，我有大約一分鐘讓自己試著去理解這個概念，也就是成功關鍵恰好在於取得領跑和跟隨之間的平衡，但我現在除了想著不在第一公里被落下之外，沒有辦法真的去思考什麼。

這趟的配速感覺並沒有那麼快，但我幾乎立刻就知道，這一趟跑起來將會像過去那些練跑一樣，讓我感覺跑在一種比空氣更有阻力的不同物質當中。我下定決心，如果我能跟著團隊跑到五公里，我將會很滿意。我們形成一條長長的單路縱隊，就像團體計時賽中的自行車選手一樣，其中鐵克馬里安和法西爾在前頭交替領跑，而我則跑在最後。我們的腳步馬上變得一致，所以感覺我們的雙腿就像長長一輛列車的活塞一樣在我們下方呼嘯著。我想像我們每個人都被一條看不見的線把前後的跑者串了起來，但我也自覺，作為最後一名跑者，我不但跟不上配速，也是讓他們無法跑快的累贅。

我只專注於試著跟上在我前面的胡尼納，同時稍微留意前方路況。我們躲過左邊一輛大馬車，又閃過一連串逆向行駛路肩而來的「bajaj」自動三輪車，然後我發覺這比跑在無人的馬路上還要更加辛苦。我們正在微微地爬坡，經過路邊有酒吧和咖啡館的小鎮，人們在那裡大聲為我們加油，或只是喊著「farenj」這樣標準的形容詞。我設法在前五公里跟上團隊，鐵克馬里安和法西爾做得非常好，讓我們用剛好十六分鐘跑完了五公里，然後安達盧姆和提拉洪上前超越他們並加速前進，於是我的前頭立刻出現一個空缺。

我現在只想要減少自己的損失，以免拖慢了巴士裡的梅塞雷特與海利，所以我低下頭來，竭盡所能地跑。當你在巴士裡的時候，這條道路似乎是高低起伏，那些費力的長長上坡在短短的下坡獲得緩解。不過，今天卻感覺像是不同的傾斜程度，這讓我想起自己在愛丁堡的波特貝羅沿著海岸來回地跑。在那裡我經常會經過馬瑟爾堡，想著「逆風好難跑，但至少在我折返時，我就會占上風」，等我調頭轉身才發現，自己不知為何好像還是逆風在跑。森達法就是像這樣，不過卻是山坡版。

我很欣慰自己成功跑到了十公里處，而且發現自己因為不想耽誤訓練太久而跑出了來這之後的最佳十公里紀錄，只比三十二分鐘多一點點。我在巴士的皮椅上癱了幾分鐘，滿身是汗，然後才振作起來從巴士觀看剩下的路程，這麼做的結果卻變得相當精彩。

我跑到巴士前座找梅塞雷特，他一手拿著捲起來的筆記本，上面潦草寫著過往訓練內容的數百個分段時間，另一手則拿著兩個碼錶，一個是男子組的，另一個則是女子組的。一個大大的木頭十字架像鐘擺一樣在擋風玻璃內擺動，時不時就敲到我的腦袋，然後我們為了在十五公里處追上那些跑者而疾駛。不過，幾公里後，開車的比爾哈努在路邊發現了一位女跑者穆露，她正揮舞著雙臂要吸引我們注意，於是就在比爾哈努放慢車速時，她指著一小群圍觀的人，他們正擠在路邊的草皮邊緣上圍著什麼個東西。

「*Minden naw?*（怎麼回事？）」梅塞雷特對著穆露喊道。她用阿方奧羅莫語解釋而不是阿姆哈拉語，這讓我有聽沒有懂，但梅塞雷特點點頭，拿出收納在巴士手套箱裡的一本聖經和一瓶水，就跳下巴士，推開人群。另一名女跑者比爾罕正倒在地上扭動，而且據我所知，正說著方言。梅塞雷特帶著聖經蹲在她身上，先把瓶子裡的水澆在她頭上，再把她按住不讓她亂動。我從人群後方能看到的情況有限，但慢慢地，她開始說著比較容易聽懂的阿姆哈拉語。「幫幫我，」她喊道，然後一直重複說著：「*Mebrak, mebrak, mebrak!*（閃電、閃電、閃電！）」

不久之後她便陷入沉默，於是梅塞雷特就粗魯地把她抱起來帶到巴士上，他讓她在車上橫躺兩個座位，她看起來還是意識不清。「開車吧。」他對比爾哈努說。同時，明知道追不上其他人的穆露也再次跑了起來往前追。梅塞雷特似乎漠不關心，只是帶著他的碼錶回到自己位於巴士前座的崗位。「那裡發生了什麼事？」我試探性地問。「她覺得有人詛咒她。」他解釋。我之前曾跟海利討論過這種事，但這是我第一次看到巫術以如此戲劇化的方式表現出來。人們普遍認為，跑者可以經由一種稱為「metat」的巫術來竊取彼此的能量，通常只要把他們服裝的一項物品拿給「debtera」或者巫醫，像是一隻沾有汗水的襪子，他就會用這樣物品來獲取能量，並將其賜予另一個人。海利向我解釋，「這麼做」跑者就能取得「六、七或八名運動員的力量，然後帶著鬣狗的力量來跑」，之後如果他們贏了比賽，就要宰殺一頭牛或一頭羊來酬謝「debtera」。

先前當我跟梅塞雷特聊到這種事時，他以心理上的弱點來解釋「metat」。「身為跑者，你不會永遠健康無虞。」他說，「你的健康時好時壞，狀態也是來來去去。所以當他們狀態不好時就會認為『喔，是「metat」作祟』，然後就離去。」對此心生恐懼的跑者常常會跋涉數百英里去修道院喝聖水，以及仰賴非常有限的飲食（一天經常只吃幾把鷹嘴豆）來度過當地牧師決定的一段時間，接著他們就會筋疲力竭地回去訓練。作為一個念到碩士程度的教練，他偏好以「缺乏教育」和「心理上的弱點」來解釋「metat」。

不過，比爾罕顯然受到了某種看似真實的東西折磨。不管你「相信」這種事情，還是你覺得這象徵了這項運動的高度競爭和猜疑，不可否認的是，對靈體的信仰在世上造成了某些影響。梅塞雷特的應對其實可能就是牧師會做的，他在巴士上放瓶聖水又放本聖經，就是為了這個明確的目的，而且也能用跑者比較熟悉的說詞來解釋發生了什麼事。「這些靈體不喜歡苦工。」他說。這就是為什麼跑者特別容易受到它們影響。聖水的意圖是要讓比爾罕繼續訓練，其實只要她恢復意識就會要求我們讓她下車繼續跑步。靈體不喜歡苦工的這個想法，為苦工的想法增添了明確的道德面向，所以那些看似坐享其成或突然進步神速的人，往往被視為可疑。這跟其他人類學家的研究一致，他們在全球許多地方都把「不勞而獲」或是看似不勞而成的神祕財富歸類為可疑的行為。

彼得・格席爾在他的《巫術、親密與信任》（*Witchcraft, Intimacy and Trus*）一書中寫道：「就算是在現代脈絡裡，日常生活還是受到兩個方面之間的緊張關係所擾，一方面是害怕親密會賦予那些親近之人危及自己的掌控，另一方面則是需要跟某人的摯友至少建立某種形式的信任以利於合作。」這段文字相當巧妙地勾勒了跑者的焦慮：他們知道自己必須合作才能成功，但他們也知道自己終究還是得回歸個體來競爭，所以只要自己辦得到，他們就需要勝過他人。就某種意義上來說，這是尚－雅克・盧梭從他獵鹿賽局（**stag hunt**）的故事中發現的問題翻版。當你為了大獎而狩獵時，你需要跟所有獵人合作才能成功，而這個大獎在盧梭的例子裡是一隻公鹿。如果有一隻野兔跨過了其中一個獵人的路線，他就有了選擇，他要為了自身的利益自己去追趕野兔，從而破壞成功獵鹿的機會？還是不理會野兔，緊跟著隊伍？

在團隊的跑者之間建立信任需要平均享有資源，無論那指的是配速的責任、食物還是款待。這件事在我認識的跑者口中經常都是出於強烈的說教方式。回到巴士上，我們在十五公里處把坐在路邊一堆水泥板上的胡尼納跟另一名跑者戈賈姆接上車。戈賈姆上車坐下後就開始猛咳。「我今天替你跑在前面，」他對胡尼納說，「我的靈魂差點出竅。」他咳嗽了幾聲又說，「領跑很辛苦，就像是替人承受負擔。」這樣為自己隊友犧牲你自己能量的行為並非沒有回報，正如戈賈姆預期的，這份回禮會在某個時間點被送回。就像梅塞雷特想要指出的，為了其他人而努力還有更重大的意義：「如果你道德高尚，在朋友之間就沒有遲疑和懷疑。要是我需要領跑，我就會領跑，要是我的朋友在領跑，我就會接替他。他沒有要我幫助他，但因為我道德高尚，所以我知道自己如果這麼做，我就會得到上帝的獎賞。沒有爭論，也沒有責備他人。人們如果道德高尚，他們就會知道什麼是對的，什麼是錯的，他們已經能夠區分了。」

梅塞雷特的看法是，一起努力具有一種強大的象徵價值，這種價值不但不該被擾亂，現今也即將來到重要的關鍵時刻。等特德賽撿完散落路邊的水瓶後，我們就出發去追趕位於十五到二十公里之間的跑者。當我們追上時，我們發現采達特是在隊伍後頭而不是前頭，留下他本來應該要一起領跑的阿塔列獨自跑在前頭。當梅塞雷特朝窗外大喊問采達特是不是有什麼狀況時，采達特沒有理會，只是繼續盯著自己前方的跑者。他們就這樣持續到我們抵達二十公里的折返點，他們會從那裡跑最後五公里的下坡到終點。就在我們抵達折返點的時候，采達特向前繞過隊伍外側，等他跟阿塔列並肩就隨即在路上一百八十度迴轉，衝到前頭並猛烈加速。

幾秒內他就已經跟隊伍的其他人拉開了間距，他顯然想用這最後五公里來表現一下。「有意思，」海利說完轉頭向我，「有東西惹惱他了。」采達特是集效率於一身的表率，在他推動自己往前時，幾乎沒有浪費任何能量在向上移動，而且他的頭似乎也跟地面保持相同的距離，他的雙腿用一種飛快的節奏跑著，我試著用自己的手錶幫他計算卻失敗了。他在海拔將近兩千八百公尺的地方以 2.53 的配速從二十公里跑往二十一公里，每個步伐都在逐漸拉大他跟其他人之間的差距。原本精心編排的隊伍現在完全陷入一團混亂。

我們在標示十八公里處把車停在他旁邊，海利朝窗外大喊：「*Berta!*（堅強點！）」采達特轉向我們，臉上洋溢著燦爛的笑容，他快速看了一下手錶，繼續踩著他的懲罰性節奏。我們加速行駛以免阻礙我們後方的交通，然後把車子停在顯示我們距離阿迪斯四十公里的路標旁。等采達特接近時，其他人幾乎都還見不到，海利搖搖頭對我說：「他偶爾會這樣做。」采達特停止自己手錶的計時後，頭也不回地繼續沿路慢慢地慢跑下去，他用 14.23 跑完最後五公里。他知道最後五公里會造成什麼樣的損害。

不過，當他回來時，這些跑者成了當天在地農民的第二個焦點，因為一群人聚在一起要看阿塔列與采達特爭論跑步出了什麼問題。梅塞雷特飛奔過來，命令我們所有人上巴士「和平」討論發生的事，這讓明顯喜歡看跑者打破他們慣常平靜的這些農民們很失望。回到巴士上，車窗開始蒙上水氣，梅塞雷特要胡尼納解釋發生了什麼事。

「嗯，好像是阿塔列有點跑太快了，」他開始說，「所以采達特拒絕配合他的配速。阿塔列對他感到生氣，於是采達特就跑到隊伍後頭。但他顯然有能力領跑，你看到了他最後在那邊做的事……。」

「阿塔列以每公里2.58的配速爬坡，」采達特插話，「這樣跑太瘋狂了，我轉身查看，可以看得出來只有胡尼納能應付這種速度，所以我告訴他要放慢腳步，但他不肯。這就是為什麼我決定自己跑完。」

「是啊，真是個英雄。」阿塔列諷刺地說。

采達特的反駁是：「我是我自己的英雄。你用適合自己的配速跑，而不是我們被要求的配速。」

「是啊，反正你跑第一，真是個英雄。」阿塔列重覆說著。

「沒錯，我是我自己的英雄。下一次我會自己領跑整個訓練內容，到時你就會知道采達特的真本事。」

這是我在衣索比亞一年多的時間裡，唯一目擊到重大爭論的一次，爭論關於人們為「擾亂配速」或是允許個人主義的慾望壓過發展團隊的慾望。但是為了確保菁英馬拉松長跑的極端競爭本質不會助長自私行為扎根，人們對此的關注明顯沒有中斷過。梅塞雷特的看法是，現代生活的競爭本質讓自私行為在衣索比亞加劇了。「問題是，」他對跑者們說，「現在大多數的人都變得自私，所以他們不想因為你而損失能量，他們只想受益於你的責任。」他說，在衣索比亞的生活，有許多方面確實是如此，在這裡要找到穩定的工作越來越困難，在這裡就算是擁有大學學位的那些人也發現工作很難找。

在返回科塔貝的路上，大家對巴士上無聲的氣氛心知肚明。采達特一個人坐在前頭，還在為跑步發生的事情和其他人的反應生氣。我和海利坐在一起，問他對梅塞雷特的問題分析有什麼看法。「他說得有道理，」海利說，「但我認為田徑運動本身也會改變他們的行為。」他們以前是農民，會彼此協力耕作、收獲、拾穗和蓋房子之類的事情，但是田徑運動本身就是一場競賽。你為了競賽訓練，你就是在競爭。當他們面對田徑運動時，對他們而言，生活本身就是一場競賽。他們不擇手段就是想要比自己的朋友更有成就。

高額獎金的提供，還有獎金的高度分配不均，表示跑步會加劇贏者全取、適者生存的心態。不過，如果你去讀人類學家對阿姆哈拉東正教徒的說法，就會知道這種觀念似乎早就存在衣索比亞好一段時間了。我攻讀博士學位時，很幸運能在愛丁堡遇到這方面的兩位專家：迪亞哥・馬拉拉與湯姆・博伊斯頓。正如湯姆在他著作《盛宴上的陌生人》（*The Stranger at the Feast*）中寫下的，「衣索比亞的東正教徒知道人們基本上是個人主義，而且根本上或許也是自私的，但他們並不認為這是一件好事，反而認為個人主義的慾望必須無時無刻經由社會與道德的約束來加以緩和」。根據湯姆所說，人們主要是透過一起吃吃喝喝來達成這件事，因為這麼做會「抵銷個人追求自我目的的離心力」。

梅塞雷特像往常一樣在巴士上漫步查看個別運動員的情況，然後加入討論。他坐下來露齒一笑。對他來說，照料這些運動員的自尊同時鼓勵他們合作，是他在這份工作中，最樂在其中的一項挑戰。為了讓跑者充分發揮就必須駕馭這股競爭的能量。「只要他們有一個人對其他人沒興趣，就會造成配速機制的誤用，所以身為教練我的工作就要先建立信任，然後再以他們的互信為基礎去培養信心。」他對我們這麼說。「所以我們今天會用香蕉來成就這件事。」我還來不及問他什麼意思，他就已經站在巴士前頭宣布，采達特與阿塔列待會要下車去買十公斤的香蕉給大家在回家路上分著吃——正如湯姆所說，共食能讓團隊的裂口癒合。經過一陣微弱的抗議之後，這些跑者還是跟著法西爾下車，法西爾協助他們把一袋又一袋的香蕉搬上巴士。這些香蕉被小心分給每個人，以保證他們都能拿到公平的分量，然後車上的氣氛就好多了，音樂再度響起，而且香蕉皮丟得到處都是。

開車的比爾哈努也注意到了這股緊張，而且自有其解決的想法。在返回科塔貝的路上，他突然把巴士停在一間路邊酒吧，宣布要請大家喝一輪酒。海利對我挑眉聳肩，顯然這種事情不常發生。我們排隊走進一個大空間，地面鋪滿落葉，前晚放在桌上的椅子還沒拿下來，比爾哈努急著找人給我們拿喝的。讓我訝異的是，有幾名跑者在上午九點就點了哈巴夏啤酒，於是我也點了。他們看起來跟我一樣好奇比爾哈努的停車動機，然後等我們全都坐下後，他就站起來講話。

「讓我說幾句話，」他開始說，「我想說的是，如果我們有時候能這樣子聚在一起應該還不錯。我有很多聚會的經驗，與人同悲就跟與人同歡一樣美好，一起吃吃喝喝也很重要。你的快樂就是我的快樂，所以我們應該一起來表達我們的愛，也讓我們更團結。乾杯！」他舉起自己那瓶安波風味水[32]，然後所有人都鼓掌。海利接著站起來說：「常常我們不是每個人都有機會對彼此坦率說出自己的想法，我想如果每個人都能說說這個團隊對於自己的意義，還有自己未來的目標，應該會很好。」身為人類學家，我不敢相信自己這麼好運，所以我倉皇搜尋自己的筆記本。「鐵克馬里安，你先。我想你是因為博學而禿頭，不是因為用頭頂載物。」

鐵克馬里安緊張地笑了笑並站了起來。「謝謝你，比爾哈努。」他開始說，「真的，我們愛你也尊敬你。你用愛完成了你的工作，就算你還能衝刺、遞水，你對於我們就像父親的角色。海利就像個兄弟，而不只是個代表。這個團隊應該是我們彼此學習和分享的地方，也是我們彼此幫忙和理解的地方。如果我們每週都能出點錢，然後每年可以一起去參觀幾次修道院和歷史古蹟，那就太好了。讓我們把這件事放在心上，然後留待上帝允許我們這麼做。」他坐下就有人喊：「采達特！」他開始起身然後又坐了下去。「我也是這麼想的。」他說，突然害羞起來。發言繼續下去，這些跑者都在強調團隊與合作的重要性。

接著剛加入團隊的梅卡沙被慫恿說點什麼。「在我的成長過程裡，我在修道院待了很久。」他開始說，「在花園裡工作是修女們讓我住在那裡的條件，但這樣我可以專心練跑。像這樣的聚會是一種上教堂的形式。三年前我為了加入一個職業隊而搬到阿迪斯，但當時的我還沒有強壯到能夠承受訓練，所以我決定回家。現在我再度拋下一切來到阿迪斯，因為有時候你需要失去些什麼才能得到些什麼，即使我無法兩者兼得，我可以透過跑步取得一樣。就算我沒有錢，我卻有健康。就算我沒有錢，我卻有目標，我明天會有收穫的希望。就像我們長輩說過：『懷孕的母牛不會想喝奶。』我記得我在修道院裡讀過一本書，書裡面說人的心智就像一座農場，種什麼就得什麼，所以你得去蕪存菁，把注意力放在好的事物上。」

他稍稍停頓思考，一雙舊粉紅色的 Asics 運動鞋在腳下來回交替。「這就像福音書裡說的：『用食物填滿你的胃，但用話語充實你的心智。』這就是為什麼我們有時聚在一起鼓勵彼此對我們很重要的原因。有人說運動員只會用腿思考，讓我們告訴他們，我們是用心智在思考，我們用自己的心智引領自己就像我們自己用自己的肺呼吸一樣。」現場有同意的耳語也有點頭的腦袋，但這很難做到。梅卡沙已經讓大家注意到這項運動的現實，那就是你可能還不夠強壯，只能回家；你可能只有保持健康才能展現多年辛勞的成果。但是這個團隊在此作為支持和鼓舞的潛在來源，這一點不該被低估。

大多數時候，梅塞雷特都覺得自己的工作主要是在創造一種能讓跑者在不過勞的情況下一起進步的團結感和一體感。這個概念就是，他們會一起跑步，也因此知道除了自己之外，所有人也都在做相同的事，沒人有試著用不公平的方式去獲得優勢，而這也是他如此看重大家不能錯過任何團隊訓練內容的原因。當我們因為阿迪斯阿巴巴郊區的抗議活動而不得不在某個時間點取消兩項訓練內容時，這些跑者帶著不同程度的疲勞回來，結果他們沿著道路排成一列而不是平常的隊形。這是因為他們有些人把這段沒有團隊訓練的時間，視為回歸團隊之前，能夠藉由提高自己訓練強度來提升自己的機會，梅塞雷特解釋說。以團隊進行顯然是為了保障隊內所有人的能量含量、生計以及夢想。

然而，在強調團隊合作和共同進步的背後，是每個人遲早都要以個體競爭的現實。對任何年輕運動員來說，第一次的國際賽都是至關重要。因為全部的跑者都在尋求出國比賽的機會，你的第一場海外賽只要表現不佳就有可能變成你的最後一場，又或者意味著你又得經歷漫長的過程來證明自己已經準備好參加該級別的比賽。我很好奇第一次在這種情況下登機會是什麼樣子，還有當你此生從未處於二千公尺以下的海拔高度，那麼在海平面高度跑步又會是什麼感覺。當薩拉米洪跟自言從未到過「外面」的博蓋爾去伊斯坦堡參加半馬比賽時，我決定跟他們一起去。

㉛編按：這邊有一語雙關的意思，依據上文，原文這裡的「lead」應該是「領跑」的意思，但同時也有「領先」的意思，而「follow」是指前面章節提過的「跟隨腳步」（following the feet），但在比賽中也有「跟上」的意思，所以這句話的另一個意思是「如果你從沒領先，你就不會成為贏家。但如果你從來沒跟上，你也不會成為贏家」。

㉜編按：安波（Ambo）是衣索比亞當地的礦泉水品牌，因為水資源取自安波小鎮的泉水而得名，他們從二〇一四年開始推出多款不同口味的風味水。

11 一切值得

大型路跑賽的菁英運動員飯店就像猝睡症患者的寄宿學校。比賽的日子已經為你排入時間表，而且賽事的工作人員會跟你說該做什麼還有該去哪裡。用餐是大家一起，除了去慢跑，很少有人會離開飯店的範圍。而且你如果沒被告知要做什麼或是去慢跑，你很有可能會是在睡覺。在伊斯坦堡的半馬賽期間，我跟一名年輕的烏干達選手班．索米沃同住一間房，這僅僅是他的第二次海外比賽。當我抵達並進入我們的房間時，所有的燈都亮著，還有一支手機在大聲播著奈及利亞的福音音樂。然而，班卻早早就睡著了。我在自己的床上坐下，然後他就醒了。「喔，你好。」他揉揉眼睛說，「離七點半還有多久？」我跟他說再過大約半個小時就七點半了，於是他點點頭，翻個身就立刻回到夢鄉。我猜七點半是晚餐時間。

在週日早上的比賽槍響之前，有一場對抗賽（anti-race），競爭的是看誰能保存最多的能量，看誰能避開最多樓梯，看誰能睡最多又擔心最少。我覺得班將會是這場比賽的絕對王者。

我回想自己第一次見到衣索比亞傳奇海勒．蓋博塞拉西的情形，那是位於格拉斯哥喬治廣場的一間千禧酒店會議室裡。這間酒店為了舉辦大蘇格蘭馬拉松比賽已經被接管，我緊張地跟其他蘇格蘭選手坐在一起，跟一些東非最頂尖的運動員同處一室，讓我感覺不止有點格格不入。我們分享了那種你會在任何地方的任何比賽之前聽到的賽前閒聊。我們確保每個人都知道我們有過感冒、有過煩惱，也曾在準備某種比賽時被打斷。有些人在伸展，其他人則在擺弄安全別針。一名西班牙選手用長長的彈性帶去試著讓自己早上的腿後腱柔韌些。

然後海勒走了進來，臉上掛著燦爛的笑容，他鼓起的胸膛是出於自豪也出於單純的寬大肺活量。房內鴉雀無聲，皇帝已經蒞臨。我清楚記得他的微笑跟他周圍那些帶著緊張的臉孔之間的對比。海勒小心把自己的包包靠牆放好，再把一張椅子擺在離包包剛剛好的距離，這樣他才可以把包包當枕頭躺，再把雙腳放在椅子上。他十指交錯放在胸前，然後小睡二十分鐘，就像早上打理花園覺得有點疲倦的男人那樣。

在他要前往起跑線的時候，先是服務那些想拍他出發的人。他祝其他選手好運，把一個孩子高高舉起，好讓一個父親用 iPhone 拍攝。他始終掛著微笑，就像政治家一樣，但不同的是，他的微笑似乎真誠又有感染力，他顯然哪也不想去，只想待這裡。這種沉著就是我現在試著想在賽前仿效的，提醒自己，我在這裡是因為想，是因為我樂在其中。不過，每個跑者都知道，在你開始感到神經緊張時，這種事說得比做的容易。比賽前不想跟你的所有競爭對手在飯店裡待上兩天，多少都是不太可能的。

我敲了薩拉米洪和博蓋爾的飯店房門，薩拉米洪手上端著一盆米色粉末來開門。「啊，麥克，」他說，「你剛好趕上了『beso』！」在比賽前的這段時間，一天會有三次的「Beso」時間。他們每個人都買了兩公斤所謂的衣索比亞能量棒帶著，也就是烘焙大麥粉製成的飲料，跟他們的賽跑鞋一起放在手提行李中。一直在睡覺的博蓋爾跳下床，說了他此刻最愛的一句話「*Ej wada lay!*（把手舉起來！）」，這是他跟衣索比亞國防力量俱樂部在義務軍事演練期間學會的。不過，這樣大膽的表演掩飾了博蓋爾在衣索比亞沒有過的焦慮。他在大多數時候都變得沈默寡言，而不是平時熱情洋溢的樣子。他每隔幾分鐘就會說一次「*Ej wada lay!*」，像個咒語一樣。「就連我姊姊打電話來，我也對她說了『*Ej wada lay!*』」，他對我說，「這是為了向她保證一切順利。」我認為這種情況更像是他試著要讓自己放心，同時希望自己能在比賽開始的時候獲得一些自信。

這些能量的爆發也掩飾了他們的疲勞，他們在晚餐的時候告訴我。他們這週稍早在布爾薩的比賽，位於數百公里遠的土耳其西北部，打從那場比賽以來，他們就一直在從事「zur」（圈數），但卻是跑道之外那種有害的活動，因為從事這些活動會讓你無法獲得有效的休息。他們在上週飛往伊斯坦堡，然後就前往布爾薩參加十五公里的比賽，並在場上以短短的四十四分多鐘拿下第二和第三名。這場比賽有大部分都是跑在薩拉米洪說的「陶瓷」上面，也就是重挫他們雙腿的堅硬磁磚。接著他們搭了九小時的巴士前往代尼茲利，在那裡跟莫約運動隊的土耳其副經紀人克哈里德．阿札待在一起，再從那裡搭了九小時的巴士回到伊斯坦堡，昨晚才抵達。因為他們是還沒建立國際賽履歷的「新人」運動員，讓他們這麼做的初衷是為了讓他們在土耳其跑兩場比賽來增加經驗，先是（在布爾薩）的相對小比賽，然後才是在伊斯坦堡的高度競爭大賽。

克哈里德不僅僅是副經紀人，他還身兼主持人、訓練夥伴以及即興勵志演說家的身分，似乎也是不知疲倦為何物。他來自摩洛哥，自己也曾是個正經的跑者，但現在不但定居土耳其，還說著一口流利的土耳其語。他跟他們一起到布爾薩比賽，然後在巴士奔波後必須在週一早上上班。他在國際貿易的全職工作之外，早上和晚上只要哪邊有空都會和他們一起訓練。他工作結束後就直接跳上從代尼茲利飛往伊斯坦堡的航班，在今晚抵達，又蹦蹦跳跳地走進餐廳。

在我們坐等用餐時，還是盯著比賽。看著肯亞運動員在飯店周圍漫步，你很難相信他們完全可以用任何速度移動。李奧納多．派翠克．柯孟穿著飯店的拖鞋、一條籃球短褲和一件不相稱的大大黑色皮夾克。他走起路來好比是在試探什麼一樣，就像在用每一步來檢查地面能不能承受自己的體重。「你有看到那個人嗎？」克哈里德問薩拉米洪。「他用二十六分鐘跑完十公里的馬路。」這是二〇一〇年他在烏特勒支跑出的世界紀錄，而且是難以置信的26.44。薩拉米洪的名字是「願和平降臨」的意思，而且他平常就很隨和。突然間，他看起來不但受傷也比他實際的十九歲還小。「跑馬路？」他說，「怎麼可能。」

我真希望克哈里德什麼也沒說。我們在阿迪斯阿巴巴的教練，談過很多他認為是衣索比亞運動員「心理上的弱點」的部分，還有面對讓他們一邊鍛鍊身體一邊培養自信的挑戰。在衣索比亞，被運動員用來描述自身健康狀況的英語「condition」（狀態）一詞已經不是只有健康概況的意思。如果運動員在賽前顯得志得意滿，他們就會被描述成「踰越狀態」（over-condition），暗示「狀態」既是一種生理狀況，也是一種心理狀況。

對於許多運動員相信可以從樹木或太陽汲取能量，或是比賽結果終究是由上帝決定的實際情況，擁有運動科學碩士學位的梅塞雷特對此加以譴責。然而，這些信仰不但提供了跑者自信，更具有強大的影響力。運動員前往越來越高的地方訓練，在過程中獵取難以捉摸的「狀態」，這也是每個人總會誇大自己訓練高度的原因。同為心理與生理狀況的「狀態」是一種「來來去去」沒有什麼前兆、既善變又神祕的存在，因此需要予以持續不斷的堅定關注，也要小心因為幾句不得體的話而帶來災難性的影響。

薩拉米洪對海拔高度的力量抱持信仰，但這份信仰的缺點在於當中的神奇力量是可逆的。他認為這種力量只是暫時，隨時都會輕易蒸發。這只是他第二次來到海平面高度，所以我猜他需要迅速適應這個高度，就跟迅速適應高海拔高度一樣。我每次都發現自己不敢相信空氣中有額外的氧氣，還有我失控的雙腿想要跑得更快。對於終其一生都生活在二千五百公尺以上的人，這種感覺在他身上一定更加明顯。

在森達法的時候，我曾見過薩拉米洪在二千七百公尺的高度上用四十四分鐘跑十五公里，其中開頭的十公里還是上坡。因此，一週前他沒能在土耳其跑出更快的紀錄，這讓我難以置信。（依據我十英里 49.37 的最佳紀錄，）我在海平面高度可以用四十六分鐘左右跑完十五公里，但如果我在森達法能突破 52，我會非常高興。這件事就是這麼難上加難。我要他在週日當天相信自己的感覺，但我知道他的信心正在減弱。「我能感覺到自己的狀態正在衰退，我們已經離開衣索比亞太久了。」薩拉米洪說。「才過六天而已。」我提醒他，

「*Chigger yellum*（沒問題的）」

我猜他之所以受折磨，主要是因為他有太多時間坐在那裡想著比賽的事。諾曼．梅勒那本書名簡短的《戰鬥》（*The Fight*），是關於金沙夏那場阿里對上福爾曼的世界重量級冠軍戰，他在書中寫到「男人間的沉默無聊，是為了強迫自己不要太早感到緊張」。這種暫緩緊張的能力很難培養，如果你做不到這一點，生理的損害就無法被忽視。我跟薩拉米洪和博蓋爾一起享用晚餐後的「beso」時，薩拉米洪說「麥克，『Beso』不會出問題，只有『狀態』會」，然後在我要離去時，他又說「麥克，別擔心，人會死於疾病，但不會只因為害怕而死」。我希望他能一直保持這種態度到週日早上。

隔天早上六點三十分已經安排了一場練跑，位於城鎮繁華區段的飯店會有接駁車來接我們，然後把我們載到有利於慢跑的某處。所有人都在晚上九點就寢，我完全醒著，所以趁沒人注意溜出去喝瓶啤酒。這裡感覺真的很像寄宿學校，二十八歲的男人不該對週五晚上來瓶啤酒而感到這麼內疚。等我回到房裡，我發現根本無法入睡，房內燈還亮著，電視畫面停在一齣莫名暴力的韓劇，而班不但沒有被我的進門吵醒，還繼續輕聲打鼾，像嬰兒般熟睡，看到這些真讓人生氣。能在悶熱又不熟悉的飯店房裡，躺在剛見面的某人隔壁床上睡著，這種能力對一個長跑者來說是一種真正的天賦。我終於在凌晨兩點左右睡著，而且鬧鐘已經關掉，因為我判斷自己身體需要的是更多睡眠而不是慢跑。

＊＊＊

門邊有吵死人的聲音，薩拉米洪在門上狂敲大喊：「麥克，訓練！」我朝門的方向看去，班從昨晚到現在都沒有動過，他很幸福沒有被吵醒。我睡眼惺忪走到門邊，薩拉米洪目光如炬一臉不敢置信。「麥克，」他說，「*minden naw? Libes, libes!*（搞什麼鬼？衣服，衣服！）」在我還來不及說我現在完全不想去慢跑，謝謝你喔，他就把我的運動上衣塞到我手上，還成功把班搖醒，說著：「訓練！訓練！」昨晚想必沒聽聞說要練跑的班點頭接受，就好像這是相當平常的事，他坐在自己床邊伸了個懶腰說：「謝謝你，耶穌！」他經常把這掛在嘴邊，他非常感激。

在我回過神來之前，我們已經被匆忙趕進電梯，然後被護送上巴士，車上其他人都耐心等著要去訓練。在幾個小時內，我二度覺得自己像個頑皮的男學生。我們被載到一片滿是斷草殘根和泥土的荒地，面積大約二萬平方公尺。土耳其的運動員率先下車，然後我們全都小心翼翼地開始一起跑。那些土耳其人不停地回頭看，顯然不太理解，為什麼有些世界上跑最快的跑者看起來像是第一次嘗試慢跑，而且還不太有把握。我們的第一公里跑了六分半。

不過，配速一如預期逐漸加快，先是來到每公里四分鐘，然後又遠低於此。在睡了四個小時後的早上七點，我完全沒有心情做這些。我看向李奧納多·派翠克·柯孟，他嘴巴閉著，平靜地在地面上飄然移動。我覺得自己正跑在不同於他人的媒介上，也覺得自己快要生病，喉嚨開始有感冒的感覺，而且雙腿感到遲緩沉重。最後，配速快到讓人開始脫隊，然後切換成技術練習和伸展的各自賽前儀式。就在我跑過博蓋爾時，他滿不在乎地靠在一棵樹上。「你不撐嗎？」他用阿姆哈拉語問我。「我們還沒吃早餐。」我回答。「不，你還沒跑夠嗎？」他說，「這樣就夠了，明天要比賽。」

到了下午，我肯定是病了。我下樓來到大廳，發現大多數的肯亞人還有厄利垂亞曾經的半馬世界紀錄保持人澤森內·塔德西正在喝茶。我跟塔德西坐在一起，他一邊用湯匙把糖舀進茶裡一邊向我介紹自己。等他心不在焉地舀了第五茶匙時，我想或許是我讓他分心了，所以指向他那快要滿出來的杯子。他又加了一匙後才小心攪拌著。小小的杯子裡至少有一半都是糖。我問他賽前感覺如何，他聳聳肩。我問他預期會跑出怎樣的紀錄，他靦腆地露齒一笑，然後說：「這個時間點，我們都不知道。」

我看過他 58.23 那場半馬影片，比賽過程中他大多是獨自一人，達到一種持續不間斷又令人不敢置信的節奏。沒有絲毫的能量浪費，他似乎用某種違反物理定律的方式在跑，完全沒有向上移動，讓人看到入迷。「你在里斯本那天感覺如何？」我問他。我想知道跑十公里不用二十八分鐘然後又再做一次的感覺如何。怎麼能在不到一個小時的時間裡迸發那麼快的速度和那麼多的能量？「那天我的身體狀況感覺很好，」他說，「沒有極限。」我問他，在那之前或之後是否也有過那樣的感覺。「有過一兩次。」他說。

能讓運動員用每公里不到三分鐘的配速跑一個小時的身心狀況是很罕見的，要跑得比這更快又更罕見，像里斯本那場表現卓越的競賽，在一個人的職業生涯中也只會遇上一兩次。當美國半馬紀錄保持人萊恩．霍爾今年初在阿迪斯的時候，我跟他聊過這些罕見的時刻。他說二〇〇七年當他在休士頓跑出 59.43 的美國半馬紀錄時，全程都是獨自一個人在跑，他經歷了「職業生涯中千載難逢的一場競賽」，當下他認為「什麼都辦得到」。事後想想，他說他真希望自己當時有相信這種感覺，然後跑得更加賣力。

當我們在衣索比亞交談時，萊恩正處於自己職業生涯即將結束的接受過程當中，他已經為莫名低落的能量含量和糟糕的表現奮鬥了好幾年。他告訴我，過去十年的大部分時間他都在跟自己的身體戰鬥，希望能再經歷一場那樣的競賽。數以千計的訓練時數全都被那一小時的卓越跑步給涵蓋在內。「那六十分鐘讓這些年的努力都值得了。」他對我說。他覺得自己在做他該做的事。

但是這種感覺能用話語來形容嗎？當然不行。就算是我讀過比誰都會描述運動天賦的大衛·福斯特·華萊士也是這麼說的：「在頂尖運動員的天賦背後，那個真正的祕密或許就像沉默本身一樣難解卻又明白，乏味卻又深刻。」如果這個祕密對運動員自身來說就是個謎，那就更難指望我們這些區區凡夫俗子能把它說清楚。當我問萊恩覺得跑步什麼地方最讓人沮喪時，他說讓人沮喪的就是「無法找出一個變數」來解釋自己為什麼跑不好。他會試著用跑步的整個過程去思考他能改變或改進的小地方。他要怎麼做才能多睡一點呢？調整已經充分考量過的飲食？再次更動精心規劃的訓練時程？然後明白到，問題在於有時候你就是會神奇地感到狀況絕佳，卻又無法確定原因，而且人們或許就是被這神祕之處吸引而跑步。對於我知道的衣索比亞跑者來說，比起科學，跑步絕對更接近於藝術。不過，為了每個狀況好到出奇的日子，通常還有其他莫名糟糕的日子要度過，而且具備應對這些糟糕日子的能力是身為跑者重要的一環。

班的鬧鐘在比賽當天早上的五點二十分響起，他翻了身說：「好，我會起床。」然後很快又睡著了，直到我的鬧鐘在六點響起。我們坐在各自的床邊面面相覷，然後他看著我說：「我們該……。」我揉揉眼睛問他：「我們該？」「沒錯！我們該……出發了！」他大聲說出。我現在確定自己真的感冒了，而且他似乎擁有足夠支撐我倆的熱情，讓我很欣慰。早餐之後我們被匆匆送上巴士，帶到位於海岸的起跑點。海利昨晚傳訊息祝我好運，然後我回覆說自己感冒了而且相當不舒服。我在前往起跑點的巴士上讀了他的回覆。「別擔心，麥克。」訊息顯示，「*Gunfan condition naw*（感冒是狀態的指標。）」

讓自己處於最佳狀態的長跑者跟生病之間肯定只有一線之隔，你得在越線之前盡可能逼近極限。我從沒聽過有人把感冒當成你一定很健康的跡象，但在某種程度上（我試著說服自己）這是有道理的。在我跟薩拉米洪和博蓋爾一起暖身時，我告訴自己，等腎上腺素開始流動我就會沒事了。「你對比賽有什麼打算？」我問薩拉米洪。考量到有兩位世界紀錄保持人正以六十分鐘內完賽為目標，我想知道他會不會想比領先群慢一點點起跑。「什麼意思？」他回應道，「我會盡可能跟著領先群。」

比賽路線是一條沿著海岸的長長折返路，我用十分鐘左右跑了二英里，然後感到很難受。我還能隱約看到博蓋爾和薩拉米洪頑強地跟在領先群後面，我希望他們堅持下去。我已經開始慢下來，而且跑到第五公里我就已經認定今天不會是我的日子。接近折返點時，我看到澤森內．塔德西在領先群前方遙遙領先，後面的薩拉米洪還全力撐著，博蓋爾已經落後一百多公尺，看起來跟我一樣，已經認定自己無力回天。等我到了折返點時，我真的感到很難受，於是我慢下來用走的，希望自己可以跳上為女子賽準備的收容車。可是沒有車出現，所以我明白，要回到起跑點的最好方法其實會是用跑的，所以我又暫時慢跑了起來。

首先，領先的女子選手呼嘯而過，她們的腳步輕盈，呼吸無聲。接著是土耳其俱樂部的正經選手，以及較年長運動員，他們帶著長年參加這種比賽磨練出來的特殊呼吸模式和跑法。他們經過我時沒有看上一眼，只是專注於前方的路和自己的比賽。慢跑了十分鐘還是十五分鐘之後，經過我的人數開始遽增，於是我突然身陷於一大群色彩鮮明的T恤當中。我突然想到，這是我唯一一次像這樣跑在賽場中央。人們其實正在聊天，他們問我還好嗎，臉上掛著微笑。有些人拿著自拍棒，還有另一群人停下來跟路邊的一些朋友合影。我發現自己非常樂於跑在這麼龐大的人群當中，這種集體努力的感覺會傳染，我的心境完全轉變了。

我沒有趕上薩拉米洪與博蓋爾，直到我們回到飯店。薩拉米洪在最後八公里突然慢了下來，跑了六十四分鐘多一點，博蓋爾則跑了六十六分鐘，比我自己的半馬最佳紀錄還慢，我看過他在森達法跑得比這還要快很多，翻山越嶺再加上呼吸少了百分之三十的氧氣。結果似乎相當明顯，比賽的壓力已經超過他們能承受的程度，我猜他們會很失望。不過，當我回到飯店時，他們似乎已經接受自己這次沒跑好的事實，而且他們已經在展望未來。

「今天不是我的日子。」薩拉米洪對我說，「但是，你知道，這或許不是我表現的時候。

如果我獨贏了那筆獎金，或許我會買輛車，然後車禍身亡。上帝知道我什麼時候準備好贏得大獎。」這種想法跟我描述過的「idil」信仰有關。要培養自己的「idil」或「機會」，最佳方式就是道德高尚地活著還有努力訓練，但最重要的是有耐心。把決定權交給上帝，表示不管你在訓練中做了什麼又有多麼努力，你都接受了機會可能剛好不屬於自己。只要用平常心來看待跑步，然後在面對訓練和比賽時不期不待，回過頭來，這個想法就會讓人在心理上更容易應對成敗。

克哈里德的表現也讓人有點失望，他對我說，自他從摩洛哥來到土耳其後他就一直拼命要激勵自己訓練。「等我拿到土耳其國籍，我會重新開始努力訓練。」他說，「然後我或許能進入國家隊，到時一切就值得了。」這讓我想到，讓我們持續跑步的原因，有很大一部分是那些我們告訴自己關於自己的故事，然後這些故事被很關鍵地導向了未來。法國社會學家皮耶．布赫迪厄會用「illusio」這個詞來理解這件事，也就是人們讓他們的活動和行動對自己有意義的過程。「illusio」這個詞跟意指遊戲的拉丁語「ludus」有關聯，暗指一種創作意義的嬉戲動作，其中想像的未來發揮了很大的作用。對人類學家羅伯特．德加雷斯來說，最重要的是，「illusio」是「著眼於未來，因為它跟一個人對未來的努力和承諾有關。」我想這點在長跑上確實如此，很少有地方能及。

在決定成為運動員的過程中，我知道的衣索比亞跑者已經做出有意識的選擇，試著透過跑步來「改變自己的人生」，這表示他們的人生要依據一組可定義的未來目標來進行調整。他們必須說服自己，就像布赫迪厄說的那樣，「*Le jeu en vaut la chandelle*（這遊戲值得一試）」。儘管這麼做的犧牲對大多數的衣索比亞運動員來說可能更大，但這些或多或少都是所有跑者做出的選擇。我們都必須想辦法說服自己這場遊戲一切值得。跑步鼓勵我們往前看以及專注於未來的方式，讓人更容易面對表現糟糕的比賽。幾個小時過後，我們四個人的下一場比賽都在策劃中。

「我覺得我想在放棄之前跑場馬拉松。」克哈里德說，「我想要……怎麼說呢？碰壁。」大概在伊斯坦堡的比賽前一週，我就發現自己二〇一五年用2.19.39跑完的曼徹斯特馬拉松路線其實短少了幾百公尺。因此，我從認為自己是快於2.20的馬拉松選手突然變成不是馬拉松選手的存在。就像克哈里德一樣，我知道在我真正跑到2.20之前，我不想放棄正經的跑步。而薩拉米洪已經在為自己的回歸策劃中。「我不會有任何休息，」他說，「我會去自己的俱樂部努力訓練，變得更強後再回來。」幾個小時內，我們全都經歷沮喪又為目標找到了新的意義。透過設定目標並想著未來，我們每個人都在跟自己變戲法，好讓自己能繼續堅持。

12 出門透透氣

我們從伊斯坦堡回來幾天後，薩拉米洪透過電話向我提出了這個想法。他回到自己的俱樂部，也就是貢達附近的阿姆哈拉水利工程建設公司田徑俱樂部，距離我所在的阿迪斯住宅區六百公里，然後他的聲音一直斷斷續續。「你知道高地訓練（altitude training）嗎？」他說著。「當然。」我回答，「我就是為此訓練才來衣索比亞，不是嗎？」我幾乎能聽到他在搖頭。「不，不，麥克，這個高地訓練是針對住在阿迪斯的人。」這個俱樂部位於高地的偏遠地區，處於海拔三千一百公尺的高度。光聽就累死人。我安排一趟為期一週的旅程，想要了解一下薩拉米洪展開自己職業生涯的地方。

在我旅程的最後一段路，我只知道自己得搭巴士往西邊去。阿比爾和比爾哈努也都在這個俱樂部待過一段時間，從馬拉松賽恢復。阿比爾告訴我，一旦我在路上他就會打電話給我，然後我要把電話交給司機，這樣他才能跟他說要在哪裡放我下車。考量到無法預測電話網絡的狀態，這並不是最縝密的計畫。不過，上路一個小時後他果然打來了，而且要求跟司機通話，司機要我別擔心。打從我們離開最近的城鎮德布雷塔波後，這輛巴士就一直穩定地往上走，而氣溫也明顯變得越來越冷。

我們漸漸來到樹木叢生的山陰處停下，然後司機轉頭對我說已經到了。唯一的建築群看起來就像蓋在一片留茬地上的軍營宿舍，被有刺鐵絲網圍繞。其他乘客滿是期待地看著我。這裡真的是這個「farenj」要去的地方嗎？我也在想同樣的事情，有點不太確定該不該下車，直到薩拉米洪終於從最近一棟建築物跑出來，後面緊跟著一大群好奇的運動員，全都穿著成套的藍色運動服裝。他把我拉下車，再把我的包包往肩上一背，然後就宣告導覽的時間到了。

我們由教練德薩勒和營區的運動員代表格柏陪同，德薩勒的髮線急遽後退，但三十五歲當上教練其實很年輕，而且還把藍色的運動服塞進成套的褲子裡，而格柏似乎也是阿姆哈拉水利工程建設公司的公關負責人。「我們公司負責七十四個專案，修路又取水。」他對我說，然後拿一瓶公司以附近山嶽命名而生產的古納山泉水給我。他們常常用「古納」來簡稱這個俱樂部，作為這座山的標誌，標誌著山的重要性。他們先帶我去參觀餐廳，牆上貼著一張飲食計畫，其中有兩天的早餐吃義大利麵，而且建議飲食要有大量的碳水化合物和蔬菜。

這個俱樂部是許多在衣索比亞田徑總會支持下成立的俱樂部之一，成立初衷是要由國家、企業（比如這間水利公司）以及城鎮本身一同資助。這些新俱樂部的執行狀況各不相同，其中有些長期資金不足而且資源匱乏，就像二〇一二年獲獎紀錄片《跑者之城》（*Town of Runners*）中紀錄的那樣，跟拍了兩名來自貝科吉的跑者，他們在被送往的俱樂部中有著截然不同的經歷。這間特定的俱樂部設備齊全，而且這裡的跑者不但支薪還由餐廳提供每日三餐。這樣提供支持給區域內不同俱樂部的上百名跑者讓當地競爭激烈，也因此表現好到可以晉級到阿迪斯的機率不高。

德薩勒強烈希望與他合作的運動員能成功，但他也知道他們不可每個人都擁有運動員的職業生涯。因此，許多跑者都是在早上上學和下午訓練之間輪替，反之亦然，讓兩種選擇保持開放，卻藉此延長他們在校的時間。因此，有少數二十五歲上下的運動員仍然在上學，是俱樂部支付他們薪資讓他們能這樣做。他們帶我去看我們將要入住的房間，裡面有三張單人床，還有兩幅畫像掛在牆上，一幅是聖母瑪利亞，另一幅是衣索比亞已故的總理梅勒斯．澤納維。房間都是共用，因為德薩勒堅信，要避免運動員失去希望，至關重要的是避免讓他們獨處。「如果他們獨自待著，就會有想太多的問題。」他說。

這對那些因為傷病而有一段時間無法跑步的運動員來說尤其重要，德薩勒急著指出他在體育活動和心理健康之間看到的連結。「當他們有在跑步的時候，沒什麼問題，」他告訴我，「因為即使他們在下午對未來感到擔憂，他們會去跑一趟，而這會讓他們放鬆下來，所以回來時會感到愉快。」這我完全能感同身受，長年以來，我對跑步的感受都是把它當作一種舒服展開一天和結束一天的方式。「你知道那種感覺像什麼，」他繼續說道，「那是一種成癮。」接下來參觀的是健身房，裡頭有木棒兩端為水泥的自製啞鈴，是把竿子兩端浸入未乾的水泥罐中製成。「它們並不完美，」德薩勒說，「你得在重覆十次後換邊，才不會失去平衡。」他一邊示範一邊補充。「不管怎樣，啞鈴不是那麼重要。我們真正想讓你看的是我們的跑道。」

他開始走上建築物外面的草叢幽徑，在徒步上山的途中，一個農民加入我們的行列，隨意把種子播種在小徑兩側，他的動作跟運動員在做整理運動時的其中一樣動作相同。令人煩惱的是，我注意到即使只是走路，在這種海拔高度也很難交談。我問這個農民對跑者有什麼看法，是否介意他們在自己的田裡跑來跑去。他說，他喜歡看他們跑步，並補充說：「我試著盡我所能提供協助。」在我們的身後，有一名跟隨在後的運動員正在笑。「馬鈴薯，」他說，「那就是他幫忙的方式。」教練說，當地農民並非一直這麼支持他們，他們一開始啟用營區時，許多農民從未聽過阿比比．比基拉或海勒．蓋博塞拉西的事蹟。「他們過去常常喊著『停下來！停下來！就算是馬也不會這樣跑！你的心臟會爆炸！』」他說，「他們那時覺得我們瘋了。」

我們終於來到山頂，那裡的草地已經被消耗肺活量的數百萬次步伐踏印出一條輪廓清晰可見的草徑。德薩勒告訴我，他們一開始用石頭標記，但現在內側跑道已經被永久標記在地上了。「從這裡開始，」他邊說邊指，「你可以從全部四個方向看到。」跑道位於自己的高原上，地面從跑道的所有側邊下傾。然後他指向遠方下面一個斜坡說：「在那裡你可以看到雲幕高度（cloud level）。」他提醒我，這條跑道位於海拔三千一百公尺。「運動科學家說這高度太高了。」他說，「他們說這麼做不明智。」他看起來若有所思。「那你怎麼看？」我冒昧詢問。「這是明智之舉。」他簡單地說，「等你去到其他地方時，就能簡單獲勝。」

基米爾丁格是跑道所在的居住區，字面意思是「一堆石頭」。不看營區的話，這是很貼切的描述。這裡有的不多，我想這就是訓練營的意義所在。「這是一片處女地。」德薩勒教練告訴我，「這裡的空氣是特別的。」這裡是一個能為年輕跑者「帶來改變」的地方。我記得已經發掘這麼多一流衣索比亞跑者的森塔耶胡曾預測，下一批出現的一流跑者會來自另一個高海拔的地方，而不是貝科吉，在那裡會有比較少關於這項運動的成見。德薩勒的名字是激昂的意思，他對這裡的海拔高度極度自豪，所以一直要我用手機上安裝的海拔高度APP來確認，然後再把結果跟他知道的其他營區相比。這些營區都有相似的神祕名字，所以我覺得自己有點像是不小心闖進了《魔戒》（*Lord of the Rings*）的世界裡。「他們說（馬之鄉）菲拉貝特很高，」他說，「但那裡沒有基米爾丁格來得高。」另一個運動員插話說，「他們說最高的地方是（風之源）內法斯馬巫加」，這說法讓德薩勒教練大力搖頭。

德薩勒解釋說，基米爾丁格得名於領主時代，衣索比亞歷史上的這段時間是從十八世紀中葉到十九世紀中葉，當時這個國家由各地區的親王與封建領主統治。在戰爭爆發之前，來自這個地區的部隊，每個人都奉命在一個石堆上放一塊石頭。為了計算有多少士兵已經犧牲，那些從戰役回來的人必須把他們的石頭移到另一堆。「如果你跟那些跑者也這樣做，一堆代表那些成功的人，另一堆代表那些沒成功的人，哪一堆會比較大？」我問。「沒成功的那一堆會成為一座山。」德勒薩說。這讓我想起著名的美國教練傑克．丹尼爾斯，他講過一個笑話是關於雞蛋砸牆的指導理論，理論上如果你有夠多極度認真訓練的運動員，他們之中有些人就會成功——或是如果你將一籃子的雞蛋往牆上扔，你幸運的話，會有一顆沒破。不過，我將會認識到營區的生活比較跟努力訓練無關，因為營區生活是關於把事情做對，然後等著進步逐漸來到。

這三名莫約運動隊的運動員對我說明他們為什麼回到俱樂部。「我們坐巴士來這裡，」薩拉米告訴我，露齒而笑，「我們花了兩週集中狀態，然後把它放進自己的包包裡，帶回阿迪斯！」他來這裡是因為他在伊斯坦堡比賽後對自己感到沮喪。對比爾哈努和阿比爾來說，在馬拉松賽之後來到這裡是有道理的，因為他們可以用比較慢的配速來獲得有氧運動的相同好處，同時也讓他們的雙腿從參加馬拉松賽所受到的重創恢復過來。「你在基米爾丁格只要每公里跑六分鐘就能獲得良好狀態。」比爾哈努向我保證，這讓這週有機會能跟他們一起跑步的我感覺更好了。他們把這稱為「出門透透氣」（taking the air）[33]，這種說法聽起來有點悠閒又有點維多利亞時期的風情，儘管我猜想這兩種感覺實際上都不會出現。

所有衣索比亞跑者都會讓環境來塑造他們的訓練方式，會大老遠跑上來這個古納營區就是一個極端例子。如果你需要休養並儲存能量，你就會去尋找能迫使自己慢慢跑又最能讓自己達成目標的地形。當我們想到東非跑者時，假設的都是他們不過是比我們**更加**努力也更加逼自己去跑得更快。當然，這其中有部分是真的。不過，他們強調的往往不是苦勞而是聰明，也就是知道什麼時候該加把勁還有什麼時候該放鬆的能力。他們在快速方面顯然有所長，但有時在緩慢方面也同樣有所長。

＊＊＊

隔天早上我們在五點五十分醒來，這裡的氣溫接近冰點。薩拉米洪匆匆換上兩件運動服，又為了幾分鐘的溫暖回到床上。我能聽到有人在走廊上敲門，在這裡是不可能睡過頭又錯過訓練的。我們一群大約三十個人拖著腳走到外面，發現德薩勒教練穿著厚實的運動服，上衣跟平常一樣塞進褲子，脖子上掛著碼錶。我們走幾百公尺到森林外緣，結果他在那裡宣布今天要自己領跑，讓我感到意外，我想不到有哪個教練會在阿迪斯這樣做。在我們開始以兩路縱隊慢慢慢跑時，他跟我說，他在做出自己無法成為跑者的結論之前，自己在高海拔地區，十公里跑 30.05，五公里跑 14.34。我跟他說，我的十公里紀錄比他的多二秒，然後他問我是在什麼高度跑出個人最佳紀錄。我跟他說我不確定里茲的切確海拔高度，但大概是在五十公尺左右。

「這個地方很完美。」在我們跑上坡進入森林時，德薩勒對我說，「這裡的空氣乾淨又純淨，而且沒有汙染。」在我催促自己肺部更加努力運作時，我心想，還缺氧。在他告訴我要把最好的運動員留在這個營區有多麼困難時，我們用漸進式的之字跑上山坡。因為路跑的獎金有這麼多，然後出國參加徑賽的機會又這麼少，這已經成為日益嚴重的問題。他說薩拉米洪就是為五千公尺項目而生，他可以在高海拔的環境下用不到十四分鐘跑完，而且德薩勒認為他能在幾年內突破 13.30。「這表示他在衣索比亞以外的地方可以跑出 12.50。」他說，「但運動員現在都對徑賽興趣缺缺，他們只對校正自己的人生有興趣，因此他們得上馬路去跑。」當話題談到這點時，我的直覺是怪罪那些經理人，所以我問德薩勒，薩拉米洪這麼年輕就開始跑馬拉松，這是否是他想要的。「薩拉米洪的想法？」他回覆，「柏油路。比起柏油路他更適合跑道，但那裡沒錢賺，就算你跑再多比賽也一樣。」

幾年前，年僅十七歲的薩拉米洪在阿姆哈拉地區的五千公尺項目獲勝，在那之前他從來沒在柏油路上跑過，而且跑最久的一次是在森林裡「慢跑」一個半小時。有一個經理人來到比賽現場，問他是否想去中國跑場馬拉松。他欣然接受了這個機會。「當年他只是個小男孩，」德薩勒說，「體重只有四十九公斤。」我從薩拉米洪那裡聽他說過第一次跑馬拉松的故事。他對我說他的雙腿在跑了十五公里後變得「非常沉重」，受到了堅硬地面的震撼教育，但他還是以 2.15 拿到第五名。直到今天他都還沒見到第一場比賽的錢。薩拉米洪暫時搬到阿迪斯，以為自己現在有了個經理人，會在那裡訓練，但是他們帶著他跟第一、二名的錢消失了。「我不喜歡那個傢伙。」德薩勒說，「真的，我不喜歡他。因為我其實很討厭他。」我並不感到意外。薩拉米洪不得不回到這個俱樂部，另外在他所在的俱樂部以及我走訪過的其他俱樂部中，也有多位其他跑者有過類似經歷，他們這些無恥又無牌的經紀人直接到鄉下地區找運動員，為了換取一個機會，那些運動員除了相信他們之外別無選擇。他們的發展不是直接從鄉下的俱樂部前往阿迪斯的某個俱樂部，接著有管理團隊也有出國跑步的機會，他們的經歷往往都是一個點綴著起起落落和挫折的循環過程。

考量到德薩勒當時正在指導薩拉米洪跑五千公尺，看到薩拉米洪沒有因為第一次的馬拉松經驗而受傷，他鬆了一口氣而且看好他能在半馬賽中突破六十分鐘。「田徑運動跟這裡的地形一樣，有許多起起伏伏。」他說，這跟法西爾的說法相互呼應。我問他關於阿比爾、比爾哈努以及薩拉米洪返回營區的事。「前往阿迪斯的所有男孩都喜歡回來這裡。」他說，「這裡比較單純。」我們兩兩並肩跑在長長的運動員隊伍裡，低頭努力，默默跑了幾分鐘。終於我們從薄霧中穿出，而且這裡的樹林稀疏到可以讓德薩勒帶我們離開一路跟隨的狹窄小徑，然後跟著他蜿蜒穿過樹林。此刻我們肯定已經爬了幾百公尺來到海拔大約三千三百公尺的高度，然後在我失足脫隊時，我已經無力對話了。

今天隊伍裡的跑者擅長八百公尺到一萬公尺的距離，而且裡頭甚至還有一名標槍選手緊跟著隊伍。為了照顧這些跑者的能力範圍，當我們來到一片曠野時，德薩勒雖然會加快配速，但卻會沿著田野跑長長的平緩弧線，並經常掉頭折返讓落後的人（包括我自己）重新回到隊伍裡。跑者裡有些被告知要跑五十分鐘，有些是六十分鐘，還有些是七十分鐘，所以一些小團體逐漸脫隊，而且開始一起做技術練習與衝刺練習。這個例子充分示範了在有效運用團隊環境的同時，該怎麼照顧到不同能力和練習的跑者。

一個小時後，我跟德薩勒一起停下來，然後看著那些運動員在一百五十公尺的衝刺跑裡來回飛奔。這是每趟跑步的結束方式，他說。「不管你的耐力有多好，最重要的還是短跑速度。為了適應比賽時的最後衝刺，他們得像這樣一起跑。」即將參加波蘭世界青年錦標賽一千五百公尺項目的阿斯芮斯在一群人飛奔而過時，稍微偏離了後方的位置。「*Asres, gaba tempo!*」直譯就是「進入節奏。」對於一起進步的信仰在這裡展現得無比強烈。速度是某種你能潛入的東西，也是對另一個人的適應。德薩勒在阿比爾跑過去的時候搖搖頭。「當他跑太多柏油路的時候，就會讓身體緊繃，讓身體收縮得越來越緊，就連他的雙手也繃得緊緊的，那就影響到了他跑步的回歸。」據我所知，阿比爾一直都是像那樣跑，弓著身子像是要把最後幾滴能量從體內一個無形的能量袋中擠出來。「不過他已經跑出 2.08 的馬拉松紀錄。」我指出。這點似乎有達到他的要求。「老實說，他應該要跑出 2.06。」德薩勒說。

儘管他不贊成運動員太年輕就出國，但是當另一個運動員跑過去的時候，他大喊：「泰拉洪，搞什麼鬼？你的朋友大老遠跑到土耳其去跑步，而你卻在這裡睡覺！」他知道激勵人的最簡單方法是眼前的金錢誘惑。訓練結束後，這些運動員聚在一起開會，農場的孩子爭先恐後地想找顆石頭讓他們坐下，然後才退到一個表示尊敬的距離，專心地看著。接下來我們全都手拉著手，腳步一致地踏步，然後反覆詠唱：「我們的小隊，古納！」比起水利公司，我們更喜歡把俱樂部跟這座山聯繫起來。

＊＊＊

隔天早上我們在古納山的森林裡跑步，那是衣索比亞第二高的山。等我們走到森林外緣時，我們都劇烈顫抖著。氣溫再次接近冰點而且天空下著冰雨。我們以長長的一路縱隊跑在德薩勒後面。明天這些運動員將展開「高強度的」間歇訓練，德薩勒告訴我，所以今天的目標是盡可能地慢慢跑。不過就我了解，這大多表示我們會挑幾乎不太可能跑的地形來跑，以避免他們因為剛好感覺良好就意外努力過頭。抬頭望著這座山，我猜今天可能會是這種方案的教科書範本。

我們非常緩慢地展開，德薩勒順著泥濘的小徑，沿著陡峭的山坡跑，所以光是要保持上半身直立就用掉了我所有的專注力。我們有時橫越過二公尺寬的碎石路，那在我眼中就像一條完美的跑步路徑，在我們再次回到森林之前，我才剛有時間體會這路面有多麼適合跑步。沒過多久，我們遇到一面五英尺高的石牆，於是德薩勒用他的雙手和雙膝爬了過去，後面運動員也跟著做，其中有些人得幫忙彼此爬過去。我覺得我們是在進行某種軍隊演習而不是練跑。「教練有時很瘋狂。」比爾哈努在推我過牆時低聲地說。

接下來的二十分鐘，斜坡陡到我們用走的比跑還要多，我們利用樹根徒手將自己拉上去，然後在霧裡互喊，此時的霧已經濃到我們前方能見度幾乎不到二英尺，一點也不誇張，我真的很擔心自己會永遠迷失在這座山上。無論如何，德薩勒確實正在實現自己不讓我們跑太快的目標。當我們到達坡頂時，我們跑過田野，上面的犁地溝槽多到只能用誇張的步幅來跨越犁溝，而這也是唯一能做出像跑步動作的方法。我們用這種奇特又類似增強式訓練的方式伸展我們的肌肉，然後又突然收縮他們，就這樣跑了十分鐘，才一路迂迴回到我們開始的地方。我們已經出來一個小時又十分鐘，我的雙手滿是泥土和攀上斜坡所留下的擦傷。我感覺自己經歷的不是跑步，而是五小時的徒步旅行。

當我們回到營區時，每個人都脫得只剩下短褲在戶外淋浴，溫度肯定沒有超過三度，我決定跳過這個特別自虐的部分。「比爾哈努，你不冷嗎？」我在他往自己頭上澆桶水又大聲呼氣的時候問他。「不會，很熱！」他用英語喊道，「我是一個非常危險的男人！」

下午阿比爾邀請我去拜訪他的家人，他的農場搭（自動三輪車）「bajaj」前往只要一小段路程。當我們一路穿越「teff」田又避開那些鄰居的狗抵達時，我們發現阿比爾的祖母赤腳坐在一大堆柴火上面整理。「她八十三歲了，但是很健壯。」阿比爾說。她爬下來就馬上開始提供我們一堆令人眼花撩亂的食物和飲料：咖啡、大麥製成的「beso」、當地啤酒，還有剛做好的薄餅狀「injera」配上溫熱奶油，以及搭配麵包的各種烘焙穀物什錦「kolo」，像是鷹嘴豆、大麥和葵花籽等。我們選定當地啤酒「tella」，在玻璃杯中倒齊杯緣。她專注地看著我喝，然後在我無法一飲而盡時，轉頭問阿比爾：「這傢伙怎麼了？」

阿比爾鍛鍊得像個頂尖馬拉松跑者，他平常體重五十五公斤，但最近參加完蘇黎世馬拉松比賽後看起來比較瘦，他在那裡的糟糕條件下用2.13.08的紀錄拿下第二。比賽期間下起了雪，結果他說自己等到回來阿迪斯後才溫暖起來。他滿懷對日本選手川內優輝的敬佩歸來，他在三十九公里處終於擊敗他拿下勝利。「那個傢伙就只是推進、推進、再推進。」他對我說，然後給他的家人看一張照片，裡頭川內等在終點要為他獻上屬於他的花束，以彰顯對於一場「英勇」比賽的讚賞。在頒獎臺的受獎照片裡，阿比爾躬身站著抵禦寒冷，身上除了跑步短褲，還有一件借來的羊毛針織衫。一週後，他看起來還是一副他很想要多花點時間陪伴自己祖母的樣子。

就在阿比爾被問到他在阿迪斯的日常飲食時，各個其他家庭成員來到，於是又有更多食物被送了上來。「食物是種在附近嗎？」他們問道，「新鮮嗎？」他跟他們說自己是從市場買的；他也不確定。很多人搖了搖頭。在我們交談的時候，他的祖母用當天早上磨的「teff」粉現做了「injera」。「這是從外面那片田裡收穫的。」他告訴我們。就十公尺遠，再也沒有比這更在地了。這道「injera」跟溫熱融化的奶油還有「berbere」一起上桌，奶油源自外面一頭閒晃的母牛，而「berbere」則是用他們的辣椒植物製作完成的混合香料。「你需要遠離所有包裝食物。」阿比爾的阿姨正在對他說。這是個好建議。「還有外國的香蕉，它們是化學製品的產物。」他們跟其他人一樣熱心，要我跟大多數跑者一樣牢記「beso」的重要性。在英文裡，阿比爾把它稱為「文化果汁」而且對它深信不疑。那些農民們能在田裡待一整天，靠的就只是「beso」和「tella」這些液態碳水化合物的補給，兩種都是用他們收穫的穀物製成。

「injera」是用爐火上一個巨大的扁平金屬烤盤製作，所以煙霧很快就充滿了整個空間。「他沒事吧？」阿比爾的祖母問他，「他們在他的國家有煙霧嗎？」我流著眼淚向她保證我們有，但她滿臉疑心。「他們有的一定是現代的煙霧。」她斷言。很多孩子跑進來抓了幾把「injera」，指著我然後又笑著衝到外面的田野裡。在唐納德．萊文的阿姆哈拉民族誌中，他寫道，當農民被問到自己的抱負時，他們很多都只回答：「*Sarto meblat*（工作完了，就吃飯）」這或許是個簡單的抱負，但考量到我們一直以來所做的跑步量，這卻是我能理解的抱負。我們回到營區，飽到快要無法說話。

當我們回去時，德薩勒教練宣布我們將離營前往最近的城鎮德布雷塔波，為十天後的阿姆哈拉地區田徑錦標賽進行賽前的「狀態調整時間」。薩拉米洪、阿比爾和比爾哈努不會參賽，但這對希望追隨他們腳步並前往阿迪斯的其他俱樂部選手來說，是一個證明自己的機會。比賽將會在海拔較低的巴赫達爾舉行，所以他想讓他們在可以進行「激烈跑步」的某處訓練。其實德布雷塔波的高度不過低了幾百公尺，而且還是比阿迪斯高，但比起海拔三千一百公尺，兩千七百公尺容易太多了。

＊＊＊

我們在吵雜的寄宿舍裡過夜，我不太明白在比賽前幾天把運動員帶離熟悉（而且安靜）的環境是什麼邏輯。在海拔較低的地方做些訓練很合理，但我們離營區只有一個小時的車程：我們本來可以每天直接開車前往跑道的。或許德薩勒教練想讓人們提前去適應移動參賽的壓力。不過，問了運動員，他們告訴我，來這裡的主因是為了果汁，營區裡沒有果汁，但運動員在這裡會拿到二百比爾（六英鎊）的每日津貼，讓他們能吃到特殊的賽前飲食。錢大多花在肉類和酪梨汁上，這些對「狀態」來說，被視為至關重要的部分。

比爾哈努、阿比爾、薩拉米洪、泰拉洪和我去外面一家「sega bet」（肉鋪）吃晚餐。牆上貼滿了喬吉斯啤酒那黃紅相間的可怕海報，還有聖喬治屠龍的真人大小圖像。一大片牛肉掛在旁邊肉鋪裡，店裡還畫了一個大大的紅色十字架。點餐是以斤論肉，所以比爾哈努為我們四人點了二公斤的肉。我們拿到一小張票券，坐了下來，店內只有我們不喝啤酒。當肉上桌時，有一公斤是生肉，其餘則是切塊跟大蒜和辣椒一起烹煮。我們的吃法是把「injera」撕成條狀，再用它舀起肉塊，沾著混合辣椒粉和芥末的火紅醬料吃，這瞬間辣到我的眼睛。等到他們不再流口水的時候，肉早就差不多被吃完了，所以我了解到，如果我想跟上他們，就得用更多方式來加快速度。比爾哈努去加點更多肉，由他跟阿比爾兩個比較富有的運動員買單。生牛肉很好吃，但是我有點忐忑，不知道自己的胃會有什麼反應。當比爾哈努回到桌邊，他帶了一小杯的「areke」，把它推到我面前，那是一種自釀的伏特加，酒精濃度通常超過百分之七十。「你最好喝下這個。」他說，「如果你不習慣吃肉。」

我們吃掉剩下的肉，然後這些跑者顯然興致高昂，就像喝下「areke」的我一樣。「還有『zur』（一輪）！」泰拉洪一邊說著，一邊用最後一片「injera」以橢圓形的方式把剩下的肉掃光。「五十五！」我猜這是他想像自己在這週末的比賽上跑最後一圈的配速。一如既往，食物和表現之間的連結超乎想像地強烈。「他跑這麼好的原因，」薩拉米洪戳著泰拉洪鼓起的臉頰說，然後指著他的腹部說，「就是大家的胃只到這裡，但是他的胃卻延伸到他的雙腿。」我跟他說我們在英語裡也有描述這種情況的說法：「空心的雙腿（hollow legs）。」泰拉洪的體重只有四十八公斤。比爾哈努靠著椅背坐，顯然吃得非常飽。他跑步成功的方程式很簡單：「*Rucha, sega, birr*（跑步、肉、錢）」

＊＊＊

我們在鎮上的寄宿舍又住了一晚，這裡已經住滿了其他前來參賽的隊伍。這棟建築物幾乎沒有完工，房裡的牆壁是還沒抹上灰泥的冰冷混凝土。我們這一層有一間廁要給三十位左右的運動員共用，而且在水槽洗過的運動裝備也在院子裡的晾衣繩上快速增加。隔天早上，我們前往舊機場，另一條臨時的草徑。為了抵達那裡，我們花了四十分鐘跋涉穿過農田，躲開了那些看門狗，還有農民邀我們一起吃東西和喝「tella」啤酒的請求。這花了一些時間，在衣索比亞的鄉下，拒絕食物是最得罪人的事。我們沿著乾涸的河岸前行，最後來到一片高原。那裡沒有起降跑道，但一眼就看得出德格政權（從一九七〇年代中到八〇年代末統治衣索比亞的軍政府）把這裡當作機場使用的原因。這裡比訓練營的跑道平多了，整座機場本身只剩下一個小棚屋。「以前這裡算是有座機場，」阿比爾用英文解釋，「但現在已經移除了。」

我跟比爾哈努去跑步，沿著田野的輪廓然後「採用對角線」，就像比爾哈努說的，藉此確保我們不會跑太快。他還在從幾週前的羅馬馬拉松恢復當中，所以他想持續自己的有氧運動，卻又不想對雙腿施加太多負擔。這表示要堅守一個弧形的坡度而且配速不能少於每公里五分鐘，但就我的感覺來說當然夠快了。我試著保持交談，但就跟經常發生的情況一樣，我發現缺氧的大腦很難使用阿姆哈拉語。

我們及時回到跑道觀看團隊訓練。這肯定會是一堂速度課。他們今天做的是「繞圈訓練」，接近一萬公尺的比賽配速。根據德薩勒教練的說法，這裡多出的少數氧分子等同於每圈三秒鐘。泰拉洪，薩拉米洪和阿比爾跑出每圈六十九秒，而不是像他們在營區跑出來的七十二秒，而且泰拉洪讓其他人很受傷。去年薩拉米洪在阿姆哈拉錦標賽的一萬公尺項目打敗他奪金。再前一年則是由阿比爾勝出。泰拉洪這次決心要贏，這樣他才能搬到阿迪斯並開始出國比賽。

他們原本應該以這個配速跑十六圈。阿比爾持續了八圈，他的雙腿在蘇黎世馬拉松後還沒復原。「呼吸，」在他舉起一根手指來為自己做出實質的辯解之前，他開始對我說，然後轉身在草地上悄悄地吐了，「這裡真的很燙，跟在阿迪斯不一樣。」薩拉米洪持續了十二圈，也不得不停下來。這次訓練的前提是只要你跟不上配速，你的訓練就結束了，你想繼續跑是不被允許的。這個版本的訓練內容是鼎鼎大名的沃德馬斯克·克斯特教練所發展出來的，而且因為肯納尼薩與海勒的緣故而變得為人所知。

「泰拉洪的狀態正盛，」薩拉米洪喘著氣，「待過阿迪斯後，你就無法與他競爭了。」因為泰拉洪去年都待在營區，所以他比較有辦法應付訓練。在德布雷塔波擁有「巔峰狀態」跟在阿迪斯擁有「巔峰狀態」是兩件事情：伴隨營區的海拔高度，你可以輕鬆把杯子裝得更滿。德薩勒在六十九秒的時候吹哨，哨聲剛好在農民驅趕牛隻穿過耕地時，跟他的鞭打聲相互呼應。泰拉洪是唯一跑到第十五圈的人，所以當他接近第十六圈也是最後一圈的起點時，德薩勒大喊：「OK，泰拉洪，讓我們看看你的能耐！不要害怕！」泰拉洪開始飛奔，然後用五十九秒跑完最後一圈。

＊＊＊

隔天，他的表現更令人印象深刻。他不只更適應這個海拔高度，而且速度純粹快過比爾哈努、阿比爾與薩拉米洪——馬拉松訓練減弱了他們的速度。他們正在做一公里的重複跑和三分鐘的恢復跑，對阿比爾來說，三分鐘已經夠他在每次重複跑之間靠過來抱怨一番。「2.45、2.46對我來說很簡單，我可以這樣跑上一整天。但是2.38、2.39太可怕了。」整個早上大家都在開玩笑，說各次跑第一的那個人可以換到「獎金」，頒獎的方法通常是把一比爾的硬幣壓在那個人冒汗的額頭上。

再一次，阿比爾提前退出了訓練。蘇黎世馬拉松不過是兩週前的事，他沒有辦法讓雙腿用這種速度跑。泰拉洪在跑最後一公里前，宣稱他要跑出低於2.35的紀錄，德薩勒教練說他的運動員從來沒有在這種海拔高度下做到這件事。「如果我做到的話，我的獎金會是多少？」泰拉洪問。阿比爾說他會給他一百比爾，然後泰拉洪就慢跑過來握了一下手。在他們抵達起跑線前，嬉鬧聲都沒有斷過，泰拉洪在起跑線上畫了個十字就起跑。他用二十八秒跑了二百公尺，眼神在歡呼聲響徹整個高原時閃爍著堅毅的光芒——一百比爾可不是鬧著玩的，這筆錢足夠讓人天天外出吃上一週。他用五十九秒跑完四百公尺，又用2.00跑完八百公尺，然後在最後回終點的直線上全力以赴，毫無保留，寫下2.34的紀錄。阿比爾目瞪口呆。「這孩子辦到了。」就在泰拉洪平躺在地跟隊友虛弱擊掌時，他搖搖頭說。

在營區這是金錢直接影響人們跑法的罕見例子，但這也是個例證。根據德薩勒教練所說，徑賽運動員在留營和搬到城市之間面臨了明顯的選擇。隨著運動員轉往路跑賽與馬拉松賽的頻率越來越高，還有年齡越來越小，金錢的誘惑真的太誘人了。靠著阿比爾在杜拜馬拉松贏得的第八名獎金，他剛剛蓋了一個裡頭有好多房屋的住宅區，能俯瞰他們在這訓練的其中一個場地，這些房屋他將用來出租。這無時無刻不在提醒著人們，放棄跑道轉往公路所能得到的潛在財富。

拜訪這些偏遠營區，看他們座落於起伏田野裡，完全仰賴週邊農田種植的食物和為國爭光的慾望來維持運行，是一趟遠離阿迪斯的短暫充電，感覺就像穿越到田徑史上更純真的時代。在薩拉米洪和我收拾行李要離開時，對於我們即將帶回去的「狀態」，我希望他的看法是對的，要是能有一次感到輕鬆就好了。

㉝編按：這裡又是作者的雙關語，「taking the air」是一個片語，意思是出門散步或外出呼吸新鮮空氣，但也可直譯為「汲取空氣」，意思是藉由跑步來獲得（take）高海拔的「特別空氣」。

13 他們當然想要幹掉彼此

大家現在應該很明白，跟我一起訓練的跑者裡，有很多人的主要關注都是放在確保他們保護了自己的能量含量。用一種經過衡量與控制的方式一起訓練，被視為避免因為過度訓練而「把自己累垮」的最佳方法。不過，大家也該明白，這種通則有時候也會被用一種相當誇張的方式所違背，例如在大半夜跑兩個半小時，或是故意選擇特別荒謬的訓練路線。然而，一般而言，重點是放在一起進步，還有用能讓隊伍完全團結為一體運作的方式跑步，無論是透過梅塞雷特設定的跑步配速來達成，還是透過之字跑讓落後的人跟上來達成。

不過，在這項運動背後的現實其實是一種永遠不會消失的緊張關係，也就是儘管跑者是一起訓練，他們最後還是得獨自競爭，這點在上一章應該已經說得很清楚了。遲早每個人都得面對唯有速度才能拿下大多數比賽的現實，而且他們看著蒂魯內什・迪芭芭和肯納尼薩・貝克勒那樣的人在主要錦標賽上發揮傑出的最後幾圈，已經有足夠的經驗能夠知道這個現實。我們的隊伍專門在週三訓練速度，但我們在大多數的日子也會用一系列越來越快的衝刺來完成多數的輕鬆跑，藉此訓練速度，這些衝刺似乎是為了灌輸一種關於速度的「用進廢退」心態。

事實上，在衣索比亞和英國跑步有一個最明顯的差異，就是大多數訓練內容所涵蓋之配速和動作的全部範圍。我在愛丁堡會定期出門，用每公里大約四分鐘的配速去跑一趟，然後只要我想，可能也會在公寓外面匆匆做些伸展。在衣索比亞，同樣一趟跑步比較有可能是用八分鐘跑完一開始的一公里，還有用遠低於四分鐘的配速跑完最後一公里，接著是以全力衝刺告終的一連串衝刺練習以及一套越來越費勁的增強式練習，當我剛到衣索比亞時，這套練習讓我的腿後腱在做完之後廢了好幾天。

當我要大家說明每天做這些訓練的重要性時，他們經常琢磨，通常會訴諸一個又一個的彈指來示意，告訴我這些訓練是為了訓練腿部速度，也是為了讓腿保持某種活力，即使是在我們跑了很多公里數的時候。我們盡可能用最快的速度踏出小碎步，或是抬腿向前伸直，然後再啪地一聲讓腿踏回地面。法西爾有時甚至會邁著誇張的大步，以最快的速度往後衝，然後波及剛好在他去路上的人。

不過，跑後的衝刺練習大多是為了伸展雙腿並鍛鍊跑步姿勢。我們總是在週二晚上進行，搶在週三上午的速度訓練之前，這樣我們的雙腿就會像海利說的，知道隔天要「面臨什麼」。海利特別鼓勵我做小步的快步操練，他認為我那邁大步的跑法有點問題。「你的雙腿有些滯空，」他說，「如果你的步伐短些，就能增加更多速度。」我們彼此步調一致地跑著，就像其他趟跑步裡我們經常做的那樣。然而，週三上午的速度訓練往往被明確視為訓練競爭本能的機會，還有讓大家見識自己能耐的機會。這些訓練內容幾乎都在容易的地面上進行，不是在森達法或蘇魯塔的城北草地或列格托佛的泥土跑道，就是在阿卡基的「coroconch」。撇開我們前往跑道的過程不說，這些訓練內容相對容易，因為它們由一到六分鐘的不測速重複跑組成，概念是要讓運動員擺脫束縛「什麼也不想」，鼓勵他們真的放手去跑。

今天早上我們在蘇魯塔一個稱為人造衛星（Satellite）的地方，那裡是在城市正北方大約二十公里處，因為在某個角落有座巨大的衛星天線而得名，也是莫．法拉在衣索比亞時最愛到訪的地方。我今天沒有要跑步，因為我在桑吉巴進行「避靜書寫」時踩到了一顆海膽，但這是跟海利和梅塞雷特一起看訓練展開的好機會。這次的訓練內容很簡單，包括重複十四次的二分鐘快跑，每次快跑之間加上一分鐘恢復跑，以及中場的五分鐘休息時間。

當我在英國做類似的訓練內容時，他們總是繞著一個事先決定的圈子來跑。然而，在人造衛星這裡，我們跑的場地大概有好幾公里，上面除了偶爾看到馬車在雨季經過時留下的車痕外，沒有什麼明顯的特色。梅塞雷特沒有跟團隊說要去哪裡跑步或是由誰來領跑，估計這會在訓練過程中自然而然地出現。他們預計要全力跑二分鐘的重複跑，但我們這裡在海拔二千八百公尺。當跑者暖身後聚在一起時，我引起了薩拉米洪的注意。「*Selam naw?*（那裡有和平嗎？）」我問他。「在這個場上沒有和平。」他微微一笑說。

當梅塞雷特要他們出發時，他們就開始繞著場地邊緣跑，一開始由鐵克馬里安領先。海利、梅塞雷特和我稍微慢跑前往場地中央，司機比爾哈努緊跟在後。比爾哈努被雇來駕駛團隊巴士時對跑步一竅不通，但他已經開始非常喜歡觀看訓練內容，而且特別期待週三。這些跑者沒有一直沿著場地邊緣跑，而是玩起了類似有樣學樣（follow-the-leader）的遊戲㉞，在這個遊戲裡，會有某人會衝到領先位置，然後選一個方向。采達特以對角線起跑穿過場地，然後其他人就無縫接軌，改變方向跟了上去。「哈哈！」比爾哈努說，在跑者飛奔而過時顯然很高興。「他們今天在互相較勁！」

經過三次重複跑，跑者之間已經拉開各種間距，所以這些落後的跑者花了點時間才在休息時間重新集合。采達特在第四次重複跑的時候又跑回到最前面，而且他在飛越場地時做了幾次緊急轉向。「看看這個小傢伙，用之字滿場跑。」比爾哈努評論完，搖搖頭。「當他們做間歇跑的時候一定得這樣。」梅塞雷特回應，「他們需要像這樣輪流釋放能量。幾分鐘後采達特就會精疲力盡，然後另一個人就會來到前面成為領跑者。對采達特來說，關鍵在於學會回應。」他在說話的同時，采達特交出了領先位置，然後掉回隊伍裡。

「*Gaba!*（跟上配速！）」梅塞雷特大喊，鼓勵他跟上，不要落後。

梅塞雷特在週三之外的其他日子強調控制和保存能量的重要性，所以我指出這好像非常不同於平日的訓練。他笑了笑，把手勢指向采達特，他現在正拼命讓自己跟在隊伍後面。

「像這樣訓練是很耗費能量的，」他說，「但是為了學習戰術的效率，他們得這麼做。」這樣的訓練會激怒一些比較資深的跑者，讓他們覺得有些人沒在前頭盡到一己之責。「你看，有些運動員在大部分的時間裡都待在那些領跑者後面，有些甚至完全掉隊跑到後面去。」他說，用手指出飄移了五十公尺左右的法西爾。「但是，等他們突然感覺稍微好轉時，他們就會想要成為領跑者並超越那些領跑者的能力，所以這舉動有時候會讓比爾哈努和梅庫安感到生氣。他們告訴我：『你得控制這些傢伙！』我說：『我不想要控制他們。你的回應必須夠即時才能跟上他們。』肯納尼薩能勝任，為什麼？因為他能回應各種不同的挑戰。所以到了最後四百公尺時，」他做出張開雙臂的擴張動作，「肯納尼薩會說：『Ciao』然後就跑得不見人影了。」

這些跑者在他們的五分鐘休息時間裡，為了喝水搖搖晃晃地走向我們，但胡尼納非常不舒服。當他喝完水，便來到海利和我身旁，用低沉的聲音說出「*Farenji!*」來對我打招呼。儘管他的汗水和唾沫從下巴滴落，還有個深藍色的十字架紋身在額頭上，他還是帶有長跑者身上的威脅，也是隊中仍然堅持稱我為「外國人」的唯一成員。我跟往常一樣回他：「*Habesha!*」「他們想要幹掉彼此，」他說，「這是速度訓練。」海利笑道：「他們當然想要幹掉彼此。」

五分鐘的恢復時間比胡尼納預期的還早結束，於是他們又離去，在場上每隔幾百公尺就跟一個新的領跑者來回穿梭。「又是梅庫安！」就在他繞著外側移動時，比爾哈努開心大喊。我們看著他們從場中央出發，鼓勵那些落後的人去試著重回隊伍。正如梅塞雷特所說，看著跑者互相「較勁」，他顯然樂在其中。就在他們飛奔跑過最後一次重複跑時，法西爾突然像短跑選手一樣衝到前頭，他把捲起來的筆記本拍在手掌上。「我今天高興極了！」他大聲說，「百分之百的高興！當他們在最後衝刺時，有人衝刺，然後又有人衝刺，接著又有人回應，於是又有人衝刺，又一次！這就是一場所謂的速度訓練。如果你想提升速度，你就得突破自己擁有的能力。」

這些跑者拖著腳步，用步行的步調來放鬆，然後回到巴士上換衣服。梅塞雷特要他們在上車之前先聚在一起。「請圍成一圈，」他說，「來鼓勵那些被回應的人。在「coroconch」上你們跑得很自在，在柏油路上你們照我要求的配速跑，但是等我們來到速度訓練時，你們每個人自然都試著要去證明自己的才能。當領跑者換人時，不管是誰接棒你們都得跟上去。」在他繼續對全隊講話之前，他把法西爾和鐵克馬里安這兩個經驗最少的跑者叫了過來，用雙臂摟住他們。「你們不該畏懼彼此，因為你們如果畏懼彼此，就無法帶來改變。所以如果有人在往前推進，那就稱讚他然後跟上去。今天法西爾是英雄，我看到他回應了所有人，鐵克馬里安也是。」

雖然這是本週競爭最激烈的訓練內容，但在梅塞雷特眼中，競爭與合作依舊聯繫在一塊，因為這些跑者被鼓勵去試著「回應彼此」（send each other back），這是梅塞雷特用來描述跑者對某人拉開距離時的說法，所以從長遠來看，這些跑者的每一次猛衝都會幫助那些落後自己的人進步。他要杰列克去巴士上拿他的手機。今年這個隊伍的最大成就之一，就是他在中國的福州馬拉松比賽拿到第二名並贏得一萬五千美元，現在他正用這筆錢在自己位於德卜勒伯漢的家鄉蓋一棟房子。當他從巴士下來，梅塞雷特要他給我們看看最後幾百公尺的影像。我們圍在小小的螢幕前面，攝影摩托車從五個衣索比亞人的前方拍攝他們飛奔在空曠的六線道公路上。杰列克位於左邊，跑向攝影機，展開他的全力衝刺。就算是在模糊的手機螢幕上，你也能看到他的眼白以及他有多麼努力在爭取第一個衝線。

鏡頭移到終點線上，杰列克的手臂在最後幾公尺開始快速擺動，就在他完全耗盡氣力、跟另一名跑者一起衝過終點彩帶時，後面還緊跟著其他三名跑者。「喔喔喔，」阿瑟法大喊，儘管已經看過這個片段很多次了。杰列克搖搖頭。「我們所有人只差了一秒鐘。」他說，「一秒鐘還有很多錢。」這就是他們在訓練中需要學習去幹掉彼此的原因，如此一來，到了比賽時，他們才能學著去「抵抗」其他人發動的猛衝，完美掌握自己最後衝刺奪勝的時機。

梅塞雷特經常把這個描述為精神力量而不是生理能力，因為這跟快縮肌纖維比較沒有關係，反而跟意志的素質比較有關，就好像有一種可能性是你只要做出自己可以跑得更快的決心，事情就會發生。他最喜歡的故事之一，是關於海勒．蓋博塞拉西在亞特蘭大奧運會上拿下一萬公尺項目的優勝。「他在前往亞特蘭大之前，他說：『我一定要拿到金牌，否則我就不娶我的未婚妻！』這是他許下的承諾。在他獲勝之後，他脫下自己的鞋子，鮮血就流到跑道上。『你受傷了嗎？』他們問他，『你自己沒有感覺到嗎？你為什麼堅持下去？』海勒只說了一句話：『我必須要贏。』這就是承諾要做某件事情的力量。」梅塞雷特沒有提到海勒的未婚妻（現在的妻子）對這件事的感受，但很明顯的是，對人生和比賽採取孤注一擲的絕對態度是受到讚賞的。

速度訓練的客觀性以及擁有高於他人耐力的必要性，都對那些能夠真正體現速度的人賦予了近乎神話的地位，而且我發現這種地位被相當虔誠地守護著。大家在比賽當中把肯納尼薩視為速度和精神力量的化身，而且談論到他時也帶著極大的敬意。我記得自己剛來衣索比亞不久時，在我們跑完森林的回家路上，我問了一個年輕跑者關於肯納尼薩的事情。「他很危險，」他說，「你知道的，很多肯亞人跟肯納尼薩一起跑了之後，他們就完全被毀了。我有個來自肯亞的朋友，他跟我說，在過去十年裡，每個企圖跟他競爭的跑者現在都無法正常活動了。他們都受傷了，他說。他不是……那個傢伙，他不是人類。」

不管是不是人類，他都不可能接受採訪，儘管我曾多次試圖與他聯繫，並前往他位於城裡的飯店拜訪。然而，我還是設法跟他的教練梅沙說上了話。我們在位於阿拉特基洛的一間嘈雜酒吧裡碰面，並點了一種作法類似於啤酒卻無酒精的麥芽飲料「Malta」。它的味道喝起來像是介於有氣泡的好立克麥芽飲品和液體狀的麥提莎巧克力之間的某種東西，而且我發現它是跑步的絕佳燃料。當我告訴他我想和肯納尼薩本人見面時，他笑笑。「要在他試圖專心訓練時於衣索比亞採訪他，你得成為那個打破紀錄的人。」他是這樣說的。

考量到一般的態度是，只要耐心進行訓練並前往適合的訓練環境，任何人都可以成為菁英跑者，為此我對梅沙熱切強調肯納尼薩的過人之處感到很意外。「他不一樣。」他說，搖搖頭，「他不一樣，這件事渾然天成。如果你向他展示一種訓練，你會第一次看到它被完美呈現。就認知上來說他很好，而且他的心態就是與眾不同。他不畏懼任何人。其實很多跑者在十二或十三歲時都會這麼想，像是『我可以像那樣，我可以像這樣』，但他卻是真的去做。」

他告訴我他跟雷納托・卡諾瓦合作設計肯納尼薩的訓練計畫，他是義大利人也是許多頂尖肯亞跑者的教練，所以我很想了解細節。「喔，不。」他說，「我是專業人士。有一天肯納尼薩會有興趣發表，但他說這對直接拿來用的其他人來說很危險，因為肯納尼薩的身體其實很不一樣。或許跟肯納尼薩相比，你可能需要更多高強度的鍛鍊、持續更長時間的鍛鍊，還有更多的力量鍛鍊，這要由教練來調整。」我發現這很有趣，我原本以為他會說這大大超出大多數跑者能應付的範疇，而不是這還不夠。

他告訴我，要讓肯納尼薩變成一名馬拉松選手的最大挑戰，就是讓他慢下來。他們第一次在馬拉松專用跑道上的訓練內容是二十趟夾帶一分鐘恢復跑的四百公尺重覆跑。「這項訓練內容的重點，」梅沙說，「是要學著去用輕鬆的速度跑，藉此來改善乳酸耐受度。但是他在第一趟只花六十一秒就回來，他沒有興趣在跑道上跑得這麼慢。」經過三、四趟重複跑後，梅莎才能說服他跑得跟六十三秒一樣「慢」。「但在短短三十秒的休息後，他又接著來到起跑線，然後說：『我準備好了，教練。』在這樣的配速下，他的身體幾乎不會產生乳酸，這就是問題所在。所以我們不得不調整訓練內容以縮短恢復跑的時間。」他告訴我，因為肯納尼薩會對那些時間拖得比較長的馬拉松訓練內容感到無聊，所以訣竅就是讓事情保持有趣。「因此，舉例來說，我們讓他在長跑最後加上一些一分鐘的間歇跑。」他說。一如既往，最重要的是要盡可能讓訓練既有趣又鼓舞人心。

「肯納尼薩是那種不只要贏還要破紀錄的人，指導他或是蒂魯內什．迪芭芭這類的運動員，很容易就能讓他們成為優勝者。你得想得更遠，試著讓他們去破紀錄。全國紀錄、賽會紀錄、世界紀錄。至於獲勝……他的祖父經過訓練就能辦到。」我問了肯納尼薩在二〇一六年的倫敦馬拉松表現，當時他以 2.06.36 拿下第三。我曾讀到他在對抗傷痛後只能於賽前訓練六週，但我想聽梅沙親口說出。「那是真的。」他說，「你需要有最少十三週的時間，一三。這取決於運動員和他們開始訓練前的狀態，但他六週前還處於康復階段。我們沒有讓他先處於一個良好的過度階段再循序漸進，而是冒險讓他直接進入特定的馬拉松鍛鍊。但我們沒有時間，所以我們冒此風險。賽前我說：『你有什麼感覺？』他說：『我很好。』」

在倫敦有兩組選手跟著不同的配速員，而埃利烏德．基普喬蓋在前半段的賽程想要快到不行的配速。第二組跑得比較保守，到半途用了六十三或六十四分鐘。考量到肯納尼薩的準備時間有限，雷納托．卡諾瓦聯繫了梅沙，建議他跟著比較慢的第二組跑，於是這樣的消息傳到了肯納尼薩耳裡。說到這裡，梅沙雙手一攤表示無奈然後說：「我說：『你怎麼能如此建議?!』肯納尼薩意志非常堅定，所以他拒絕了，這是個很愚蠢的建議，當下他是我的英雄。」領先群最終以4.30跑完第一英里，並以61.24跑完前半，所以對於肯納尼薩來說，在六週訓練後能做到這件事，還堅持以2.06[35]完賽是相當驚人的。

通常海利為了運動員沒有表現出精神力量而感到沮喪時，他往往會直接了當地把肯納尼薩化為榜樣。有一次在訓練結束後，我們坐在巴士上，他這麼說：「如果你不全心全意投入跑步還希望能成大事，你就不會得償所願，反過頭來，你將一成不變。這就是肯納尼薩所做的決定，你們知道後來發生的事，他的妻子在森林裡跑步時倒下了，死於心臟病。那是個悲劇，肯納尼薩在哀悼時，他對自己說：『如果跑步能殺死人，就讓跑步來殺我。』同年，他打破了五千公尺和一萬公尺的世界紀錄。他的訓練從那時開始就幾乎不曾耳聞。有誰能在阿迪斯阿巴巴體育場用六十一秒的配速跑十六圈？他辦到了，所以當他在第十七圈跑了六十三秒時，他離開了跑道，而且明白自己能在亨厄洛打破紀錄。」

我曾聽過這個故事，而且我也曾目睹過泰拉洪、比爾哈努還有其他人在一次訓練內容中像這樣最遠跑到貢達。「這個跑十六圈的訓練內容源自沃德馬斯克．柯斯特。」海利說，「海勒．蓋博塞拉西也採用這個訓練內容。」這種訓練內容的關鍵在於能幫你藉由每一圈的快速奔跑來回應大家。「考量到阿迪斯阿巴巴體育場位於海拔兩千五百公尺處，海利前面說的訓練內容聽起來不太可能做到，但是我在衣索比亞遇到的跑者都相信肯納尼薩做到了，而且他被尊崇到這種程度，讓我也幾乎傾向於相信這件事了。對海利而言，要求最多精神強度的最簡單訓練內容通常就是最好的。海勒．蓋博塞拉西和肯納尼薩兩個都在沃德馬斯克．柯斯特指導下跑出世界紀錄，所以在海利眼中他的方法是最好的。「那些其他的年輕教練有他們科學等等的什麼，但他們並沒有那麼成功。」他是這樣說的。

儘管我無法藉由見上肯納尼薩一面來打破自己的紀錄，但我很幸運能在自己快要離開衣索比亞之前的時間裡，跟一名將會繼續打破衣索比亞半馬紀錄的年輕跑者共度相當多的時光，二〇一八年他在瓦倫西亞跑出 58.33 的紀錄。我們隊伍裡有一些非常有天賦的運動員，像是胡尼納，他跑出了 59.42 的半馬紀錄，然後隊上還有一些紀錄少於 2.10 的馬拉松跑者。不過，海利想強調的是，就算是在傑莫．伊美爾出道之前的那二年，他在比較短的距離和半程馬拉松的距離上，就已經有潛力能達到特別的成就。

當我們第一次在梅吉那格那圓環附近的咖啡館碰面時，傑莫在結束當天上午的跑道訓練內容後，直接穿著他的國家隊背心和運動上衣，以及一條褪色的牛仔褲，小心翼翼地走到咖啡館。隨著他在第一場國際賽有了出色的表現，才在近期來到阿迪斯，那場比賽是在德班的非洲錦標賽，他拿下了一萬公尺的第四名，所以海利想跟他碰面，這樣他們才能討論比賽，還有聊聊未來幾週的訓練。我原本預期他會對自己的第四名感到相對開心，但他顯然感到失望。

「我為那場比賽做了很充分的準備，」他說，「而且按照我模擬的情況，我準備在剩下五圈的時候加速。場邊的教練要我等一等，於是我就被超越了。我對此感到不悅，我不喜歡輸在戰術。」在阿姆哈拉監獄俱樂部的營區裡，有很多是著墨於心理準備。在前往比賽之前，運動員會為了一種特殊的咖啡儀式聚在一起。在那裡運動員會依據訓練分組，然後每組都要站起來說說關於他們在訓練中做了什麼、對比賽有什麼期望，以及他們可能有的任何擔憂。「舉例來說，」傑莫告訴我們，「有人可能會擔心自己在最後的速度。他們會聊聊這件事，然後他們的朋友就會提醒他們關於那些已經針對這此事所做過的訓練。這樣他們就可以沒有壓力地前去比賽。」

第一次在德班的海外賽是起源於十年前一段過程的結果。傑莫就是因為看了肯納尼薩的比賽而受到啟發，就如同許多他的同年齡人一樣。在七個孩子中排行老四的他負責在家庭農場放牛。當他偷溜去看比賽時，牛群走散到鄰居的土地上，而且等他回來時，牠們正忙著咀嚼農作物。「我母親氣炸了，」他現在笑笑，「但我就是從那天起開始進行簡單的森林訓練。」然而，他將自己現在擁有的力量歸功於另一份工作。他從小就會去村裡的小市集買好幾百顆雞蛋，然後背著一個籃子把雞蛋帶到好幾公里外的鎮上去賣錢。他用賺來的錢去買跑步裝備和營養食品，但他也會吃一路上破掉的雞蛋。如果會有一部關於傑莫的電影，裡頭一定會有洛基式訓練的剪輯畫面。

他告訴我們，他最喜歡的訓練內容是那些培養聽槍響就能快速起跑的能力。上文提到十六圈的跑道訓練內容是他的最愛，但他也愛快跑四次或五次的二千公尺或三千公尺重複跑。然後如果這些聽起來還不夠艱難的話，他也提到了另一個訓練內容，是用穩定的配速持續跑三十圈，這是為了「適應」在跑道上比賽一萬公尺時的單調乏味而量身打造。傑莫對這些超客觀又無處可躲的訓練內容所抱持的接受態度，正是讓海利認為他有可能會化身為破紀錄者的原因，就好比肯納尼薩與海勒。

這是一種滲透到他生活各方面的專注。當我們往回走向馬路時，海利對我說：「傑莫將會成為一名非常特別的運動員，你看到他身上穿了什麼。他告訴我他還沒動過銀行帳戶裡的錢。」靠著阿姆哈拉監獄俱樂部成員的五十美元月薪，早晚訓練，在俱樂部餐廳吃簡單的飲食，就這樣過了好幾年，接著獲得自己的第一筆六千美元獎金，還能把錢放在帳戶裡不去動它，這需要一些紀律。「他告訴我錢可以等，他的跑步不能。」海利說。海利有一個英語片語是用來表示那些甚至可以影響到最強運動員準備的分心事物，也就是「一團糟的東西」（hodgepodge things）。臉書即時通是「一團糟的東西」，就像看電視、打撞球或坐在咖啡館裡一樣。

＊＊＊

我在二〇一九年短暫回到衣索比亞，所以我想知道傑莫是如何持續避開「一團糟的東西」，也想跟他聊聊他是如何跑出58.33的半馬紀錄。海利和我前往體育場去看他在跑道上訓練，而且我們被告知要在上午七點抵達，這跟我們過去的訓練相比似乎非常文明。傑莫做了一個簡單卻又異常艱難的訓練內容，他要在三百公尺的快速重複跑裡穿插一百公尺的慢跑。他用大約四十三秒完成這些重複跑，為了讓他保持夠快的節奏，有三個不同的配速員輪流陪他跑。他們會在各自跑了二、三次後時而上場時而下場，在喬吉斯啤酒的廣告看板下，待在體育場塗了紅、綠、黃三色的水泥臺階上躲避陽光休息。傑莫只是抬頭挺胸不停地跑著，他在跨出下一步之前，他的釘鞋看起來幾乎沒有點在跑道上。

在緩慢的整理運動後，傑莫載我去他家，這樣我們才能聊聊。我們第一次見面時的褪色牛仔褲已經不在，他現在從頭到腳都穿著贊助商的 Nike 服裝，一件黑色背心下面是一件淺藍色的上衣。他剛買了一輛新的 Toyota Corolla 給自己，這似乎是衣索比亞成功跑者的首選轎車，車上座椅還包著收縮膜，上面蓋著一九七〇年代風格的滾珠座椅墊。在我們上車時，他興高采烈地告訴我，自己考了四次終於在前一天通過了駕照筆試。我緊張地祝賀他，但他開得很好，在阿迪斯要去任何地方都需要謹慎與自信的適當組合，以及時機恰到好處的瞬間加速。

傑莫的住處位於科塔貝西北邊一個鄰近法國大使館的城鎮，叫做費倫賽來加西內，我們停在他住處轉角的一家果汁店。那是一個不尋常的建築區，但是森林就隱藏在傑莫的住宅區後面，如果他想要的話，他可以一路跑到恩托托。果汁店的牆上貼滿了色彩鮮艷的水果上光海報和高原風景的上光海報。我點了一些麵包和一杯芒果汁，但傑莫什麼也沒吃。「我只要果汁，」他說，「說到喝果汁我可是第一名。」他倒是驚人地喝下了七杯大啤酒杯裝的果汁，快速連續地一種接著一種：芒果、酪梨、鳳梨和木瓜，然後說自己飽了而且已經從早上的訓練中恢復。來收拾桌子的女服務生笑著告訴我：「這沒什麼，有時候他會喝十或十一杯。」

我問他為什麼還沒吃，然後他說自己在高強度的跑道訓練內容後通常不想吃東西，還補充說他即將要參賽，但他發現自己的衝刺在四十六公斤時表現最好。

我好奇用五十八分鐘跑完半馬會是什麼感覺。想要去描述在某方面表現名列前五的某人是非常困難的，尤其是像跑步這樣客觀的事情，但我們不得不這樣做。大衛・福斯特・華萊士說得很好，當他寫下儘管我們無法定義誰是最好的水管工人或會計師，但頂尖運動員的排名卻「只是公共統計的紀錄」，它訴諸了「我們帶有競爭優勢和剛性資料的雙重衝動」。他指出，他們也是美麗的。「偉大的運動員是運動中的深邃。」他寫道，「其中有一種超凡之美跟世界級運動員從物理定律獲得豁免有關，讓上帝現身於人身上。」但是運動員本身是否也用這種方式體驗了像傑莫這樣的人的表現？

當我問他關於他為了去瓦倫西亞比賽所做的訓練，他沒有用「不可能」或「驚人」或甚至是「困難」這些詞來描述，相反地，他說自己「適當地」（properly）訓練了，這個字在阿姆哈拉語為「badenb」。我們走進他家的院子，然後我很驚訝地看到一座戶外健身房，裡頭附帶一組生鏽的深蹲架和槓片（我在科塔貝沒有見過），還有在混凝土地上畫好幾層的鼓舞人心塗鴉。一系列環環相扣的奧運五環上覆蓋著英語和阿姆哈拉語的文字，有一個標語是「突破自我」，另一個是「運動是我的熱愛」，還有一個只有「紀律」二個字。我轉身看到臺階頂端有一句「成功沒有捷徑」，那是傑莫每天早上爬上階梯要去訓練時，都會看到的最後一句話。他告訴我他決定住在這裡，住在這個只有一房的簡陋屋子，是因為這裡有健身房，而且鎮上這個區域的水質以純淨著稱。我們在陽光下於舉重椅上坐下，然後他深情地拍拍那些槓片。「每次我把槓鈴放到肩上做些深蹲時，都會讓我想起那個裝蛋的籃子。」他說。

在他概述自己去瓦倫西亞之前所做的訓練時，讓我印象深刻的主要事項是他把專注全放在速度上，還有放在小心避免跑在他準備參賽的那種地面上。在比賽的前幾個月裡，傑莫只在柏油路上跑過兩次，他在喜來登飯店旁的熱門山坡上進行山坡重覆跑。他甚至避開「coroconch」，只為了他二次距離最遠的長跑而前往森達法，其中我很驚訝聽到他用了不到九十分鐘。他相信這能保護自己雙腿的速度，在柏油路上跑太多會讓雙腿麻木。他的訓練很簡單卻又「適當」，他說，這表示他在各項訓練內容之間盡可能專注於休息。他一週做二次跑道的訓練內容，然後有很多輕鬆跑都是在詹美達的草地上和恩托托的森林裡進行。

早上當他沒有要在跑道上訓練時，他會在森林裡跑一個小時又二十分鐘，然後在晚上用「非常慢」的速度慢跑四十分鐘。當我要他估算自己跑了多少公里時，他是依據自己有戴GPS手錶時的時間去計算，但他承認自己很少記得給它充電。我們進屋想找點可以用來書寫的東西，結果看到角落堆有六個一模一樣的Nike套件包。「他們寄了很多裝備來，」他說，

「比你用到的還要多。等我跑完了我再來想想要怎麼處理。」我們在一張舊的比賽號碼牌背面潦草寫下一堆估計的數字，然後得出一個週間總數為每週大約一百七十公里，很多卻沒有什麼瘋狂之處。

他目前正在使用的鞋子正在外面的陽光下晾乾，就放在他昨天下午清洗過的塑膠桶旁邊。他說自己在訓練後通常會回家吃個飯，然後在做一些重量訓練和慣常的四十分鐘慢跑之前，他會先睡掉大半個下午。關於他的準備工作，最重要的也許就在於完全沒有雜念或能量的耗盡。在他所做的訓練裡，可能除了三千公尺重複跑的長距離訓練內容外，其他訓練可能很多比較正經的英國長跑選手都做得到。人們說「事情不會變得更容易，你只會跑得更快」，所以我很好奇，就算是對跑得跟傑莫一樣快的某人來說，這件事是否也是如此。對於傑莫來說，也許用五十八分鐘跑完半馬的感覺並沒有什麼不同，就如同我跑得比他慢八分鐘時的感受一樣。但我猜我永遠不會真的知道。

㉞編按：一種兒童遊戲，所有人排成一列，不管隊伍最前面的領隊做了什麼動作，後面的人都要跟著模仿，失敗的就退出遊戲，最後剩下的隊員就是下一次的領隊

㉟編按：作者在第一章曾提過，跑者在談論時間紀錄時會依場合做簡述，有時會省略小時，有時會省略秒數，所以依據文意的場合，4.30 是四分三十秒，61.24 是六十一分二十四秒，也可以寫成 1.01.24，而 2.06 則是省略秒數的二小時零六分，而不是二分零六秒。

14 跑步就是人生

他們走上山頂去做決定，他們知道教練不想走到這裡，所以他們可以暢談。一月的風繞著亞瑟的王座吹著，穿過他們身上輕薄的厄利垂亞國家隊運動服，他們聚在一起要決定該怎麼做。昨天在愛丁堡舉行的二〇〇八世界越野錦標賽，雖然男子組的成績大多落在前三十名，但他們的表現卻不如自己預期。他們在過來參賽的途中於埃及耽擱了一週，然後又在希斯洛機場延誤，所以在疲憊又緊張的狀態下抵達愛丁堡。特沃德．梅吉斯塔以第五十二名的成績領先整個大不列顛隊，但他卻害怕教練們的反應。

「我們問他們等我們回到厄利垂亞後會在我們身上發生什麼事。」當我在多年後採訪他時，他回想，「但他們只說：『到時候就知道了。』」他解釋說，過去被認為表現不佳的運動員都被強迫入伍。「而且一旦加入厄利垂亞軍隊，你就不會離開。」他們聽過的其他懲罰還包括被關在一個金屬儲存容器中好幾天，在裡面忍受白天無情的赤道豔陽和晚上近乎冰點的溫度。「我們站在山頂上，決定在晚上前往火車站。」他說。他們身上沒有很多錢，所以當他們抵達火車站時，他們問了最近的大城市在哪裡——然後這就是他們最後如何來到格拉斯哥的過程。

約翰．麥凱為了厄利垂亞隊的簽名在荷里路德公園排隊，而且他有一張簽了名的號碼牌還放在他位於格拉斯哥的房子。當他在一週後接到蘇格蘭難民委員會打來詢問他的謝特斯頓哈瑞爾俱樂部[36]是否願意接受一些新運動員加入的電話時，他立刻就答應，但他不明白其中的關聯，直到他於週二晚上來到克朗波因特田徑跑道訓練，又看到一大群穿著全套厄利垂亞國家隊運動服的男女才明白。「這是個相當驚人的巧合。」約翰告訴我，然後這個巧合大大震撼了蘇格蘭的田徑運動現況，它為謝特斯頓俱樂部帶來了一些全國冠軍。他們的到來剛好遇上了卡勒姆和德瑞克．霍金斯兄弟的聲名大噪，他們為蘇格蘭西部的奇爾巴強ACC俱樂部效力，是謝特斯頓俱樂部的競爭對手，而且英國二〇一六年的奧運馬拉松代表隊其實就是由霍金斯兄弟和柴蓋伊．陶威德組成，而柴蓋伊是二〇〇八年決定留在英國的其中一位前厄利垂亞運動員。約翰把蘇格蘭長跑的水準提昇歸功於厄利垂亞人的到來。

就我個人而言，我曾在無數路跑賽中落後於那些定居英國來自厄利垂亞、衣索比亞以及肯亞的跑者，而拿到第二名或第三名，其中有英格蘭東北部（包括衣索比亞的亞瑞・哈格斯和讓我多次吞敗的采德勒・傑瑞米）、蘇格蘭（大多輸給厄利垂亞的艾瑞崔恩・特沃德和韋納・蓋博薩拉西）以及都柏林（輸給肯亞的弗雷迪・西圖克）舉辦的賽事。雖然我從來沒有真的在正面交鋒中贏過這些人，他們卻是我最愉快的一些跑步回憶，像是飛奔在鄉間路上，領先場上其他人幾分鐘，還有跟采德勒和特沃德並駕齊驅地跑著。我把自己66.13的最佳半馬時間歸功於威姆斯洛半程馬拉松上的一場比賽，在那場比賽裡我跟衣索比亞出生的湯瑪士・阿比屋還有約旦的穆罕默德・阿比-瑞杰克交替猛衝，直到我完全敗給他們兩個為止。事後，湯瑪士告訴我，要不是那天風大，我可以在天氣比較好的日子跑到六十三分鐘。這些賽後對話的心態總是能激勵我，讓我抱著想要更努力訓練而且相信自己可以跑更快的心情離開，就算我沒有做到。

特沃德、柴蓋伊和其他人偶然來到謝特斯頓哈瑞爾俱樂部，但他們不可能偶遇到比這還要更支持他們的俱樂部。謝特斯頓俱樂部具有很根深蒂固的社會良知，這可以追溯到三〇年代當時時任俱樂部主席伊萊恩・麥凱的祖父艾倫・史加利，他會用自己的比賽獎金來資助倫敦東區的慈善廚房。這些厄利垂亞跑者的新家很快由俱樂部友人提供捐贈，但這是格拉斯哥一個引以為豪的工人階級區。這些跑者從俱樂部得到支持，但在跑步之外他們也被期望要工作，這在最初是某種文化衝擊，因為他們要在工廠和倉庫輪班。隨著時間推移，他們其中有些人成了俱樂部年輕跑者的重要導師，特沃德從首次參加週二晚上的訓練內容以來就一直在擔任這個角色，至今超過十年仍然在履行。

當我從衣索比亞的時光回到蘇格蘭後不久便抵達謝特斯頓十公里路跑賽的現場，這讓我充分理解到來自衣索比亞與厄利垂亞的跑者，他們在世界各地的移動方式。我最後見到厄利垂亞的韋納·蓋博薩拉西是在阿迪斯阿巴巴的一家果汁吧，他在二〇一二年的奧運會後於英國留了下來，情況跟特沃德和其他人類似。然而，他在這裡即將試著以不到三十分鐘的完賽時間來爭取三百英鎊的獎金。厄利垂亞跟衣索比亞打了一場三十年的獨立戰爭，在二十年前的邊界爭端後，兩國直到二〇一八年才正式達成和平協議。儘管如此，兩國的跑者卻是關係友好，而且有很多厄利垂亞跑者選擇到衣索比亞訓練。韋納經常往來阿迪斯進行移地訓練，所以他在科塔貝的果汁吧告訴我，兩國的訓練非常相似，可能只有教練的嚴厲程度除外。對他來說，交替在伯明罕工作並陪伴家人與在衣索比亞訓練會比試著去兼顧兩者來的更適合。

我跟韋納、特沃德還有另外兩位厄利垂亞人亞伯拉罕和阿曼紐爾一起為這次的蘇格蘭十公里賽事熱身。當我們的競爭對手前往馬路或沿著河邊走時，我們在草地上展開看不出是慢跑的慢跑，然後韋納先是找了一些樹來跑來跑去，才用之字跑過一大片田野。我們排成一路縱隊，配速循序漸進，剛好是能感覺到在加快的程度。這就像回到衣索比亞一樣，跟著韋納穿過森林。我們最後用接近比賽的配速跑了幾分鐘來結束熱身，再以熟悉的一路縱隊穿過田野跑回運動中心，迎來我們競爭對手的好奇目光。

我在鳴槍起跑時沒能跟上韋納，他飛奔而出，去進行三十分鐘內完賽的單人任務，最後以 30.10 的些微落差結束。我落後他將近兩分鐘，獲得第二名，亞伯拉罕第三名，特沃德第五名，以及阿曼紐爾第六名。我們一起慢跑回運動中心，然後喝茶吃蛋糕敘舊。有不少衣索比亞與厄利垂亞的跑者和曾經的跑者住在英國，有些人像特沃德和韋納是因為政治因素而在這裡，而其他人則主要出於經濟考量。他們最近在曼徹斯特參加了厄利垂亞人的聚會，有超過六十名運動員參加。然而，他們有許多人發現跑步與工作之間的平衡已經穩定地傾向了工作那一方。有兩名在二〇〇八年抵達的厄利垂亞隊員現在是計程車司機，曾經代表英國參加里約奧運的柴蓋伊在劍橋擔任護理人員。特沃德做過許多不同的工作，但目前正利用自己傑出的耐力為戶戶送騎自行車，這與訓練尤其不相容。

韋納回顧了他的衣索比亞之旅。根據他的訓練，他仍然認為自己有能力跑出 2.10 的馬拉松紀錄，但是前往阿迪斯的旅程就好比是情緒的雲霄飛車。「在你感覺良好的那幾天，你可以完成訓練內容並覺得心滿意足，不是嗎？」他說，「但在不順利的那幾天，你會想著，我試著要專心在跑步上，但是我失去時間，失去金錢，為了來到這裡我錯過了家人，你知道嗎？」他的妻子從厄利垂亞來英國與他會合，但年輕的孩子住在伯明罕。我不知道靠跑步來支付帳單是什麼感覺，但我理解韋納的掙扎，在他試著去用這種等級來訓練時，他很難說服自己這一切值得。那些我在英國賽事上遇到的多數厄利垂亞人與衣索比亞人，就跟其他跑者一樣，他們投入跑步的相異程度都取決於自己在特定時間上對工作與家庭的其他付出。

不過，就算沒有從這項運動中賺到錢，也很少有人完全放棄跑步。跑步仍然對人有很大的影響，這讓我想起海利有天清晨六點半在森達法的訓練巴士上對我說過的話。

他當時有傷在身，已經有好幾週不能跑步，但基於自己副經紀人的身分，他還是為了看護運動員的清晨訓練內容以及為他們排隊申請簽證而筋疲力盡。「比起不是因為跑步而疲累，還是為了跑步而疲累比較好。」他頓了一下望向巴士窗外，隊伍正在那裡努力朝著山頂前進。「跑步就是人生。」他補上一句。

我在衣索比亞的時候一直對跑步感到有些困擾。被比我優秀這麼多的運動員環繞，我發現自己很難維持「illusio」，也就是很難藉由創造意義的必要來讓我相信自己的跑步有其重要性。但是對於一個致力於觀察參與的人類學家來說，我需要試著去陪伴那些比我更健壯也更適應海拔高度和地形的跑者進行一些我認為極具挑戰的跑步，這樣才可能讓這本書的見解更有趣，也為運動人類學貢獻一些新的想法。不過，這表示當時的我總是過度訓練而且經常都是筋疲力盡。

在衣索比亞待超過十五個月後，羅瑟琳和我回到愛丁堡，歡迎我們（中間名為提爾妮許）的女兒梅德勒妮來到世上，並著手於我們的博士論文。一開始的六個月我穿過荷里路德公園跑到學校，但卻琢磨著要激勵自己重新展開適當的訓練。然而，我一直沒正式跑上一場馬拉松，這件事還是不斷困擾著我，我真的不想在沒有馬拉松紀錄的情況下離開這項運動，但如果我準備要跑上一場的話，我需要鼓舞。我試著想想海利、采達特或比爾哈努會在這種情況下怎麼做，也許是一些有點瘋狂的事，像是跋涉數百英里到極高海拔的地方訓練，或是在凌晨三點起床去山坡跑上跑下。有一個六個月大的孩子，我和羅瑟琳不管怎樣都會很常在凌晨三點醒來，但要前往高海拔地區是不可能的。不過，我能做的就是要他們給我寫一份衣索比亞式的訓練計畫，然後試著按照這個計畫來度過愛丁堡的冬天。

我們在英國沒有衣索比亞或厄利垂亞的海拔高地，但特沃德在電話中向我保證氣候非常適合跑步（就算是在格拉斯哥）。那裡還可以相當維妙維肖地模擬大多數的地面，這件事我是在新堡的唐穆爾跟采德勒一起訓練時知道的。那裡的「corocонch」地面跟森達法的相似，這也是我跟特沃德、韋納還有其他人在格拉斯哥訓練時知道的。卡斯金布雷斯是森林的完美代替，然後史崔克萊大學的運動場可以用來進行長距離的間歇訓練（五圈、四圈、三圈、二圈、一圈）。而且如果你覺得有必要來一次瘋狂的訓練內容，你可以在跑道上做些事，好比是跑四十趟四百公尺，就像柴蓋伊為了取得倫敦馬拉松的奧運代表隊資格而做的鍛鍊一樣。

我在愛丁堡把目標轉向市中心的各種高爾夫球場，以找出正確的地形，然後沿著海岸找到一些「coroconch」的小徑，再把照片傳給海利認證。他特別喜歡長坡上的達丁斯頓高爾夫球場，認為我在那裡可以避免惹怒那些打高爾夫球的人。他在杰塔馬賽・莫拉的幫忙下，完成了把訓練日程表傳給我的任務，用心程度遠超過這件微不足道的小事。在梅賽雷特去為國家隊效力後，他扛起責任為莫約運動隊的跑者進行指導，同時也為衣索比亞最大的運動管理經紀公司全球運動交流指導他們的運動員，其中包括2.04的馬拉松選手列爾・蓋博塞拉西。收到的日程表是用伯羅牌原子筆整齊地寫在白紙上，然後再翻拍透過WhatsApp傳送。

透過對於特定事物的強調，上面清楚闡明了那些衣索比亞跑者的優先事項。針對每一天的項目會有至少一段帶有一連串小標的文字，「訓練地點」是第一個。針對輕鬆跑上面寫著「Chakka（森林）或高爾夫球場」。比較快速的訓練內容則是跑田野、跑「coroconch」和偶爾跑馬路的組合。第二個小標通常是「訓練類型」。如果是一趟應該要非常容易的跑步，也就是海利知道這在阿迪斯會讓我有點困擾的部分，日程表會寫上「輕鬆的配速」，用分鐘數具體描述跑步持續的期間。我盡量試著在高爾夫球場的斜坡上模擬衣索比亞的森林跑步訓練，在冬季最糟的天氣下，趁著球場空無一人，以之字來回地跑。我戴上頭燈在夜裡跑來跑去，認真看待這些意圖以讓事情保持有趣，也讓事情有時感覺有點瘋狂。

就算是這些比較輕鬆的跑步，大多都會用括號附上「＋間歇跑」，提醒我每天開發一點速度的重要性。跑步強度比較高的日子大部分都是在「coroconch」和草地上度過，期間偶爾會短暫跑在馬路或跑道上。針對許多訓練內容寫下非常具體的配速，反應了學習控制和紀律的重要性，這些訓練內容包括了傑莫在跑道上最愛的那種長距離間歇跑，只是為我降低了一些難度。二趟四千公尺的重複跑是特別嚴厲的部分，第一趟的重複跑要在12.36內完成，而第二趟則是在12.24內。馬路上的訓練內容往往類似於我們在森達法做的加速跑，每十五分鐘就會對每公里的配速加快幾秒鐘。我沿著海岸來來回回地跑向馬瑟爾堡，結果無可避免地得在回程時試著逆風加速。

這些訓練項目，加上知道這些是海利和杰塔馬賽花時間和精力編寫的內容，都讓我為之一振，而且量身打造讓我能仔細考慮馬拉松訓練。藉由結合我在衣索比亞學到的許多事情——維持高爾夫球場的練跑，還有借用許多我們在森達法所做過距離比較長的公路訓練內容——和在杜倫長期擔任我教練的馬克斯他的建議，我把目標放在愛丁堡和法蘭克福舉辦的馬拉松，然後在這個過程中發現，跑步文化在一九八〇年代的東北地區與二〇一〇年代的阿迪斯阿巴巴之間其實多有重疊之處。在愛丁堡參賽主要是為了確保自己有實際完成一場馬拉松，我在逆風下跟最後十公里搏鬥，最後以2.24.43拿下第三名。我在終點跟羅瑟琳還有剛要踏出第一步的梅德勒妮一塊慶祝自己終於有了一個正式的馬拉松完賽時間，然後我決定要在法蘭克福展現決心。

＊＊＊

還差幾個月我就離開衣索比亞兩年了，距離愛丁堡那場馬拉松也過了五個月。我跟采達特和他的朋友科基勒．格札罕坐在法蘭克福的一間飯店房裡，我來這裡是要跟采達特敘舊，也是要試著用不到二小時二十分鐘來跑一場馬拉松。從我離開衣索比亞到現在，采達特已經進步到2.09.26，而且在我去愛丁堡跑步之前的一週拿下了里加馬拉松賽的優勝。房間裡散落著空瓶而且滿是塑膠包裝的「kolo」零食和小包裝的能量粉。采達特和科基勒會將能量粉分別混進八個瓶中，然後這些會在早上被送到沿著路線每隔五公里設置的補給站。采達特一直拜託我多吃點「kolo」，然後要我喝掉堆在桌上的其中一瓶水來確保我為早上的跑步做好了準備。

科基勒躺在床上的羽絨被裡，幾乎靜止不動也說得很少，但似乎很有自信。今天要做的就是儲存能量。我已經幫采達特把一袋十九公斤重、寄到愛丁堡給馬爾科姆的 Nike 裝備運來法蘭克福，這是他今年會收到的兩批裝備之一，也是該公司贊助他的協議一環。他小心翼翼地檢查某些包著收縮膜的衣物品項，然後把全部十六雙襪子拆開，再把它們擺在地上。

「這個不錯。」他說，把它拿給科基勒看。「非常輕薄。」「你明天應該穿上它們。」科基勒說。采達特小心穿上一隻襪子，然後套上賽跑鞋看看感覺如何。他感到滿意，把襪子塞進早上要穿的鞋子，再把它們裝進一個小包包裡。

他從包包拿出一件背心穿上和一頂寬邊棒球帽戴上，然後試穿幾件其他的衣服品項，其中有一件是那種英格蘭足球超級聯賽的足球經理會穿的長版及膝化纖外套，他小心翼翼地把外套跟大約十雙運動鞋擺在床上。「這些東西你可以在阿迪斯阿巴巴賣到很多錢。」科基勒指出。采達特點點頭，但他以前就跟我說過自己對於跑步裝備的理念。「我從來沒有像其他人那樣把鞋子賣掉，」他說，「這些鞋子都是我的工廠，我用它們來生產美金。」他穿英國尺碼的六號，他的賽跑鞋一定名列在全球最有效率的工廠裡。

到了下午三點左右，采達特爬上床，給自己蓋上羽絨被。我們已經針對他早上的跑步策略加以討論，而且決定他應該跟著四名配速員中的第二位，目標是用63.30跑完馬拉松的前半段。他一直說：「我只要跑出2.07就好，2.07是不錯的紀錄，對吧？」我看得出來他躍躍欲試，想跟著第一組跑，他們的目標是要早四十五秒通過中繼點，但馬爾科姆早已要我試著說服他不要那麼做。「這是很困難的決定，」馬爾科姆說，「他也許能有重大突破，然後跑出2.05，但比這更有可能的是，他會完全搞砸然後跑得比2.10還慢，或是無法跑完。」從馬爾科姆的觀點來看，首要目標是維持Nike合約的相對穩定，這將會保證采達特幾年的收入，因此這個概念是要讓他至少再次跑出2.09，以向Nike和其他可能邀請他參賽的比賽主辦單位展示他的進步。「如果能跑出2.07會很好。」我對他說。「我能辦到的。」他回應道。

隔天早上我在排隊時，我照海利教我的去做，我想像那些我在鍛鍊時所做的「coroconch」長跑和急遽的加速跑，這些同時被海利和馬克思認為是必需的訓練。我想起自己在十五英里的練跑中每英里平均跑了5.28，還有在快於比賽配速的情況下跑四趟五公里的訓練內容，其中還穿插四分鐘的一公里「恢復跑」。我告訴自己我已經做足了二個半小時的長跑，而且我記得采達特那句簡單卻又讓人安心的話。「我能辦到的。」在我祝采達特好運之前，我對自己說。

我絕大部分的訓練都是獨自完成，在那些輕度日裡跑步往返我的辦公室，加上梅德勒妮還小，所以我試著花最少的時間在跑步上，因此我一直疏於聽從自己總是在衣索比亞聽見和經歷的小小建議：跑在隊伍裡比自己跑還來得容易。不過菁英女子組在法蘭克福的目標也是少於2.20，所以到頭來我還是落進了最多人的跑者群裡。裝在前導車上的螢幕交替顯示著最後一公里的分段時間以及我們預計的完賽時間，時間介於2.19.40和2.19.50之間，幾乎沒有波動。跟在前導車後面的是三名衣索比亞的男性配速員，他們並排跑著，後方大約有十二名全球最佳的女性馬拉松選手，還有幾個像我這樣的依附者跟著。我一直告訴自己，這就像是我自己的破二挑戰：沒有比這更好的安排了。我對這場比賽的主要記憶其實是害怕妨礙到我周圍正在進行的真正比賽，尤其是在補給站附近。不過，我發現像衣索比亞的馬斯科姆·阿賽法和哈塔姆內許·特斯法耶（他的名字是「你很富有」的意思）他們這些人都相當具有侵略性，而且很擅於讓我知道自己是否靠得太近。

待在隊伍裡跑顯然會讓情況有很大的不同，而且比起為了各種破二馬拉松的企圖而幫Nike和Ineos做空氣動力學測試，一個人可以表現得更好。我記得基普喬蓋在蒙察的賽後立刻說了一句話。「我想感謝配速員帶來他們的能量。」他說。這就是我們在法蘭克福迅速完成公里數時的感受。隊伍裡的能量大於它成員的能量總和，於是作為其中的一員，我們跟著這股能量流動。最後我們都比快於 2.20 的配速慢了一點，法蘭克福的高樓在最後幾公里的地方殘酷地把風導入，所以隊伍一旦散開就沒有了庇護。能在領先群後方從小組的最佳位置觀賞這場比賽的關鍵時刻是一種殊榮。我們轉過一個彎，然後馬斯科姆．阿賽法大幅加快配速，然後在幾百公尺後回頭確認自己造成了什麼樣的傷害。這是一次突如其來又冷漠殘酷的加速，也是比賽攝影機很少能實際捕捉到的畫面。不到一分鐘，她就取得領先，持續到贏得比賽，然後以 2.20.36 打破賽道紀錄。法蘭克福的終點相當壯觀，最後的一百公尺左右是沿著法蘭克福室內體育場內的紅毯跑。我在她衝過終點時進入場館，裡頭的閃光燈和飛揚的五彩紙屑讓我在經過外面的所有路程之後感官超載。我盡情享受這種氛圍，然後頭暈目眩地用 2.20.53 完賽。

我一恢復思考能力就出發去找采達特。頂尖選手全都坐在一面廣告看板後方的折疊塑膠椅上，等著被護送回飯店或接受藥檢。在我問他比賽結果之前，采達特和我給彼此一個短暫又汗涔涔的擁抱。他搖搖頭不斷地重複：「我今天沒做到，我沒做到。」他指著自己已經斷斷續續困擾他一段時間的腳跟。我不能在菁英運動員區長時間逗留，所以我猜他不得不退賽也沒辦法完賽。

當天稍晚的時候，我在沖澡、躺過以後，查了一下比賽結果，發現他以2.09.39拿下第八名，僅僅比他的最佳紀錄慢了一點，這似乎像是個好結果。當我回到飯店，他再一次躺在床上，但似乎比早上開心了一些，而且要我查查第八名有沒有獎金。他的二千歐元出場費加上第八名的一千五百歐元獎金，他將抱回三千五百歐元。他的室友科基勒贏了比賽和三萬七千五百歐元。除此之外，他可能還會從Nike獲得一大筆獎金。「他去哪？」我問。「我不知道。」采達特回應，「頒獎儀式、藥檢、採訪。贏家要做很多事情。」

采達特和我跛行到馬路對面的百貨公司，花了他身上的一些現金，那是他從里加馬拉松贏來的。在我們購物時，一個身穿破舊Levi's夾克的年輕衣索比亞男子悄悄走來跟我們討論手機。在采達特終於選定一支Samsung智慧型手機並支付二張二百歐元紙鈔之前，他最後花了一個小時用阿姆拉哈語、英語和德語幫忙跟店員討論各種行動電話。我們離開商店，坐在某些長椅上，讓疼痛的雙腿卸下承受的重量，在那裡又有幾位菁英跑者加入我們的行列，其中包括某個衣索比亞出身的人，身上穿著德國國家隊的運動服。他解釋說，他在三年前來德國參賽，然後就決定要留下來，試著讓自己在這裡成功成為一名運動員。他現在已經有資格代表德國參賽而且顯然說得一口流利的德語。我們在商店遇到的那名年輕男子也曾以跑者的身分來到德國，但他抵達後就不打算跑步了。「我只想要工作。」他說，「任何工作，但目前什麼都沒有。」

在采達特和我走回飯店的時候，我問他接下來打算參加哪一場比賽，但他不確定。「首先我需要等一個月來恢復，然後還要花兩個月來重拾我的狀態。」對我們兩人而言，先前的三個月已經用這種方式小心安排了我們的資源，讓我們能在適當的「狀態」下這麼努力地跑上二個多小時，但我們卻只是讓自己在未來幾週乃至於幾個月都無法重拾這種健康狀態。對我們兩人而言，或者是對任何處於「狀態」邊緣的人來說，我們都無法確定自己是否能再達到那個狀態。

我們坐在一家咖啡館裡，探究這些跑者的故事在這本書裡來到最突出的時候是在哪裡結束，阿比爾現在人在墨爾本，雖然他打算去找個俱樂部然後再次成為運動員，但自從他在將近一年前決定在那裡「消失」後，他都還未在澳洲跑過一場比賽，只是偶爾在一間食品加工廠裡工作。比爾哈努仍然跟一名荷蘭經理人在阿迪斯阿巴巴共事，但他一直無法回到我認識他時的身形。薩拉米洪回到他在貢達的俱樂部，而且正尋找出國比賽的機會。「他此時正在失去希望。」采達特說。除了采達特之外，阿瑟法、梅庫安和傑莫是唯一還在與莫約運動隊合作的人。

在我們談話的同時，我不斷刷新我的推特訊息來獲取來自都柏林的新聞，阿瑟法今天也在那裡比賽。最後，我們得知阿瑟法贏了比賽，他在過去幾年拿了二次第二名和一次第三名。這樣一來他便贏得了一萬兩千歐元，這筆錢能讓他和他的女朋友泰潔結婚，然後最終「改變他們的人生」。

這個消息改變了采達特的心情，他顯然替他朋友的成功感到喜悅，不停地說著：「阿瑟法第一名！」然而，對於組成我們隊伍的其他運動員，他說自己已經沒有跟他們大多數的人保持聯繫了。「運動員跑來跑去的，」他說，「他們沒有興趣待著不動。」

二〇二〇年初時，采達特的馬拉松最佳紀錄是2.06.17，當時他在杜拜馬拉松落後冠軍二秒拿到第三名。他在里加奪冠後，又獲得了塞維利亞馬拉松賽冠軍。梅庫安用他職涯的第二十二場馬拉松賽跑出了2.04.46的個人最佳紀錄，跟著采達特的腳步，在塞維利亞奪冠，早已示範了他口中耐心的價值。傑莫可能是地球上最始終如一的驚奇半馬跑者，他在二年內跑出了59.00、59.14、58.33、59.45、59.09以及59.25的紀錄，還在世界錦標賽獲得第四名。莫約運動隊也取得了更廣泛的成功，除了卡倫．霍金斯在二屆世界錦標賽的馬拉松項目跑得非常好之外，肯亞的蒂莫西．切魯伊約特也成了全球最頂尖的一千五百公尺選手。這讓人很想尋線找出為什麼傑莫、采達特和梅庫安在其他人大勢已去時卻能成為世界級選手的原因。真要說的話，最顯著的就是一致性，傑莫和采達特從職涯之初就一直是莫約運動隊體制的一員，而梅庫安只有短暫離開過。然而，套上這種倖存者偏差（survivorship bias）並不是本書的初衷，我所熟知的那些跑者，他們的軌跡範圍都很廣。

我想起比爾哈努在我們訓練的回程路上決定要停下巴士那次，我們在酒吧裡的談話。最後突顯出來的東西是多年致力於跑步的價值，超越金錢的價值，是擁有目標可以努力實現的價值，也是擁有朋友能夠分享慾望一起「帶來改變」的價值，以及把健康和活力放在第一位的價值。把每一次跑步變得不太一樣，從中尋求冒險，也為城市周遭的特殊環境添加價值，這些跑者用來尋求「改變自己人生」的方式，也是日復一日專注於過程、保持興趣和樂趣的方式。

就好比隊伍的能量遠大於它成員的能量總和一樣，整個衣索比亞的跑步文化——全部的人都願意用包羅萬象又盡心盡力的方式來過著他們運動員的人生——就是讓那些出現在衣索比亞這項運動頂端的個體能夠如此擅長於自己所做之事的原因。透過跟隨彼此的腳步也通過實例和實驗學習，好奇心和冒險能夠逼出最高等級的運動，測量和紀律也可以。采達特跑出2.06的隔天，海利打給在愛丁堡的我，詢問我正在進行的跑步量。「*Tinish*（一點點）」我告訴他。「那突破2.20這件事怎麼辦？」他問。我能聽見他在電話那頭微笑。「或許我會再試一次，」我告訴他，「畢竟，跑步**就是**人生。」

㊱編按：作者文中會將「謝特斯頓哈瑞爾俱樂部」簡稱為「謝特斯頓」，但謝特斯頓也是蘇格蘭格拉斯哥東端的一個區，為了避免語意混淆，當名稱所指為俱樂部時，會統一於譯文後方加上「俱樂部」。

致謝辭

建立本書基底的研究是由經濟與社會研究委員會（ESRC）提供的獎學金所資助，而寫作的部分則是由經濟與社會研究委員會的博士後獎學金支持。我很感謝這樣慷慨的支持還有展現在我工作裡的信心。感謝我經紀人理查·派克對本書的信任，感謝布隆貝瑞出版社的夏洛特·客洛芙和佐伊·布朗對本書的精進，感謝艾莉莎·蘇斯伍德與歐文·德萊尼用封面插圖和地圖讓本書更生動。

我由衷感謝伯納·高汀和他的家人讓我待了比他們原先可能預期的還長的一段時間還感到賓至如歸，也特別感謝伯納在他陽臺上的那一番關於跑步和社會科學的精采談話。感謝米米·迪米希在阿拉特基洛的咖啡館裡花了無數小時的耐心來教我阿姆哈啦語。感謝艾德和雷姬克那美好又關愛的友誼。

感謝法西爾、比爾哈努、采達特、傑莫、阿瑟法還有許多其他跑者，他們除了在跑小徑的所有時間外，也在撞球間和足球比賽中提供了歡笑和陪伴的時數。感謝梅塞雷特與我分享他的指導智慧。最後我要特別感謝海利・泰胥彌，如果沒有他這個計畫就不可能完成。海利提供了介紹、翻譯、耐心的解釋、令人難以置信的料理以及無盡的鼓勵。我希望本書有公正描述了他和其他跑者允許我與他們一起共享的跑步人生。透過鼓勵我去跟莫約運動隊的跑者一同訓練，馬爾科姆・安德森為我開啟一扇進入衣索比亞跑步世界的窗口，如果沒有他的支持，這件事幾乎不可能實現。

感謝我在愛丁堡的博士學位指導教授尼爾・辛與潔米・克羅斯，他們的想法和支持讓一切變得不同。潔米在我執行之前就對此計畫充滿信心，還鼓勵我申請資助讓它化為可能。吉凡・夏馬、艾略特・歐克利、湯姆・博伊爾斯頓、朱莉・黃、尼克・隆、愛莉莎・戈斯、丹・圭尼斯、尼科・貝斯尼爾、雷歐・霍普金斯、菲利克斯・史坦、戴肯・墨瑞以及湯姆・坎寧漢都是我的寫作的慷慨讀者。迪亞哥・馬拉拉是一位特別細心的讀者，對我的幫助很大，我們花在討論衣索比亞的時間非常寶貴。

回到家裡，我要感謝我自己的教練二人組馬克斯和茱莉・柯爾比。他們投入無數的時間讓我成為一名更好的跑者，而且總是容忍我常因為出發旅行而毀了所有訓練。如果沒有他們的鼓勵，我早在幾年前就已經放棄跑步競賽，這本書也就不會誕生了。感謝我的父母擁有一整屋子的書，而且總是鼓勵我出國探險。

最重要的是，感謝羅瑟琳，她把博士學位變成了一場共同的冒險，還有感謝小梅迪在本書寫作的中途出現讓我能正確看待這整件事。

跑出巔峰

越慢越快

從衣索比亞跑者的逆境思考術
學習如何戰勝自我、改變人生

作者麥可·克羅利(Michael Crawley)
譯者陳卓均
主編丁奕岑
責任編輯黃谷光(特約)
封面設計羅婕云
內頁美術設計李英娟

發行人何飛鵬
PCH集團生活旅遊事業總經理暨社長李淑霞
總編輯汪雨菁
主編丁奕岑
行銷企畫經理呂妙君
行銷企劃專員許立心

出版公司
墨刻出版股份有限公司
地址:台北市104民生東路二段141號9樓
電話:886-2-2500-7008/傳真:886-2-2500-7796
E-mail:mook_service@hmg.com.tw
發行公司
英屬蓋曼群島商家庭傳媒股份有限公司城邦分公司
城邦讀書花園:www.cite.com.tw
劃撥:19863813/戶名:書虫股份有限公司
香港發行城邦(香港)出版集團有限公司
地址:香港灣仔駱克道193號東超商業中心1樓
電話:852-2508-6231/傳真:852-2578-9337
製版·印刷漾格科技股份有限公司
ISBN978-986-289-578-8·978-986-289-581-8(EPUB)
城邦書號KJ2016 **初版**2021年07月
定價450元
MOOK官網www.mook.com.tw
Facebook粉絲團
MOOK墨刻出版 www.facebook.com/travelmook

國家圖書館出版品預行編目資料

跑出巔峰:越慢越快,從衣索比亞跑者的逆境思考術,學習如何戰勝自我、改變人生/麥可·克羅利(Michael Crawley)作;陳卓均譯. -- 初版. -- 臺北市:墨刻出版股份有限公司出版:英屬蓋曼群島商家庭傳媒股份有限公司城邦分公司發行, 2021.07
292面;14.8×21公分. -- (SASUGAS;16)
譯自:Out of Thin Air: Running Wisdom and Magic from Above the Clouds in Ethiopia
ISBN 978-986-289-578-8(平裝)
1.馬拉松賽跑 2.運動員 3.自我實現 4.衣索匹亞
528.9468　　　　110008895